2016中国通信统计年度报告

Annual Report of
China's Communication
Industry Statistics in 2016

中华人民共和国工业和信息化部 编

人 民 邮 电 出 版 社
北 京

图书在版编目（CIP）数据

2016中国通信统计年度报告 / 中华人民共和国工业和信息化部编. -- 北京 : 人民邮电出版社, 2017.11
ISBN 978-7-115-46808-6

Ⅰ. ①2… Ⅱ. ①中… Ⅲ. ①邮电业－经济统计－研究报告－中国－2016 Ⅳ. ①F632

中国版本图书馆CIP数据核字(2017)第217340号

内 容 提 要

本书主要包括综述、统计数据和附录三个部分。综述部分主要包括中国电信业 2016 年发展综述、基础电信企业 2016 年发展综述和专题分析三个部分；统计数据主要包括公用通信网统计信息、互联网和相关服务业统计信息、专用通信网统计信息、互联网应用统计信息和国际电信统计信息（国际电联统计数据）等内容；附录部分包括统计指标解释及《中华人民共和国 2016 年国民经济和社会发展统计公报》。

本书适合国内外基础电信企业、增值电信企业、电信设备制造企业、电信建设企业以及电信相关的政府机关、非政府组织、投资机构、科研单位、大专院校、咨询机构等单位参考使用。

◆ 编　　　　中华人民共和国工业和信息化部
责任编辑　王建军
责任印制　彭志环

◆ 人民邮电出版社出版发行　　北京市丰台区成寿寺路 11 号
邮编　100164　　电子邮件　315@ptpress.com.cn
网址　http://www.ptpress.com.cn
北京圣夫亚美印刷有限公司印刷

◆ 开本：787×1092　1/16　　彩插：8
印张：16.5　　2017 年 11 月第 1 版
字数：402 千字　　2017 年 11 月北京第 1 次印刷

定价：368.00 元

读者服务热线：(010)81055488　印装质量热线：(010)81055316
反盗版热线：(010)81055315

编写说明

一、《2016中国通信统计年度报告》（以下简称“本报告”）通过大量翔实的统计数据、图表和分析报告，全面、系统地阐述了2016年中国通信业所取得的成就、经济运行情况、存在的问题和发展趋势。

二、本报告分为综述（统计分析）、统计数据和附录三个部分。综述部分包括中国基础电信业2016年发展综述、中国互联网和相关服务业2016年发展综述、中国互联网2016年发展综述、基础电信企业2016年发展综述和《全球电信运营业2016年运行分析》《福建省互联网行业2016年运行监测报告》等专题分析报告；统计数据部分包括公用通信网统计信息、互联网和相关服务业统计信息、专用通信网统计信息、互联网应用统计信息和国际电信统计信息（国际电联统计数据）五个方面；附录部分包括《中华人民共和国2016年国民经济和社会发展统计公报》及统计指标解释。

三、本报告中所引用的全国通信业统计数据为决算数据，不包括港、澳、台地区。

四、本报告是由工业和信息化部信息中心支撑编写，并得到工业和信息化部内相关司属、各省（区、市）通信管理局、各基础电信运营企业、中国信息通信研究院以及有关专家的支持，在此一并表示感谢！

五、由于编辑水平有限，文中难免存在疏漏之处，敬请各位读者谅解。具体内容由工业和信息化运营监测协调局负责解释。

工业和信息化部运行监测协调局

二〇一七年九月

编委会

全国电信业务收入增长情况

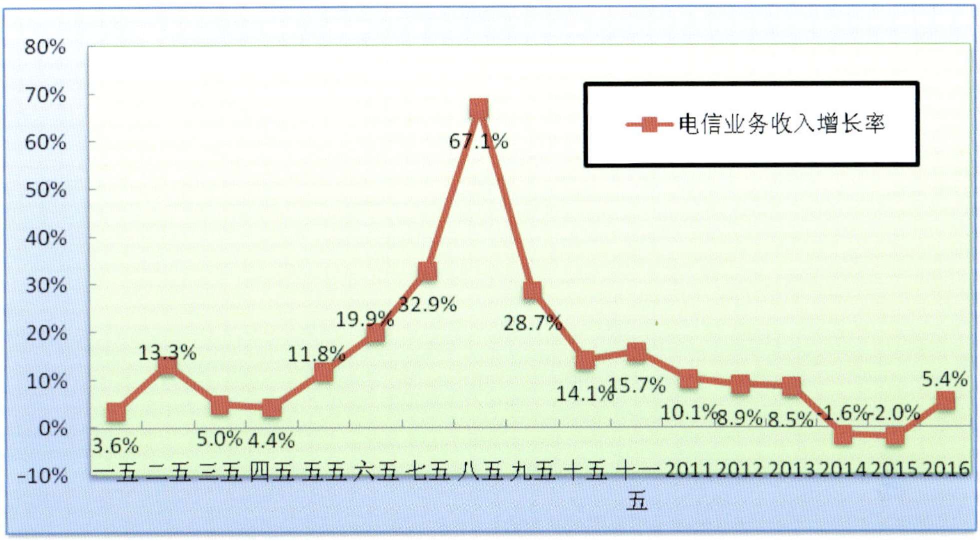

注1：电信业务收入增长率为可比口径计算得到，其中2014年、2015年为未扣除“营改增”影响。

注2：“一五”至“十一五”的电信业务收入增值率为年平均增长率。

2012—2016年电信业务收入和固定资产投资情况

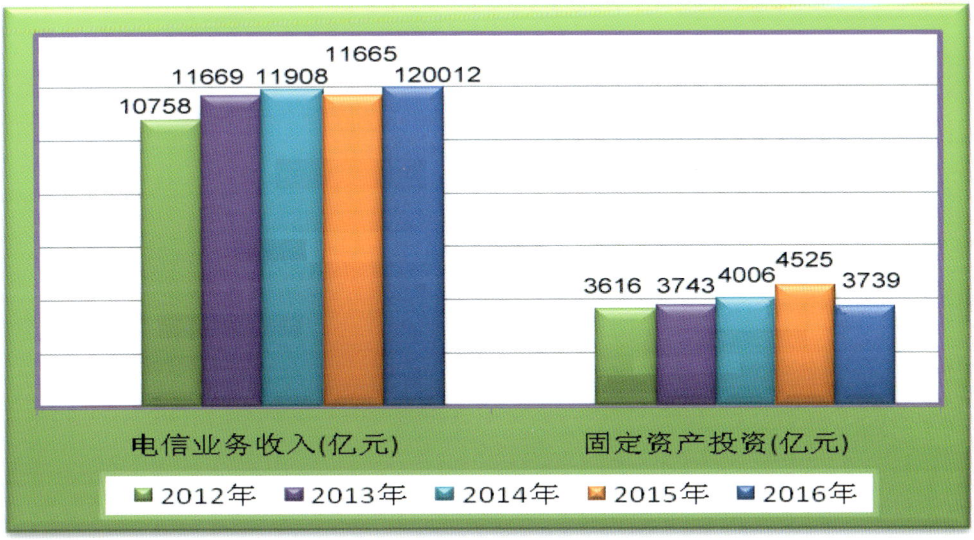

主要年份电信业务收入和投资东、中、西部所占比重

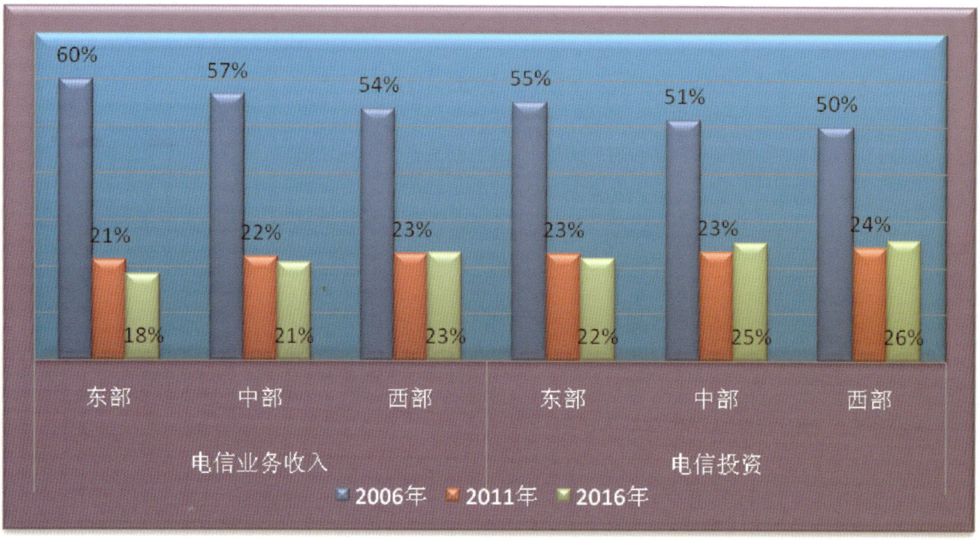

2015—2016 年电信投资结构比较

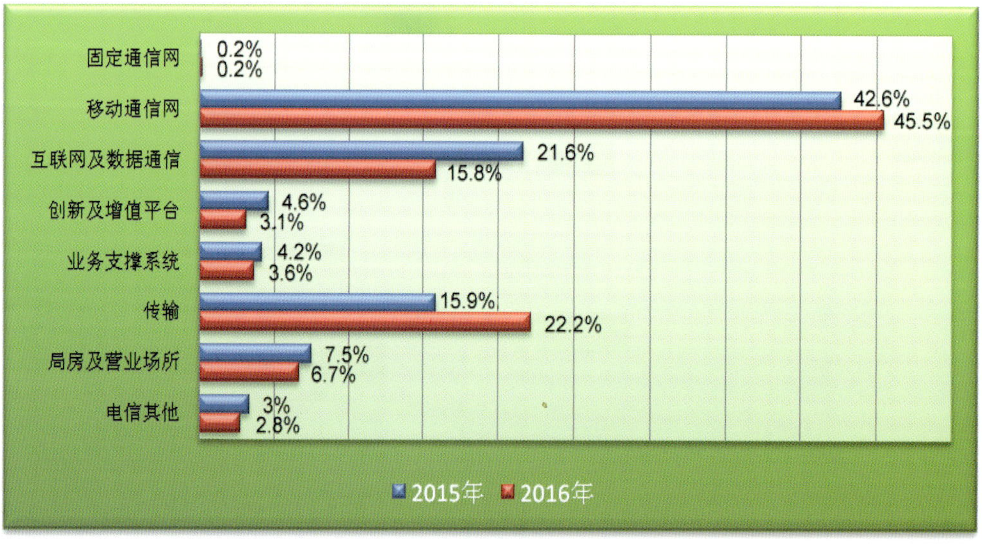

2012—2016 年电信收入结构（固定和移动）

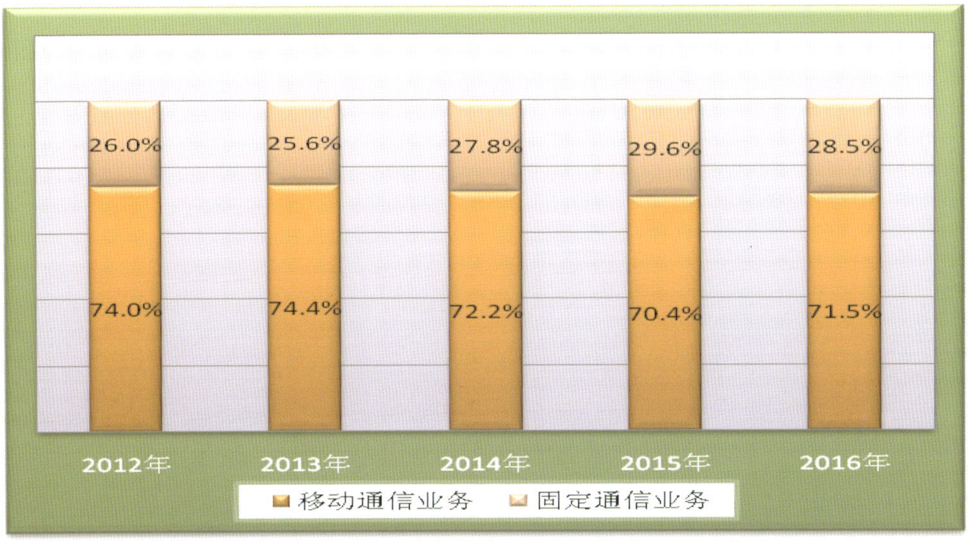

2012—2016 年电信收入结构（话音和非话音）

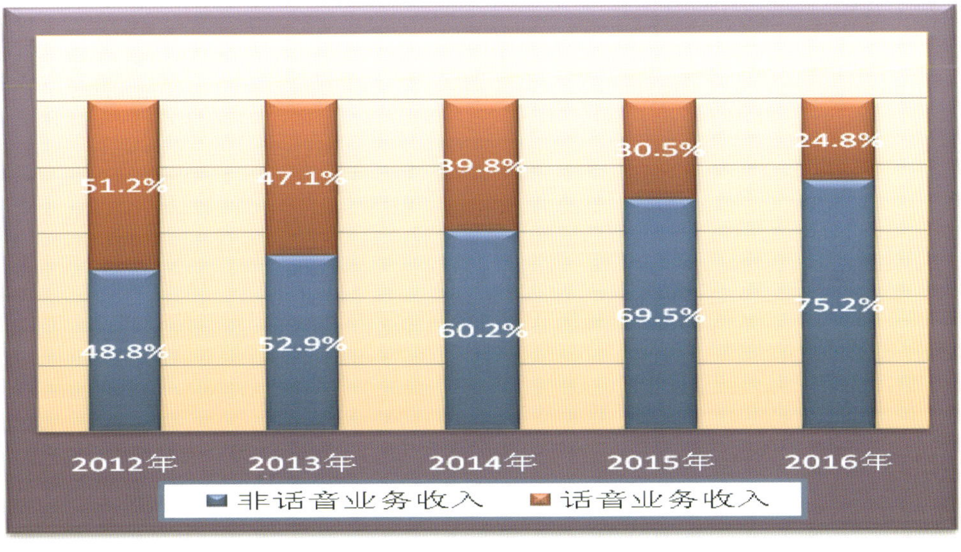

2012—2016 年电信运营企业收入结构

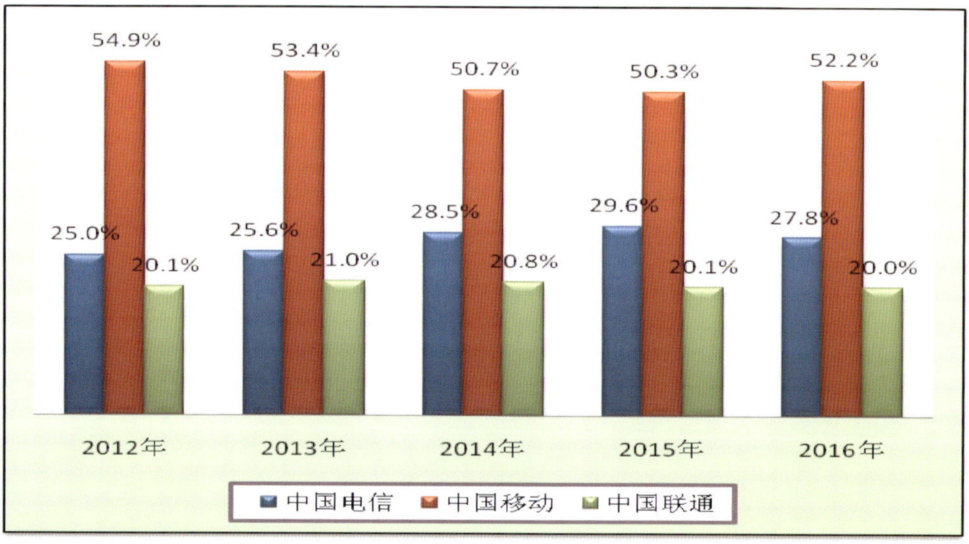

2012—2016 年电信运营企业投资结构

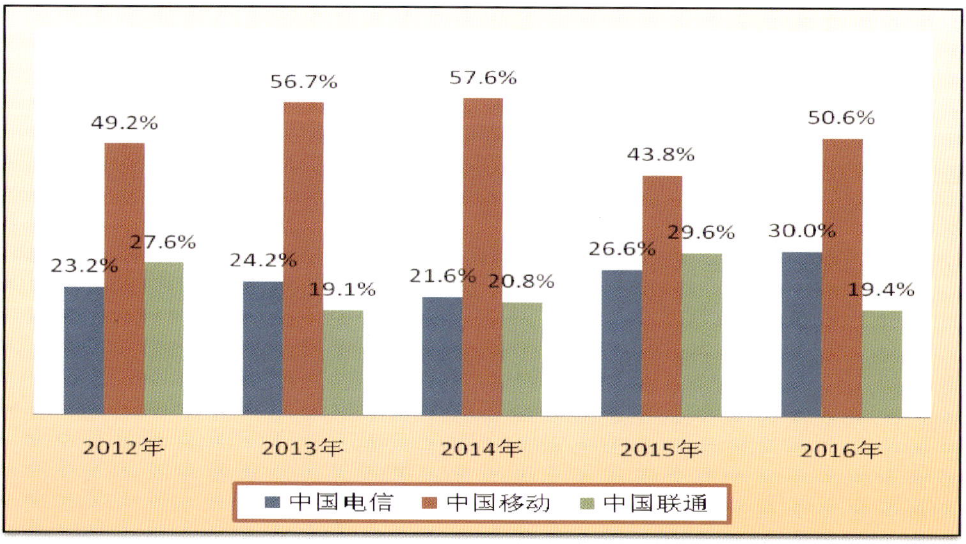

1949—2016 年固定电话、移动电话用户发展情况

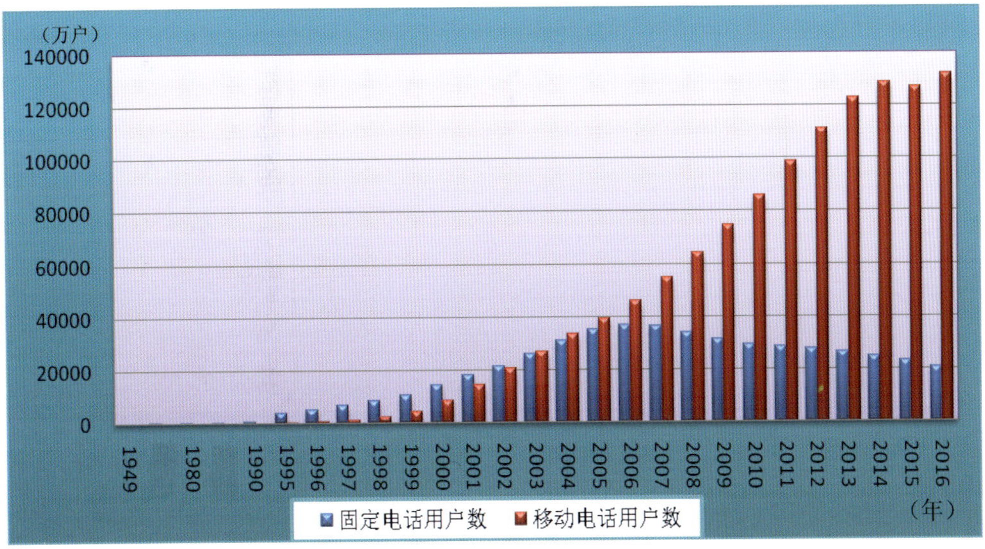

1949—2016 年固定电话、移动电话普及率

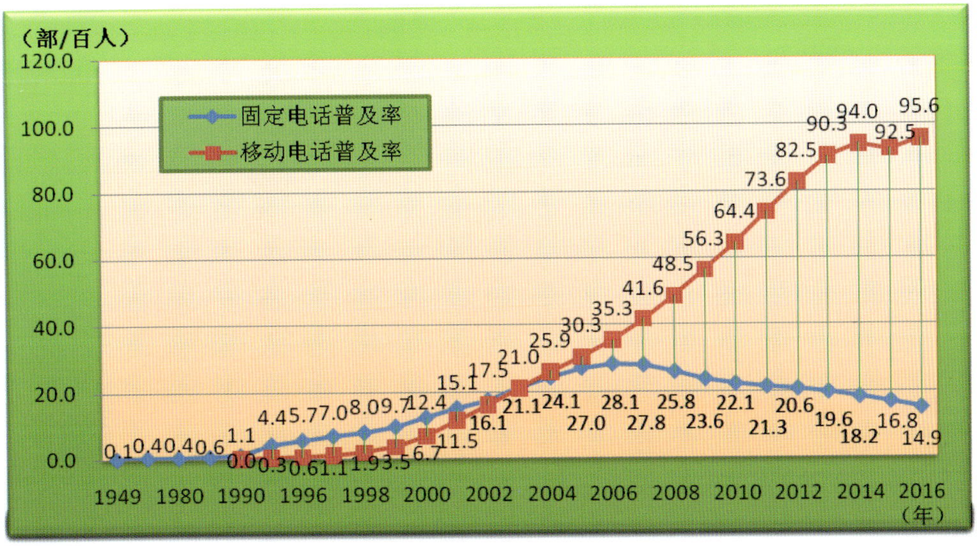

2012—2016 年移动宽带（3G/4G）电话用户发展情况

2002—2016 年(固定)互联网宽带接入用户发展情况

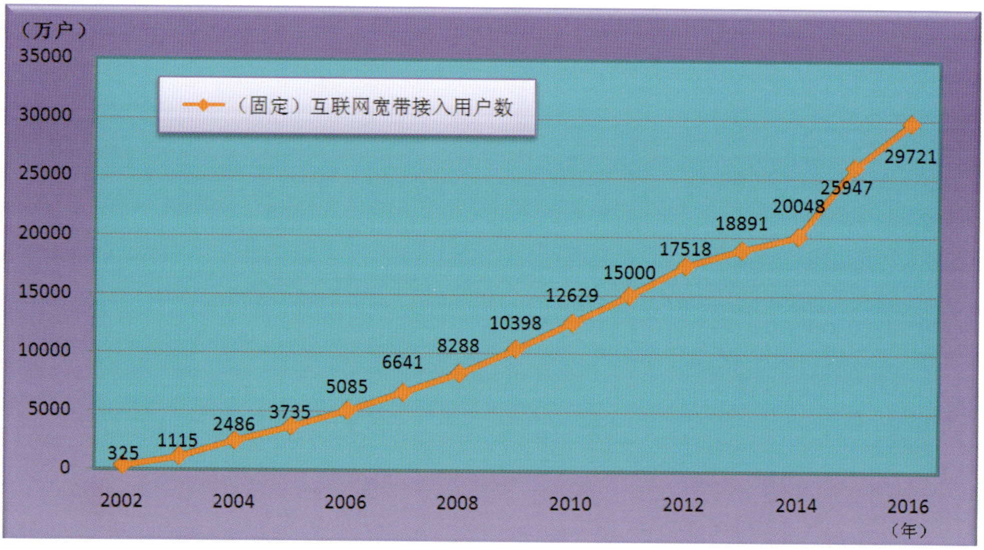

2012—2016 年全国增值电信企业主要指标发展情况

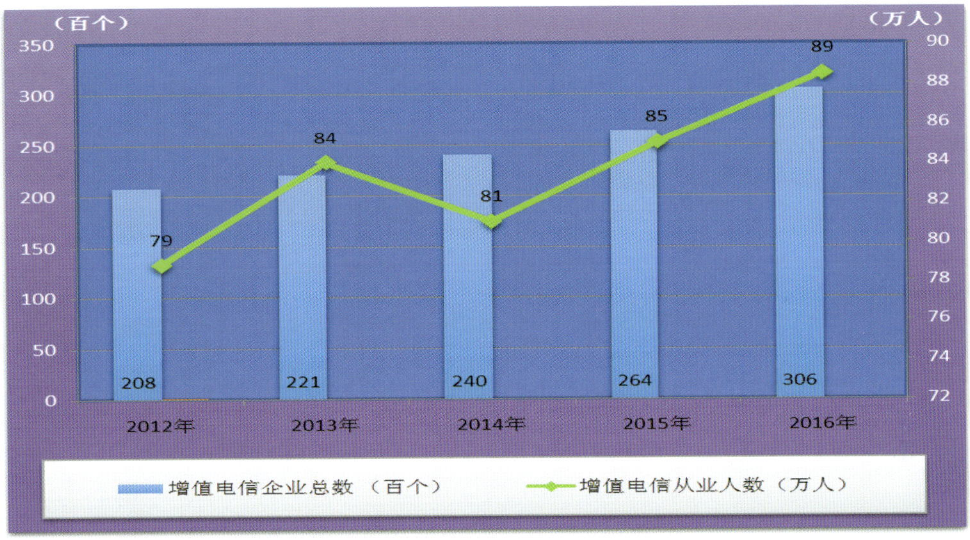

2012—2016 年全国增值电信企业收入规模及构成情况

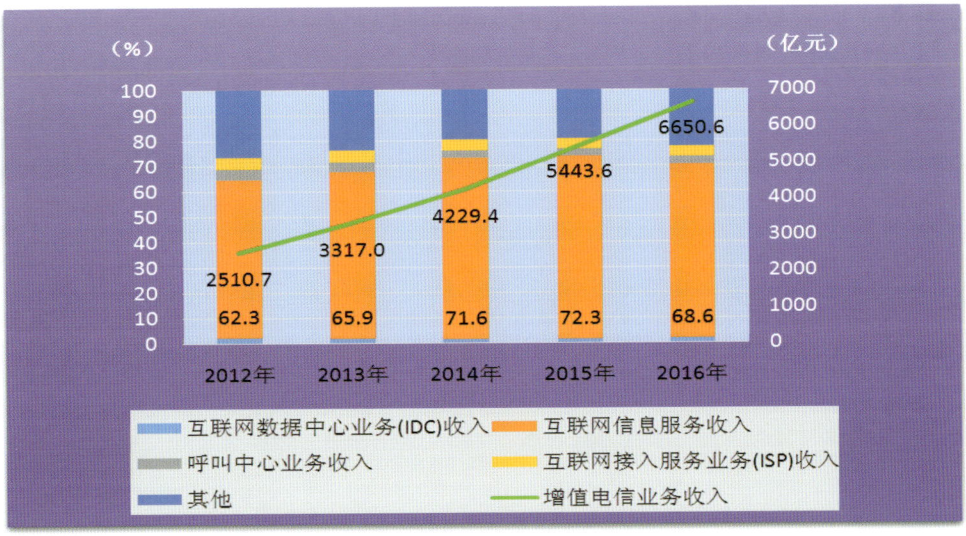

2000—2016 年互联网网民数和普及率

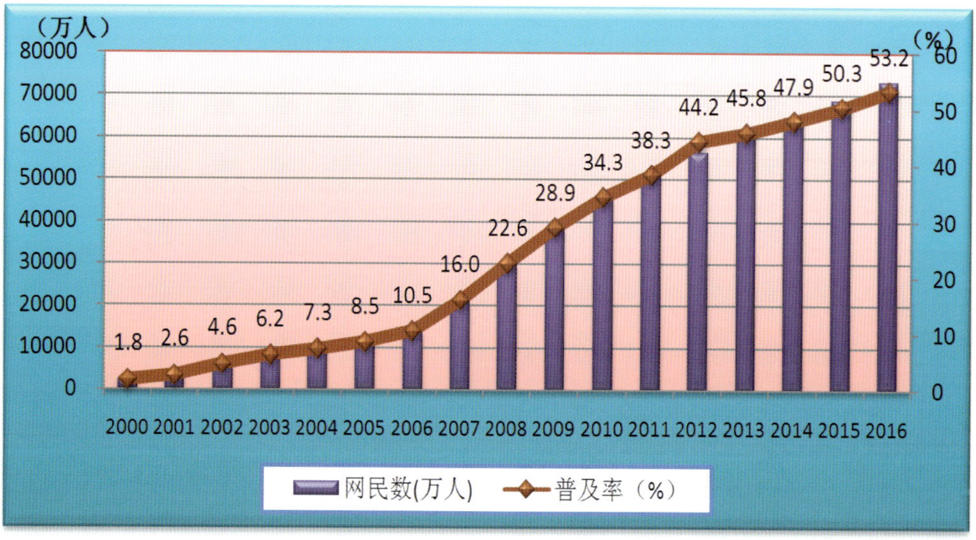

注：本图数据由中国互联网络信息中心（CNNIC）提供。

2016 年各省（自治区、直辖市）互联网网民数和普及率

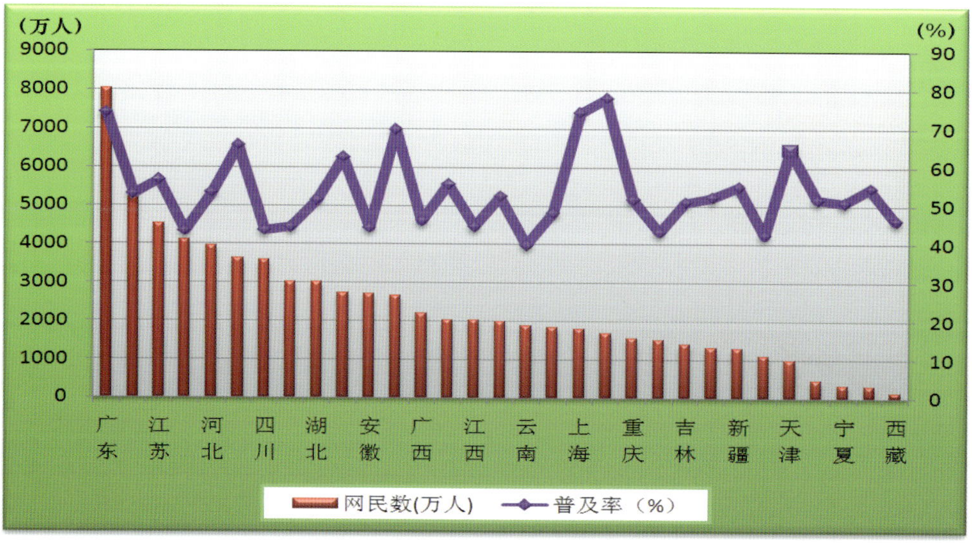

注：本图数据由中国互联网络信息中心（CNNIC）提供。

2007—2016 年全球（固定）电话主线、蜂窝移动电话用户、互联网网民数

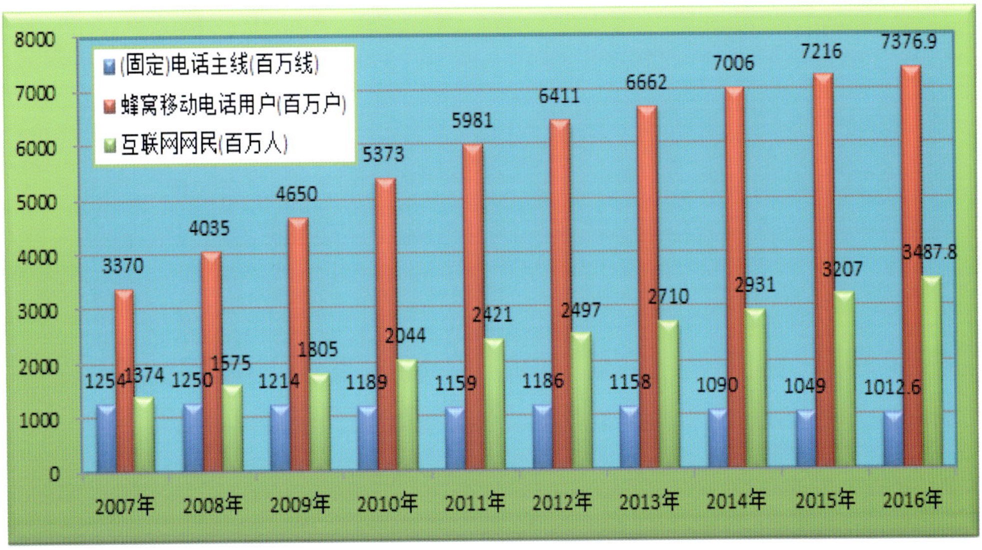

2007—2016 年全球每百人（固定）电话主线、蜂窝移动电话用户、互联网网民数

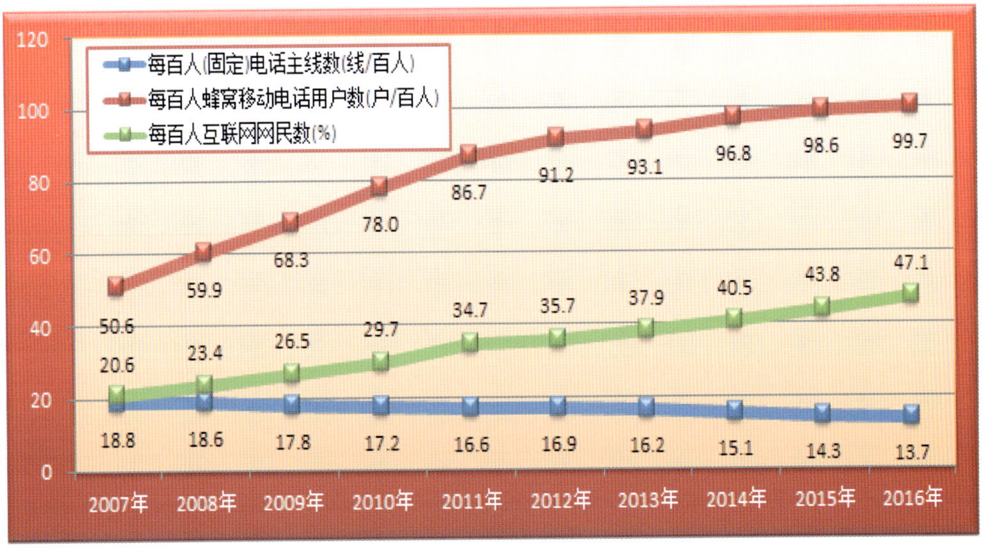

目　　录

第一部分　综　述

第二部分　统　计　数　据

第一部分　综　述

中国电信业 2016 年发展综述

中国基础电信业 2016 年发展综述

一、综述

（一）电信业发展主要指标

2016 年，我国电信业务总量[1]达 15 616.9 亿元，同比增长 33.9%。其中，固定数据及互联网业务总量 1 891.1 亿元；移动数据及互联网业务总量 6 959.0 亿元，占比达 44.1%。全国电信业务收入累计完成 12 001.5 亿元，同比增长 5.4%。

全年电话用户数达到 15.3 亿户，较 2015 年增加 2 616.5 万户。其中，移动电话用户增长 5 053.7 万户，总数达 13.2 亿户，移动电话用户普及率达 95.6 部 / 百人，比 2015 年提高 3.1 部 / 百人。固定电话用户总数 2.07 亿户，比 2015 年减少 2 437.2 万户，普及率降为 14.9 部 / 百人。固定宽带接入用户加速增长，全年增加 3 774.1 万户，用户规模达 2.97 亿户，增速达 14.5%。

光纤宽带网络加速普及，全国新建光缆线路 555.7 万公里，光缆线路总长度达到 3 042.1 万公里，同比增长 22.4%，增速比 2015 年提高 1.8 个百分点。固定互联网宽带接入端口达到 7.1 亿个，同比增长 23.6%，其中 FTTH/O 端口达到 5.4 亿个，占比提升至 75.4%。

（二）电信业发展主要特点

1. 行业健康平稳增长，经济社会贡献突出

电信业务总量快速增长。2016 年，我国电信业务总量达 15 616.9 亿元，同比增长 33.9%。其中，固定话音业务总量 341.4 亿元，固定数据及互联网业务总量 1 891.1 亿元，固定互联网和相关服务业及其他业务总量 1 251.5 亿元，移动话音业务总量 3 069.0 亿元，移动数据及互联网业务总量 6 959.0 亿元，移动互联网和相关服务业及其他业务总量 2 108.9 亿元。各项业务总量占电信业务总量比重排名前两位的是移动话音和移动数据及互联网业务，占比分别为 19.7% 和 44.5%。

1．电信业务总量采用 2015 年不变单价。

电信业务收入增速由负转正。2016 年，我国电信业务收入达到 12 001.5 亿元，同比增长 5.4%，比 2015 年提高 7.4 个百分点。其中，固定数据及互联网业务收入同比增长 7.4%，固定互联网和相关服务业收入同比增长 16.2%，移动数据及互联网业务收入同比增长 38.3%，移动互联网和相关服务业收入同比下降 12.9%。移动数据及互联网业务收入占比超过移动话音业务，占比达到 36.1%，比 2015 年提高 10 个百分点。

新一代信息技术促进两化融合水平不断提升。2016 年，我国工业企业两化融合进一步深入发展，截至 12 月月底，全国贯标企业总数超过了 4 000 家，与 2015 年相比，数量翻一番。两化融合管理体系贯标带动企业信息化投入持续增长，两化融合综合绩效不断显现。全国关键工序数控化率提升至 45.7%，数字化研发工具普及率提升至 2016 年的 61.8%，实现综合集成的企业比例提升至 17.8%，两化融合在产业转型升级中发挥了重要作用。

信息化促进跨界融合。随着大数据、云计算、移动互联网的发展，电信业与传统产业的融合正在加速进行，云计算、大数据正以超强的计算能力向生产、消费领域渗透，产业智能化趋势越发明显。**智能制造**——制造业智能化转型步伐加快，装备制造企业跨界合作建设智能工厂，工业云服务平台、工业大数据分析等众多基于互联网的新兴业态和服务模式快速涌现，为制造企业发展提供有力支持。众包、规模定制、工业云、O2O 等互联网融合新模式新业态正在制造业快速推广。**智慧政务**——信息化与政府公共服务体系融合加快，各级政府部门积极利用互联网创新公共服务，公众参与的互联网管理服务新载体不断涌现。截至 2016 年 12 月，在线政务服务用户规模[1]达到 2.39 亿，占总体网民的 32.7%，其中，支付宝或微信城市服务平台的使用率最高，为 17.2%，政府微信公众号使用率 15.7%，政府网站、政府微博及政府手机端应用的使用率分别为 13.0%、6.0% 及 4.3%。**智慧交通**——互联网与传统交通运输业有效渗透融合，形成具有“线上资源合理分配，线下高效优质运行”模式，满足更便捷出行、更人性服务和更科学决策的需求。2016 年，我国十余个省份和地区开展了智慧交通出行科技示范工程项目，在江苏、重庆、四川等省市已经取得了一定成效。

2. 用户规模平稳增长，高速率迁移持续加快

用户净增规模由负转正。2016 年，全年电话用户数达到 15.3 亿户，较 2015 年增加 2 616.5 万户，扭转了 2015 年用户规模负增长态势。其中，移动电话用户增加 5 053.7 万户，总数达 13.2 亿户，移动电话用户普及率达 95.8 部 / 百人，比 2015 年提高 3.1 部 / 百人；固定电话用户总数 2.07 亿户，比 2015 年减少 2 437.2 万户，普及率为 14.9 部 / 百人。

移动用户宽带化升级加速。2G、3G 用户加速向 4G 用户迁移，4G 用户规模达 7.7 亿户，成为全球最大的 4G 用户市场。移动宽带用户（3G+4G）渗透率达到 71.2%，比 2015 年提高 15.7 个百分点。

1．数据来源：CNNIC《第 39 次中国互联网络发展状况统计报告》，2017 年 1 月。

光纤宽带用户占比持续提升。2016 年，固定宽带接入用户加速增长，全年增加 3 774.1 万户，用户规模达 2.97 亿户，增速达 14.5%。其中，光纤用户突破 2 亿户，在宽带用户中占比达 76.6%，比 2015 年提高 17.3 个百分点。8M 以上、20M 以上宽带用户总数占宽带用户总数的比重分别达 91.0%、77.8%，比 2015 年分别提高 21.3、46.6 个百分点，用户向宽带化升级的趋势更加明显。

融合业务用户增长显著。2016 年，IPTV 用户净增 4 083.3 万户，达到 8 672.8 万户，同比增长 89.0%；物联网终端用户达到 10 048.1 万户。

网民规模继续扩大。截至 2016 年 12 月，我国网民规模达 7.31 亿，普及率达 53.2%，超过全球平均水平 3.1 个百分点，超过亚洲平均水平 7.6 个百分点。全年共计净增网民 4 299 万人，增长率为 6.2%。

3．宽带基础设施加速发展，应用基础设施效率大幅提升

光接入网建设全面提速。2016 年光网改造工作成果显著，FTTH/O 端口规模达 5.4 亿个，占比已超四分之三。全国所有地市基本建成光网城市，“全光网省”建成过半，上海、深圳、四川等地已开启千兆（吉比特）宽带建设。

骨干网建设快速推进。传送网全面进入 100G 时代，400G 已经在部分城市试点。新增大量省际直达链路，骨干网络扁平化日益加深。新增杭州、贵阳、福州 3 个互联网骨干直联点，网间带宽新扩容 950GB。修订出台《互联网骨干网网间通信质量监督管理办法》，网间通信时延平均值同比降低 20% 以上，丢包率平均值同比降低 30% 以上。互联网网间结算价格从 28 万元 /（GB• 月）下降到 18 万元 /（GB• 月）。

国际出入口扩容提速。2016 年我国国际互联网出入口总带宽达到 2.5Tbit/s，年增幅 400Gbit/s，为 2015 年增幅的 4 倍。国际通信网络优化建设需求日益增加，杭州、郑州等多个城市申报建设国际通信专用通道，共批准新建 5 个国际光缆信道口、3 条国际通信专用通道、1 条跨境专用数据通道。海外 POP 点达到 84 个，重点向亚非欧转移。

应用基础设施高速发展。IDC 呈规模化、集中化、绿色化、云化发展态势，在国家数据中心区域布局和节能政策带动指引下，目前全国已有近 100 个超大型、大型数据中心，一半以上位于或靠近能源充足、气候严寒的地区，总体电能使用效率（PUE）水平有所下降。

4．4G 网络建设飞速发展，5G 标准化和技术研发稳步推进

4G 优化覆盖提升能力。持续优化城区网络覆盖质量，提升城市热点区域容量，扩大农村地区覆盖范围，全年完成 4G 投资超 1 511 亿元，4G 基站总规模超过 260 万个，继续保持全球最大 4G 网络地位。部署 VoLTE 和载波聚合，中国移动在 29 省超 300 个城市开通 VoLTE 服务，三大基础电信企业均试点了载波聚合技术，进一步提升 4G 网络承载能力。

共建共享步入常态化。与国资委联合印发《关于 2016 年推进电信基础设施共建共享的实施意见》，“共建共享”要求进一步细化。中国铁塔公司与三大基础电信企业签订四方资产租赁协议，在商务定价上达成一致，全年承接塔类建设需求超过 68 万个，已交付近 55 万个，截至 2016 年年底，提供给基础电信企业的站址总数近 168 万个，有力支持了 4G 网络建设。

5G 研发取得积极进展。2016 年，我国率先启动技术研发试验，完成 5G 关键技术验证。在大规模天线、新型多址、超密集组网等 5G 核心技术上取得积极进展，5G 网络架构、灵活系统设计、编码方案等技术已被国际标准采纳。

5. 电信市场开放步伐持续加快，产业合作提升供给能力

市场供给主体趋向多元。2016 年，宽带接入网业务试点范围进一步扩大，辽宁等 7 个省份的全部城市、绍兴等 12 个新增城市纳入试点，累计吸引民间投资超 100 亿元，用户总数超 900 万户。移动转售业务 42 家试点企业累计吸引民间投资 31 亿元，用户总数超 4 300 万户，占移动电话用户比重突破 3%。互联网接入服务等 6 类互联网和相关服务业首次在全国范围内向港澳资企业不设限开放。中国交通通信信息中心和中国广电获得《基础电信业务经营许可证》。三网融合全国推广稳步推进，全年新增 IPTV 用户超 4 000 万户，总数达到 8 673 万户，25 个省份用户超百万规模。

合作共赢成为发展趋势。2016 年，三大基础电信企业先后与百度、阿里巴巴、腾讯等互联网公司签订战略合作框架协议，采取资源置换、技术互补、成果共享等方式，发挥各自领域优势，合力打造共赢生态系统。中国联通被列为国有企业混合所有制改革试点企业，探索通过资本运作手段促进产业深度融合，推动基础业务经营模式转型、创新业务规模效益发展。

6. 互联网信息服务规模持续增长，应用性服务比重增大 [1]

互联网信息服务规模快速增长。2016 年，我国网民总体规模达 7.31 亿，互联网普及率达到 53.2%，较 2015 年年底增长 2.9 个百分点；电子商务、娱乐、出行、金融等各类互联网应用用户规模均呈上升趋势，手机网上支付用户规模达到 4.7 亿，同比增长 31.2%，网民手机网上支付的使用比例达到 67.5%。企业市值规模显著增长，2016 年我国互联网上市企业总数为 91 家，市值达到 5.4 万亿元。

“互联网 +”传统产业融合加速。2016 年，我国企业的计算机使用、互联网使用以及宽带接入已经全面普及，分别达到 99.0%、95.6% 和 93.7%，相比 2015 年分别上升 3.8、6.6 和 7.4 个百分点。此外，在信息沟通类互联网应用、财务与人力资源等内部支撑类应用方面，企业互联网活动的开展比例均保持上升态势。我国企业在线销售、在线采购的开展比例实现超过 10 个百分点的增长，分别达到 45.3% 和 45.6%。互联网营销推广力度达 38.7%，六成企业建有信息化系统，相比 2015 年提高 13.4 个百分点。

分享经济持续创新。2016 年分享经济保持高速增长态势，业态创新活跃，新服务巨头逐渐涌现。出行领域交易规模保持三位数增长，在线短租领域已有 22 家企业参与，新创共享单车企业超过 10 家，其中摩拜单车、ofo、小鸣单车三家创业公司分别获得超 1 亿美元投资。截至 2016 年年底，网络预约专车用户规模为 1.68 亿，同比增长 37.9%。

1. 数据来源：CNNIC，《第 39 次中国互联网络发展状况统计报告》。

二、信息通信应用服务的范围和领域不断拓展

（一）信息通信基础设施建设起飞加速

高速宽带网络建设和普及全速推进，海外信息基础设施和空间网络平台建设加快，云服务企业加快海外数据中心和节点建设，中国首颗移动通信卫星发射成功，第一个自主可控卫星宽带全球服务网正式开通。NB-IoT 等物联网基础设施加速布局，2016 年开通首个标准化 NB-IoT 商用网络，完成了端到端 NB-IoT 网络应用测试。智能化前沿技术领域持续探索，基础网络智能化重构方向确立。互联网企业大力布局人工智能、搭建 VR 生态，努力提升互联网服务的智能化水平。

（二）基础电信业务更加均衡实惠

基础电信服务发展目标从网络通达向服务普及转变，城乡光网改造进入收关阶段，普遍服务补偿机制取得突破性进展。共建共享、市场开放等举措推动基础电信服务成本下降，基础设施共建共享深入推进，新建铁塔共建共享率达到 81%，实现降本增效。宽带接入网业务开放试点城市范围进一步扩大，三网融合全面推进，移动转售用户数保持快速增长。

（三）互联网新兴业态不断拓展，向各行业渗透助力提升社会服务水平

2016 年，共享经济、医疗服务和娱乐生活成为互联网热点应用领域。共享单车兴起，再拓展互联网与线下服务结合新空间。知识共享大幅降低知识传递边际成本，有效提高了知识的社会化效用。互联网企业加大在远程医疗、家庭医生、商业健康险方面的合作和新模式探索。网络直播平台数量超过 200 个，经营模式多样化，用户规模达到 2.6 亿，连续四个季度投融资笔数增长 60%，金额增长 378%。

三、基础电信业务发展分析

（一）电话用户发展情况

1. 电话用户规模小幅扩大，移动电话普及率小幅提升

2016 年，全国电话用户净增 2 617 万户，总数达到 15.29 亿户，同比上升 1.7%。其中，由于统计口径变化[1]，移动电话用户净增 5 053.7 万户，总数达 13.22 亿户，比 2015 年上升 4.0%。移动电话用户普及率达 95.6 部 / 百人，比 2015 年上升 3.1 部 / 百人。固定电话用户总数 2.07 亿

1. 2016 年 1 月起中国联通调整移动电话用户类指标统计口径，自 2016 年 7 月起，移动电话用户的同比、比 2015 年末净增根据 2015 年年报最终结算口径计算。

户，比 2015 年减少 2 437.2 万户，普及率为 14.9 部 / 百人，如图 1 所示。

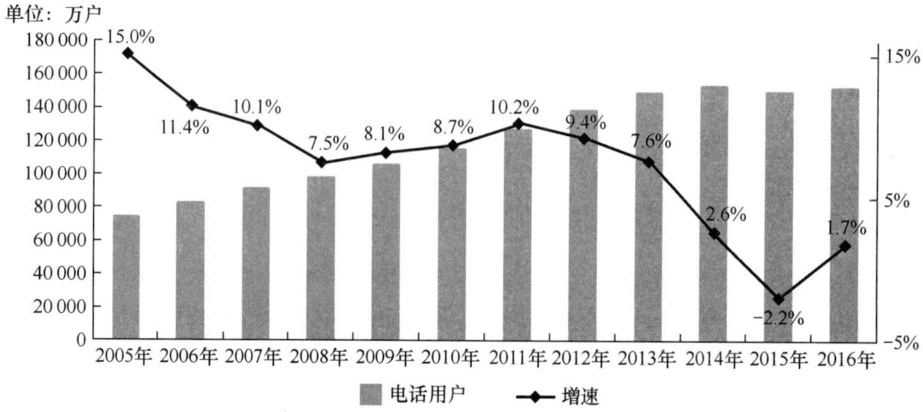

图 1　2005—2016 年电话用户发展情况

2. 移动用户总量增加，4G 用户占比近六成

2016 年，4G 用户数呈爆发式增长，全年新增 3.40 亿户，总数达到 7.70 亿户，在移动电话用户中的渗透率达到 58.2%。2G 移动电话用户减少 1.84 亿户，占移动电话用户的比重由 2015 年的 44.5% 下降至 28.8%。3G 用户全年净减 1.0 亿户，总数减少至 1.7 亿户，占移动用户的比重下滑至 12.9%，如图 2 所示。

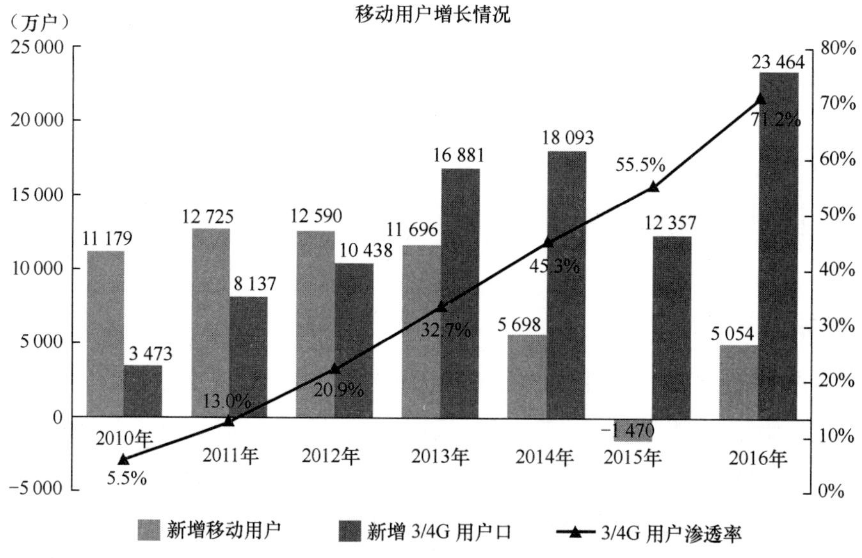

图 2　2010—2016 年新增移动电话用户

3．固定电话用户加速下降，无线市话用户逐步退网

2016 年，全国固定电话用户减少 2 437.2 万户，同比下降 10.6%，共计 2.07 亿户。其中，城市电话用户减少 1 701.6 万户，达到 1.6 亿户；农村电话用户减少 735.6 万户，达到 5 043.3 万户。无线市话用户全年减少 9.1 万户，同比下降 8.8%，达到 93.6 万户，如图 3 所示。

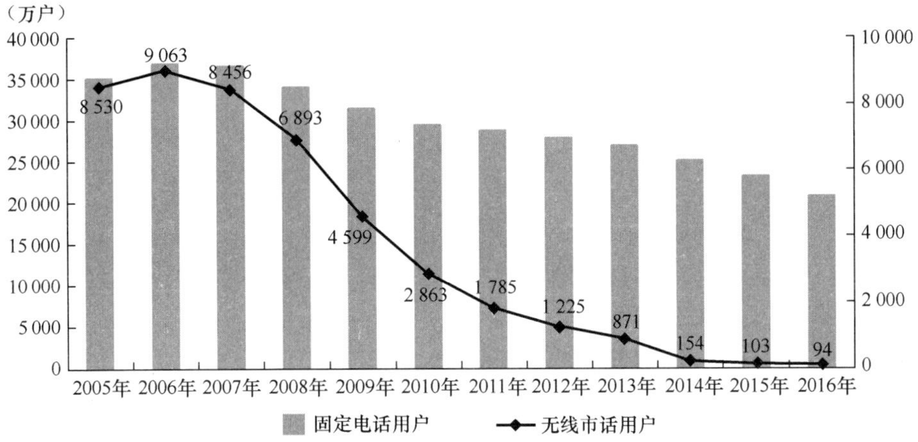

图 3　2005—2016 年固定电话用户和无线市话用户

4．物联网用户持续保持高速增长态势，用户数超过一亿

物联网用户持续保持高速增长态势，2016 年，物联网用户数增加了 3 025.4 万户，同比增长 53.7%，达 1 亿户，如图 4 所示。

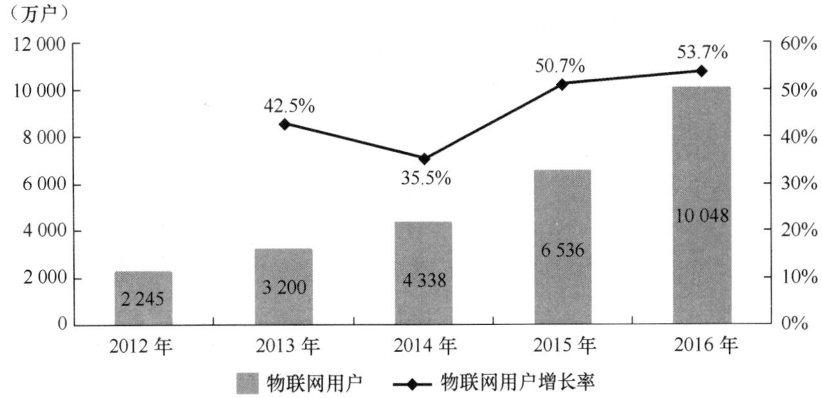

图 4　2012—2016 年物联网用户

（二）通话量发展情况

1. 移动通话总量小幅下降，固定通话量持续快速下滑

2016 年，全国移动电话通话时长累计达到 56 599.0 亿分钟，同比下降 1.8%，其中，移动非漫游去话通话时长同比下降 1.7%，移动国际漫游和港澳台漫游去话通话时长分别下滑 16.3% 和 15.4%，移动国内漫游通话去话通话时长同比增长 0.2%。固定电话通话量继续大幅下降，本地电话通话时长累计达到 1 876.4 亿分钟，同比下降 16.7%；固定长途电话通话时长累计达到 400.8 亿分钟，同比下降 15.2%，如图 5 所示。

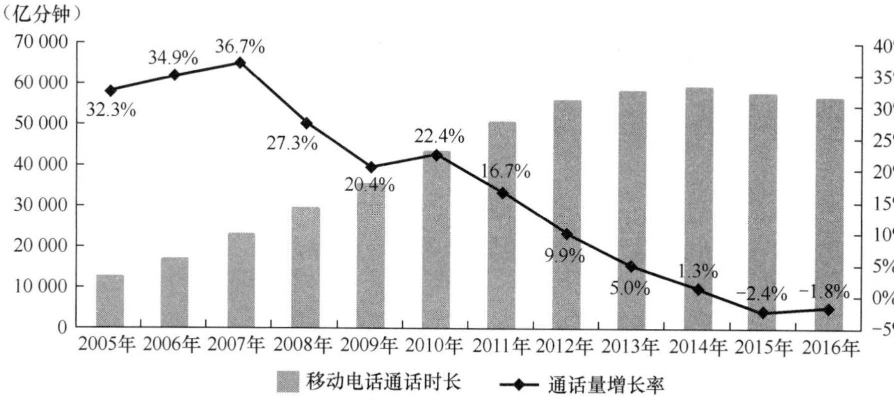

图 5　2005—2016 年移动电话通话时长增长情况

2. 移动电话 MOU[1] 加速下降，固定电话 MOU 持续下滑

2016 年，移动电话每用户每月通话时长为 357 分钟，连续五年下降，降幅达到 5.6%。固定电话每用户每月通话时长继续减少，2016 年为 92 分钟，降幅达到 6.5%，如图 6 所示。由于移动互联网类通信业务替代、多卡用户比例上升等多因素综合作用，单用户话务量的减少、运营企业从话音经营向流量经营的转变将成为大势所趋。

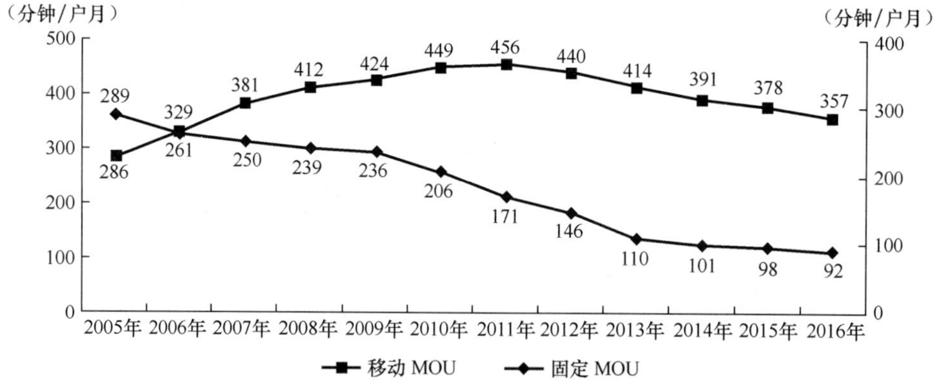

图 6　2005—2016 年移动与固定电话 MOU

1. Mou（minutes of usage），平均每户每月通话时间，单位：分钟。

（三）互联网接入业务发展情况[1]

1. 固定宽带用户数继续提升，光纤用户占比超四分之三

（1）固定宽带用户数持续提升

截至 2016 年 12 月底，固定宽带用户累计达 3.0 亿户，同比增长 14.6%，如图 7 所示。

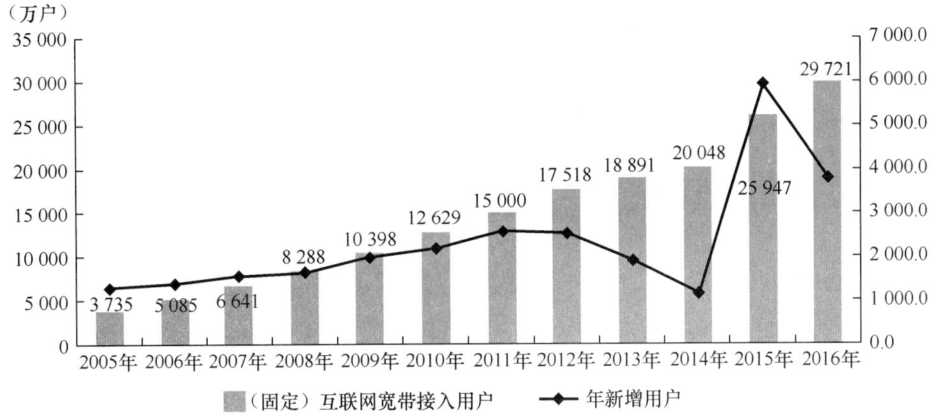

图 7　2005—2016 年（固定）互联网宽带接入用户发展情况

（2）光纤接入成为固定互联网宽带接入的主流

光纤用户（FTTH/O）用户达到 2.3 亿户，同比增长 53.5%，光纤接入用户占宽带用户的比重超过四分之三。8M 及以上用户达 3.0 亿户，占宽带用户数的比重达 91.8%。20M 及以上用户达 2.6 亿户，占比达 79.7%，如图 7 所示。

2. 互联网普及率继续稳步提升，移动互联网用户渗透率超八成

2016 年，我国互联网网民规模达到 7.31 亿，全年共计新增网民 4 299 万人。互联网普及率为 53.2%，较 2015 年年底提升 2.9 个百分点，如图 8 所示。

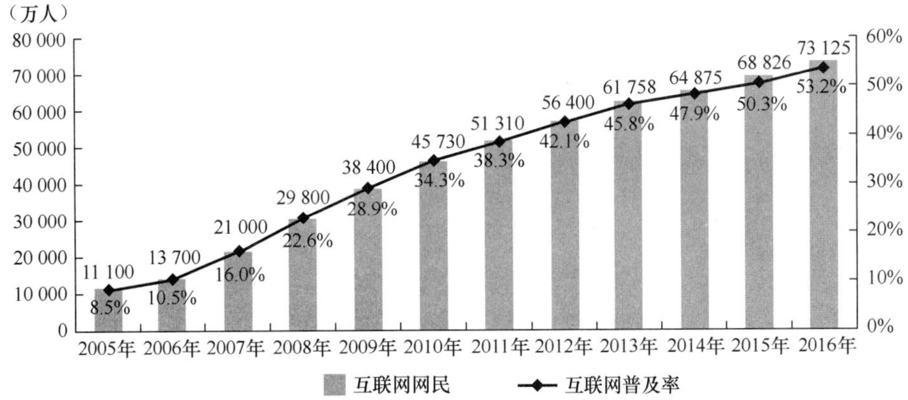

图 8　2005—2016 年互联网网民人数及普及率发展情况

1. 本节中除互联网接入用户、移动互联网流量，其余数据来源于 CNNIC“中国互联网络发展状况统计报告（2017.1）”。

移动互联网用户继续呈现增长态势，全年净增 1.29 亿户，规模达到 10.94 亿户，同比增长 13.4%，对移动电话用户的渗透率达 82.8%，较 2015 年年末提高 6.9 个百分点，如图 9 所示。

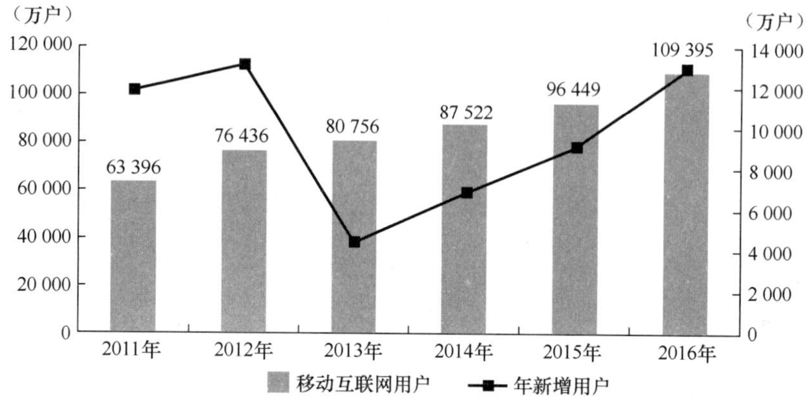

图 9　2011—2016 年移动互联网用户发展情况

3. 手机网民保持稳定增长，互联网应用数量和分发规模领军全球

2016 年，手机网民用户继续呈现增长态势，全年净增 7 550 万户，规模达到 6.95 亿户，手机网民占互联网网民比例提升至 95.1%，提升了 5.0 个百分点，如图 10 所示。在移动互联网的推动下，我国手机互联网应用发展整体呈现上升态势。2016 年我国移动互联网应用数量和分发规模领军全球。截至 2016 年三季度，全球主流应用商店移动应用累计数量超过 1 143 万款，我国市场移动应用累计数量超过 800 万款。

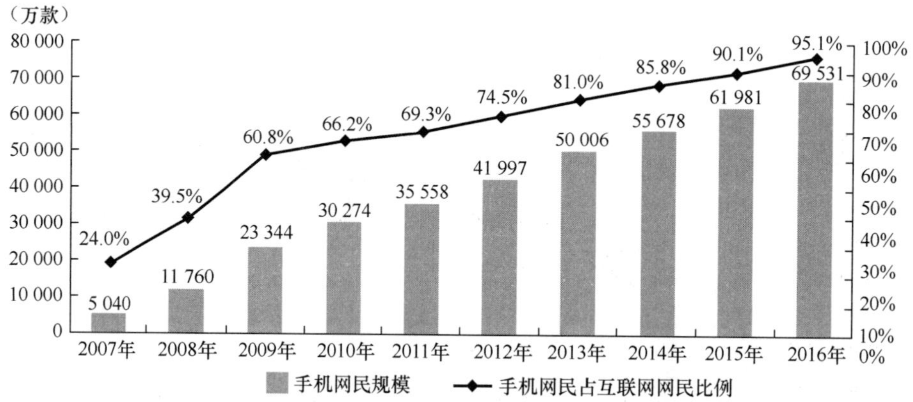

图 10　2007—2016 年手机网民人数及其占互联网网民比例

移动互联网的发展推动消费模式共享化、设备智能化和场景多元化。首先，移动互联网发展为共享经济提供了平台支持，网约车、共享单车和在线短租等共享模式的出现，进一步减少

交易成本，提高资源利用效率；其次，智能可穿戴设备、智能家居、智能工业等行业的快速发展，推动智能硬件通过移动互联网互联互通，“万物互联”时代到来；最后，移动互联网用户工作场景、小幅场景向多元化发展，线上线下不断融合，推动不同使用场景细化，同时推动服务范围向更深更广扩散。

4．移动互联网流量加速增长，手机上网流量继续保持爆发式增长

2016 年，在 4G 移动电话用户大幅增长、移动互联网应用加快普及的带动下，移动互联网接入流量呈现加速增长的态势。全年共完成 93.8 亿 GB，同比大幅增长 124.0%。月户均接入流量突破 778MB，增长 109.9%。其中，手机上网流量继续保持爆发式增长态势，总量达 84.3 亿 GB，同比增速高达 124.3%，在总流量中的比重达到 89.9%，如图 11 所示。

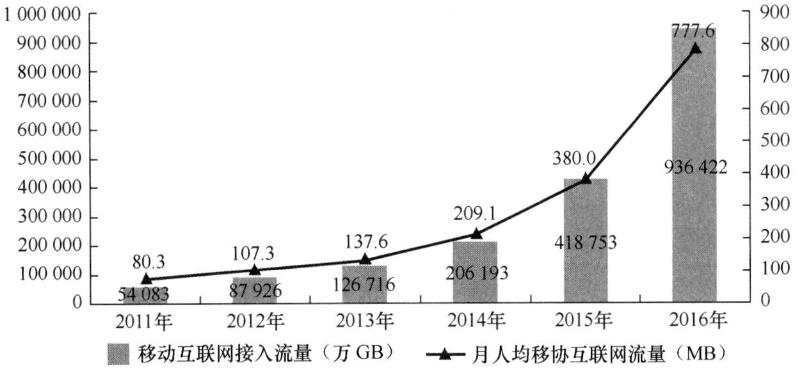

图 11　2011—2016 年我国移动互联网流量发展情况

5．IPv6 基础设施升级改造稳步推进

2016 年，我国 IPv6 地址数量达到 21 288 块 /32，较 2015 年同期增长 2.9%，如图 12 所示。网络基础设施 IPv6 升级改造稳步推进，运营商骨干网已完成 IPv6 改造，支持 IPv6 的网站和应用逐步上线。

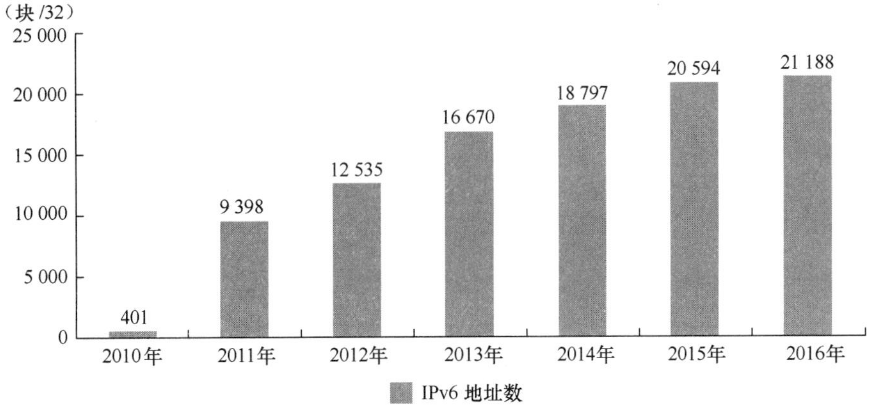

图 12　2010—2016 年我国 IPv6 地址数量发展情况

（四）互联网和相关服务业发展情况

1．互联网和相关服务业收入快速下降，降幅大于电信业务收入增速

2016 年，电信业务收入规模 12 001 亿元，同比增长 5.4%，基础企业增值业务收入规模 1 541 亿元，同比下降 8.6%。基础企业增值业务收入占电信业务收入的比重较 2015 年下降 2.0 个百分点，为 12.8%，如图 13 所示。

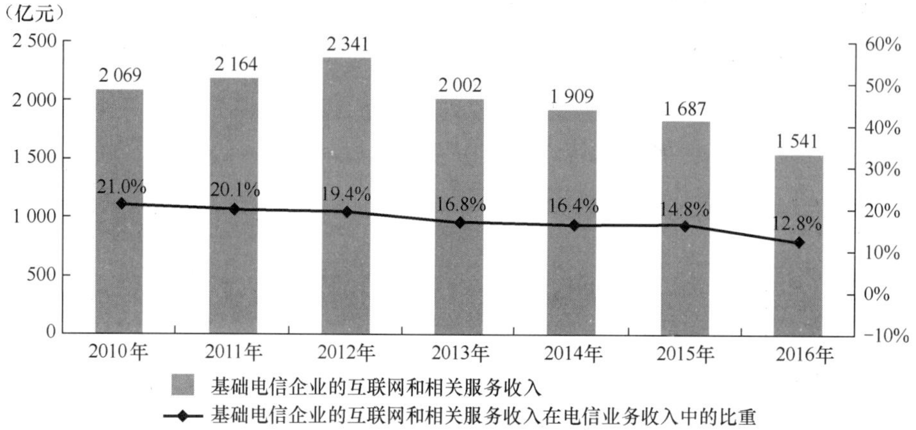

图 13　2010—2016 年基础企业的增值业务收入发展情况

2．移动互联网和相关服务收入下滑，固定互联网和相关服务收入大幅增长

2016 年，基础企业的移动互联网和相关服务收入达到 1 253 亿元，同比下降 12.9%。固定互联网和相关服务[1]收入同比大幅增长 16.2 个百分点，规模达到 288 亿元，如图 14 所示。

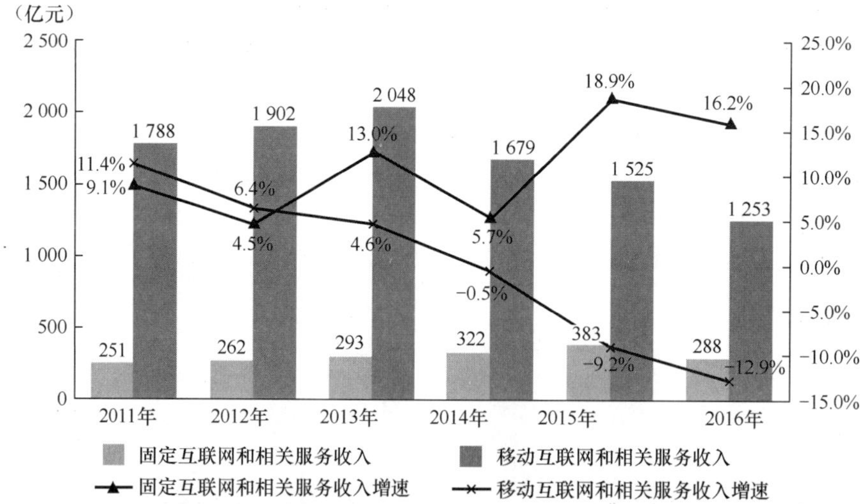

图 14　2011—2016 年基础企业的移动和固定增值业务收入

1．2016 年进行了口径调整，增长率为同口径对比。

3. IPTV 收入快速提升，成为拉动固定互联网和相关服务收入的主要力量

2016 年，IPTV 业务收入快速提升，规模达 92.2 亿元，同比增长 35.8%。基础企业 IPTV 业务收入占固定互联网和相关服务收入的比重较 2015 年提升 4.6 个百分点，如图 15 所示，为 32.0%，成为拉动固定互联网和相关服务收入的主要力量。

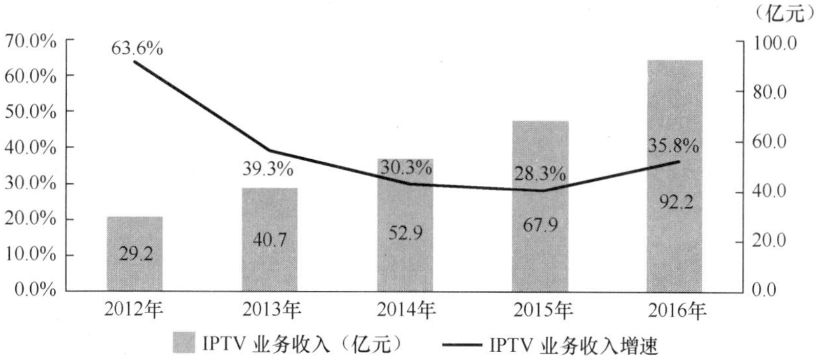

图 15　2011—2016 年基础企业 IPTV 业务收入

（五）移动转售业务发展情况

1. 41 家转售企业正式开通业务

截至 2016 年 12 月底，42 家获得试点批文的转售企业中，共有 41 家企业正式放号。开通业务的转售企业大部分为通信产业链上下游企业，例如，通信终端销售企业、通信终端制造企业、信息内容 / 行业应用企业、互联网基础设施企业等，其中也包括航空、金融、服装等其他行业企业。这些企业基本都是所在行业的龙头企业，使得我国移动转售业务发展的起点比较高。从转售企业的品牌策略上看，现阶段转售企业以延伸品牌策略为主，采用全新品牌的属于少数，如图 16 所示。

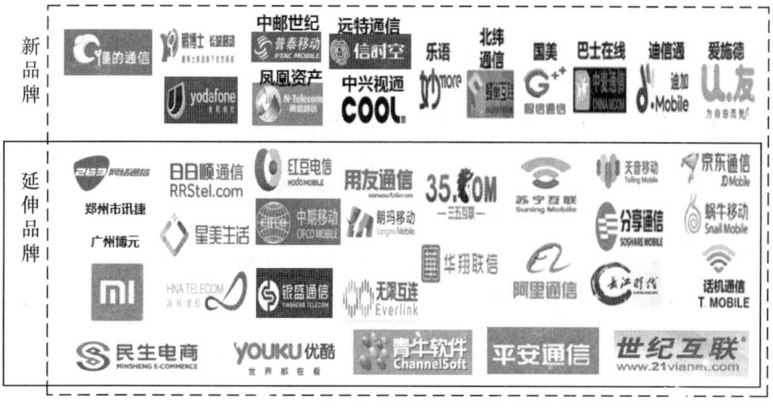

图 16　移动通信转售企业业务开展情况

2．移动转售用户规模突破 4 300 万

移动转售用户规模实现持续较快增长。截至 2016 年 12 月月底，移动转售用户本年净增 2 317.04 万户，达到 4 375.76 万户，占我国移动电话用户数的 3.2%。

过去三年间，移动转售用户呈现跨越式发展特征。移动转售业务作为一项新生事物，实现了快速起步。转售用户规模从 0 到突破 100 万用了 6 个月，从 100 万到 1 000 万用了 9 个月；从 1 000 万到 2 000 万只用了 4 个月，从 2 000 万到 4 000 万用了 11 个月，如图 17 所示。

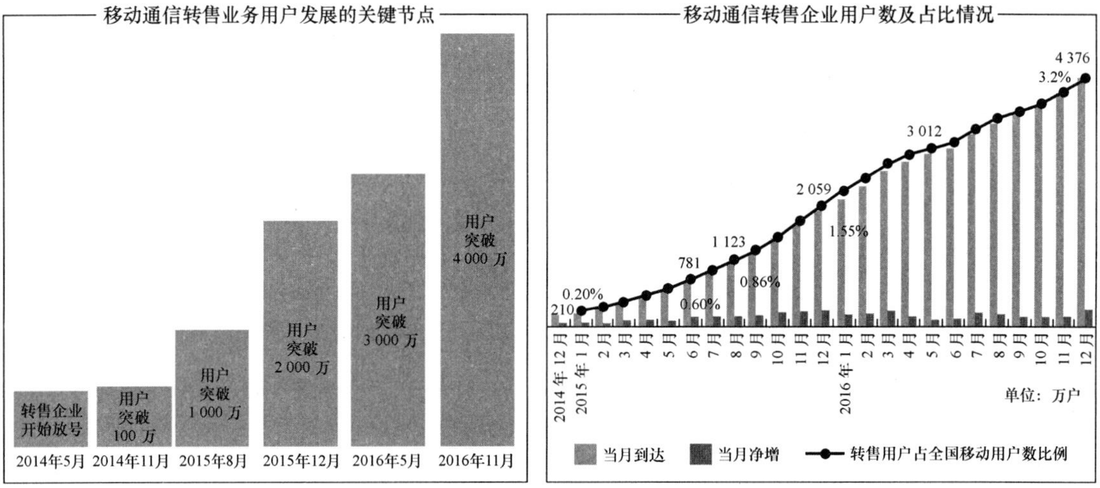

图 17　移动通信转售用户规模增长情况

四、电信网络能力分析

（一）固定及移动电话网规模分析

1．固定电话网容量大幅下降，移动电话网扩容增速趋缓

2016 年，局用交换机容量较 2015 年下降 4 004.9 万门，降幅达 15.1%。移动交换机容量同比增长 3.2%，达到 21.9 亿户，如图 18 所示。

2．局用交换机实装率提升趋稳，移动交换机实装率小幅提升

设备利用率方面，2016 年，由于局用交换机容量下降，实装率较 2015 年提升了 4.8 个百分点，提高到 92.1%。移动交换机实装率小幅提升至 60.5%，如图 19 所示。

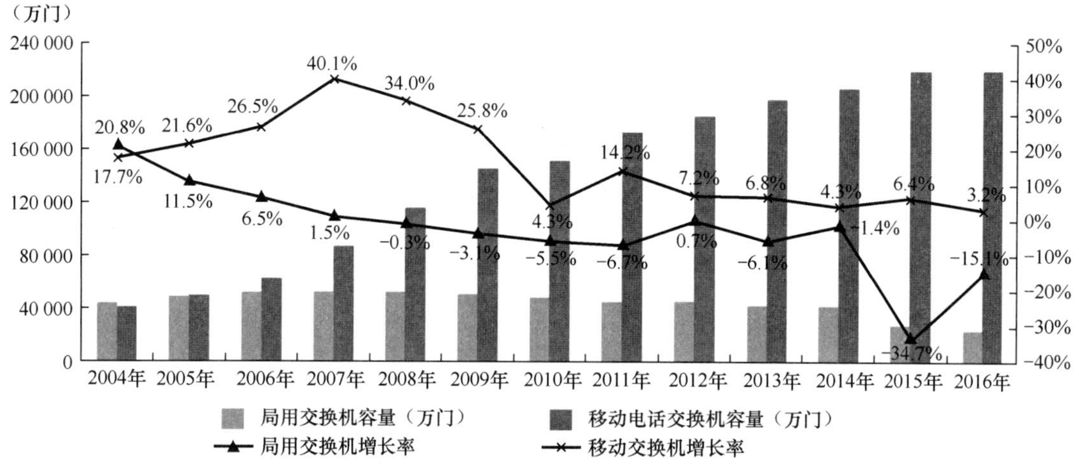

图 18　2004—2016 年局用及移动电话交换机容量

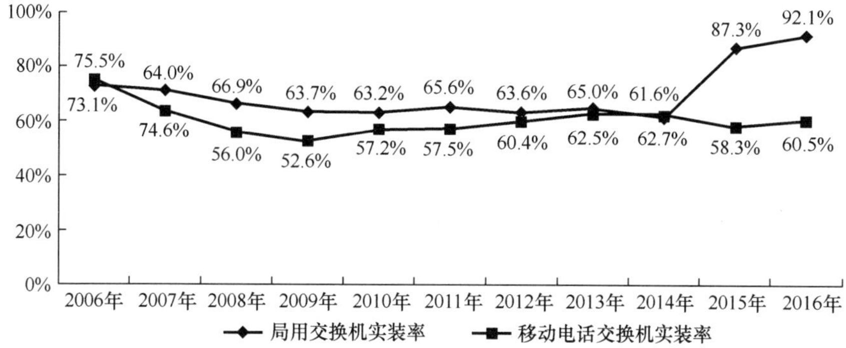

图 19　2006—2016 年局用及移动电话交换机实装率

（二）数据通信网规模分析

1. 互联网规模持续攀升，光网改造工作成果显著

2016 年，在“宽带中国专项行动”“提速降费”等政策的推动下，互联网规模和能力持续提升。互联网宽带接入端口数量提升至 71 276.9 万个，增长了 23.5%。同时，宽带网络加速向全光网升级，高速率宽带接入能力显著提高。2016 年，我国光纤接入（FTTH/O）端口达 53 781.1 万个，同比增长 57.3%，占互联网宽带接入端口总数比重提升至 75.4%，提高 16.2 个百分点，如图 20 所示。

2. 国际出口带宽持续增长，总量超六百万兆

2016 年，我国国际出口带宽持续增长，年底增长至 6 640 291Mbit/s，较 2015 年同期增长了 23.1%，如图 21 所示。目前，国际通信网络优化建设需求日益增加，杭州、郑州等多个城市申报建设国际通信专用通道，2016 年，批准新建了 5 个国际光缆信道口、3 条国际通信专用通道、1 条跨境专用数据通道。海外 POP 点达到 84 个，重点向亚非欧转移。

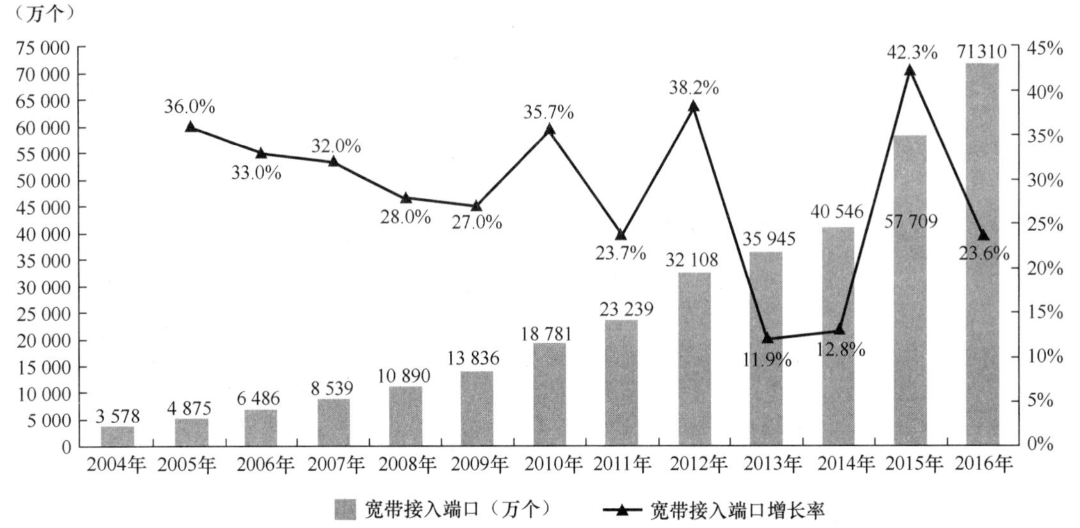

图 20　2004—2016 年宽带接入网端口数量

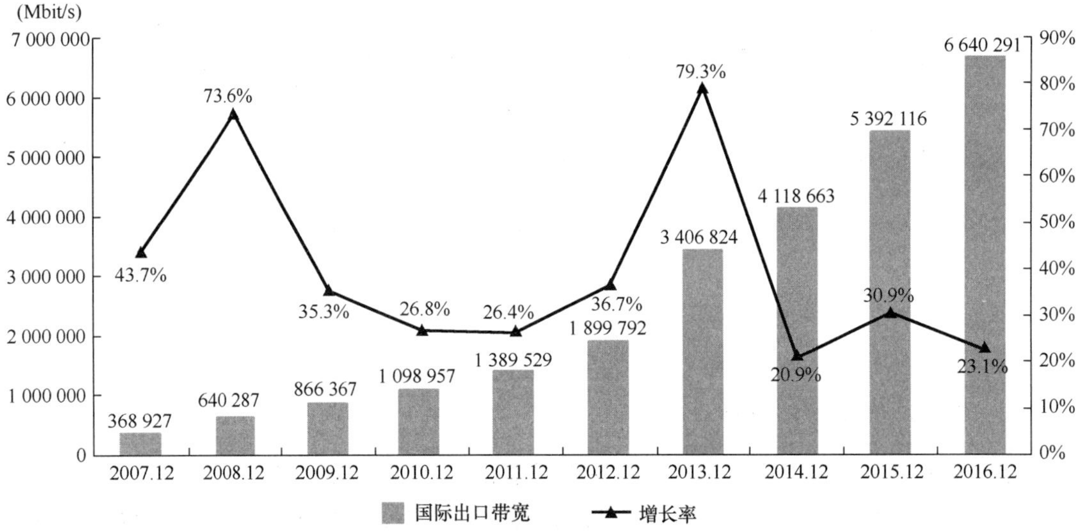

图 21　2007—2016 年国际出口带宽及增长率

（三）传输网规模分析

1. 骨干传输网全面进入 100G 时代，网络承载能力日新月异

2016 年，全国新建光缆线路 554.7 万公里，光缆线路总长度达到 3 042 万公里，同比增长 22.3%，增速与 2015 年提升 1.7 个百分点，如图 22 所示。2016 年，我国省级干线、大型城域网已基本完成 100GB 波分系统建设，400GB 已在部分城市进行试点；传输网已全面引入 PTN、IP RAN 等分组技术，并开始探索结合 SDN 的智能化管控方式。2016 年，我国在原有 10 个骨干直连点基础上，又批准了杭州、贵阳、福州 3 个新的骨干直连点，开启了“十三五”时期网

间架构持续优化序幕。

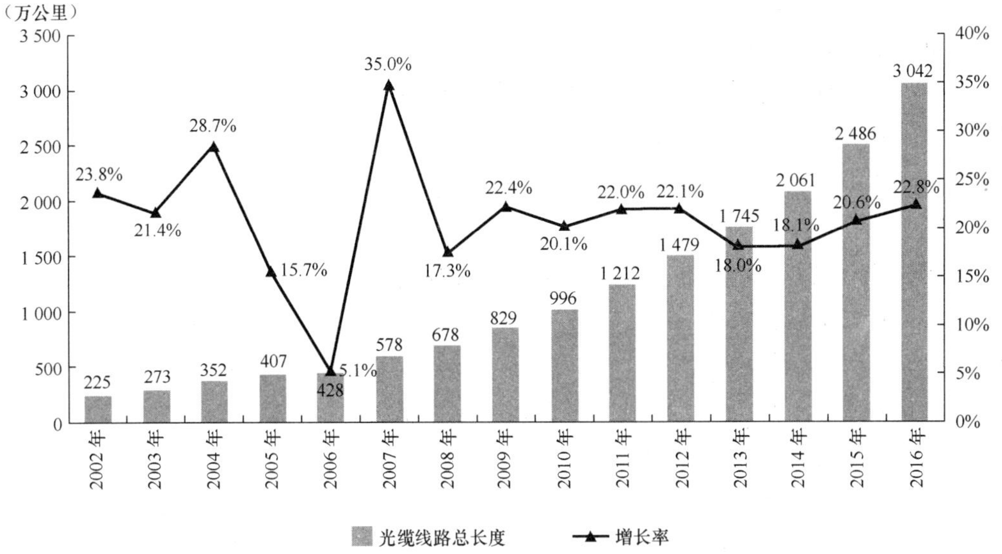

图 22　2002—2016 年光缆线路总长度

2. 接入网光缆和本地中继光缆保持快增长，长途光缆继续扩容

2016 年，全国新建光缆以接入网光缆为主。由于统计口径变化[1]，在新建光缆线路中，接入网光缆、本地网中继光缆和长途光缆线路所占比重分别为 62.4%、34.3% 和 3.3%。其中，长途光缆继续扩容，同比增长 3.0%，新建长途光缆长度 2.9 万公里，如图 23 所示。

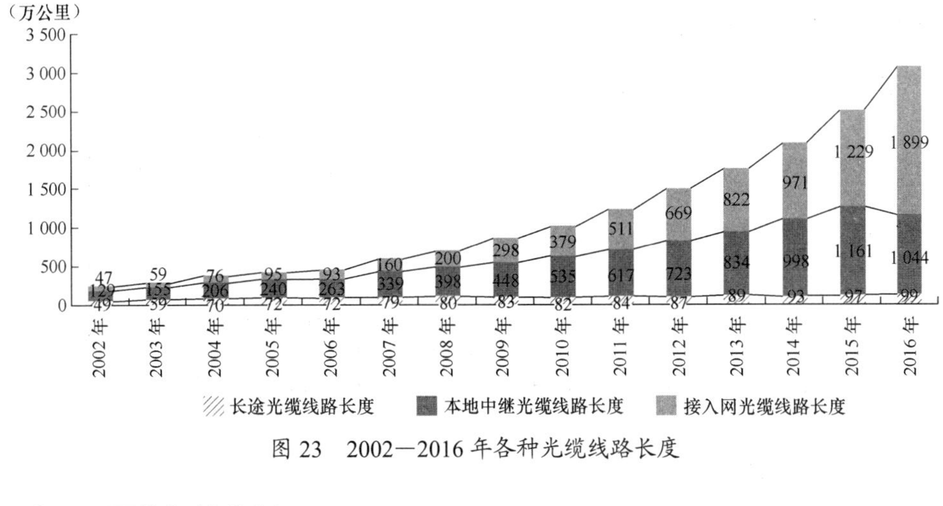

图 23　2002—2016 年各种光缆线路长度

（四）4G 网络规模分析

1. 4G 网络规模不断扩大，基站占比接近五成

2016 年，移动电话基站数累计达到 559.4 万个，同比增长 20.1%。其中 4G 基站快速部署，

1. 2016 年 2 季度起中国移动调整本地网中继光缆线路长度、接入网光缆线路长度统计口径，同期历史数据不可比。

较 2015 年年末新增 85.8 万个，累计达到 263.2 万个，占移动基站的比重达 47.1%，4G 网络已经覆盖了全国所有城市和主要乡镇，移动网络覆盖范围和服务能力继续提升。

2．4G 网络建设进入低频组网阶段

4G 网络快速部署的同时，下一代通信技术商用还有数年可待，网络频段资源也随之紧张，GSM 和 CDMA 的 2G 网络所占用的低频段资源越来越重要。因此，2016 年 7 月，中国电信的 800MHz 频段重耕申请获工信部批准；同年 12 月，中国联通在 900MHz 频段进行重耕的申请获批，4G 网络建设进入低频组网阶段。

3．VoLTE 正式亮相，已在 141 个城市开启商用

2016 年，我国克服 VoLTE 设备兼容性、用户体验一致性、参数配置复杂性等困难，迎来了 VoLTE 商用，中国移动已有 13 省 141 个城市商用。

4．共建共享步入常态化，有力支撑了 4G 网络建设

2016 年，工信部与国资委联合印发《关于 2016 年推进电信基础设施共建共享的实施意见》，“共建共享”要求进一步细化。中国铁塔公司与三大基础电信企业签订四方资产租赁协议，在商务定价上达成一致，全年承接塔类建设需求超过 68 万个，已交付近 55 万个，截至 2016 年年底，提供给基础电信企业的站址总数近 168 万个，有力支持了 4G 网络建设。

五、电信固定资产投资分析

（一）电信业投资概况

1．固定资产投资 2010 年以来首次下降，降幅突破 15%

随着 4G 网络大规模建设期结束，5G 建设尚未开始，电信业固定资产投资自 2010 年以来首次下降，投资总额仅为 3 739.1 亿元，较 2015 年同期相比下降 17.4%，如图 24 所示。

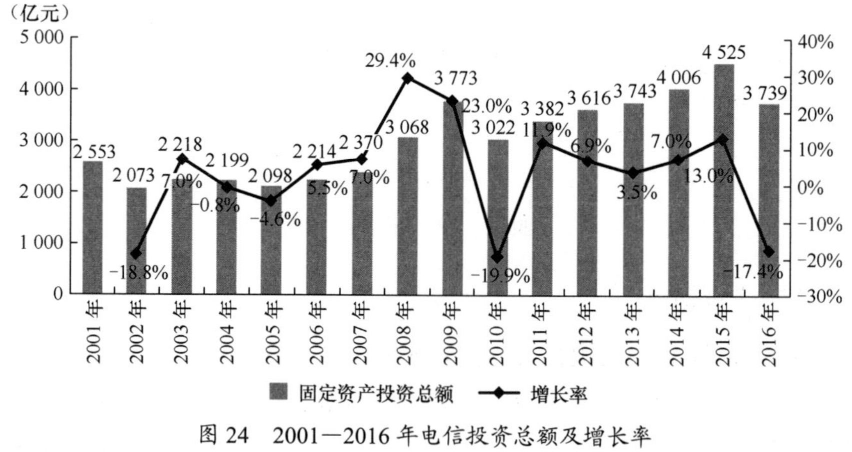

图 24　2001—2016 年电信投资总额及增长率

2．移动和互联网是投资重点，互联网宽带接入投资逆势上升

2016 年，移动通信网、互联网及数据通信、传输网投资分别占到固定资产投资的 42.6%、21.6%、15.9%，是投资的重点。其中，互联网及数据通信投资数据亮眼，在整体投资规模下降的情况下，2016 年实现投资额为 809.3 亿元，较 2015 年上升了 13.0 个百分点；互联网宽带接入是其中的投资重点，占互联网及数据通信投资的 69.9%，投资额为 565.8 亿元，比 2015 年增长 64.6%。传输投资额为 593.4 亿元，同比下降 41.0%；移动通信投资额为 1 592.2 亿元，比 2015 年下降 22.6%，为近七年来首次下降；其中 4G 投资随着大规模建设的完成也首次出现负增长，2016 年 4G 投资额为 1 511.2 亿元，较 2015 年同期下降 9.3%。

（二）电信业投资效果分析

1．投资有效支撑互联网及光纤网络建设

4G 及互联网投资的稳定增长有效推动了移动用户结构优化升级以及宽带的提速。2016 年我国 4G 移动电话用户增加 3.4 亿户，达到 7.7 亿户，较 2015 年增长 78.9%，占移动电话用户比提升至 58.2%，渗透率提高了 24.3 个百分点，具体增长情况见表 1。此外，在“宽带中国”战略的系列政策推动下，互联网宽带接入端口以 23.6% 的增速快速增加，接入网光缆线路长度较 2015 年增长 54.5%，有效带动互联网带宽接入用户增长，提速效果显著，见表 1。基础电信企业互联网宽带接入用户净增 3 774.1 万户，总数达到 2.9 亿户，同比增长 14.6%。光纤入户稳步推进，FTTH/O 用户净增 7 932.0 万户，用户总量达 2.3 亿户，比 2015 年提高了 53.5%，占宽带用户总数的比重达到 76.6%，宽带提速效果明显。

表 1　2016 年通信业主要通信能力指标增长情况

指标名称	单位	2016年年末到达	比2015年年末净增	比2015年年末增长
长途光缆线路长度	公里	994 092	28 809	3.0
接入网光缆线路长度	公里	18 988 920	6 699 704	54.5
局用交换机容量	万门	22 441.6	−4 004.9	−15.1
其中：接入网设备容量	万门	18 547.0	1 006.0	5.7
移动电话交换机容量	万户	218 540.03	6 726.05	3.18
互联网宽带接入端口	万个	71 310.0	13 600.6	23.6

2．投资收入比下降明显，行业投资效益有效提升

从投入产出水平来看，2016 年我国电信行业固定资产投资收入比为 31.2%，较 2015 年下降 7.6 个百分点，行业整体投资效益较 2015 年明显提升。随着 4G 业务的快速发展，移动流量业务收入快速增加，电信业务收入较 2015 年有效增长，如图 25 所示。

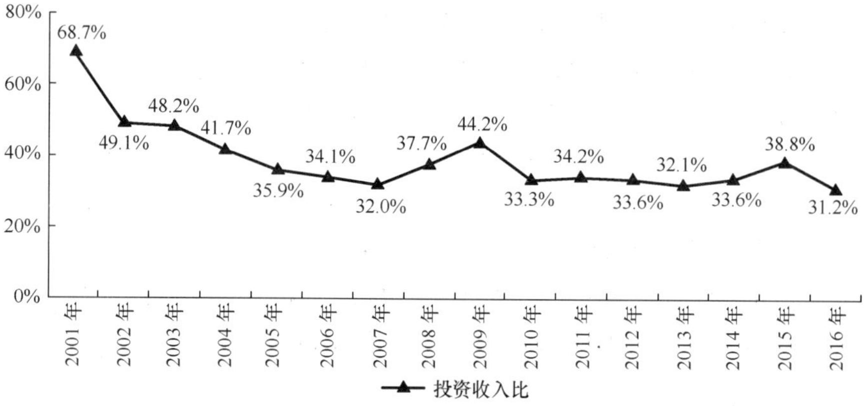

图 25　2001—2016 年电信投资收入比

六、电信业经营效益分析

（一）收入增长情况

1. 电信业务收入增速显著提高

2016 年，电信业务收入完成 12 001.5 亿元，同比提高 5.4%，增速止跌回升，比 2015 年提高 7.4 个百分点。电信业务总量保持高速增长态势，完成 15 616.9 亿元，较 2015 年同期增长 33.9%。如图 26 所示。

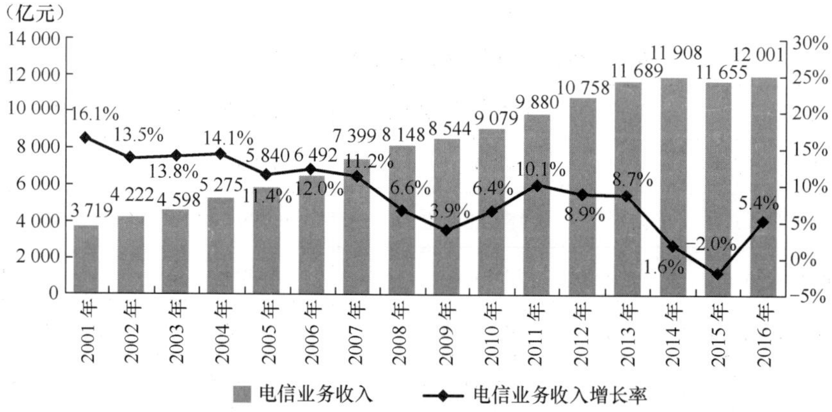

图 26　2001—2016 年业务收入增长情况

注：电信业务收入的增长率为可比口径比较，2014 年，2015 年为未扣除“营改增”影响。

2. 电信业务结构加快调整，非话收入占比持续提高

2016 年，行业发展对话音业务的依赖大幅减弱，非话音业务收入占比由 2015 年的 69.5% 提高至 75.2%；其中，移动数据及互联网业务收入对收入增长的贡献率达到 194.0%，占电信业务收入的比重从 2015 年的 26.9% 提高至 36.1%，如图 27 所示。

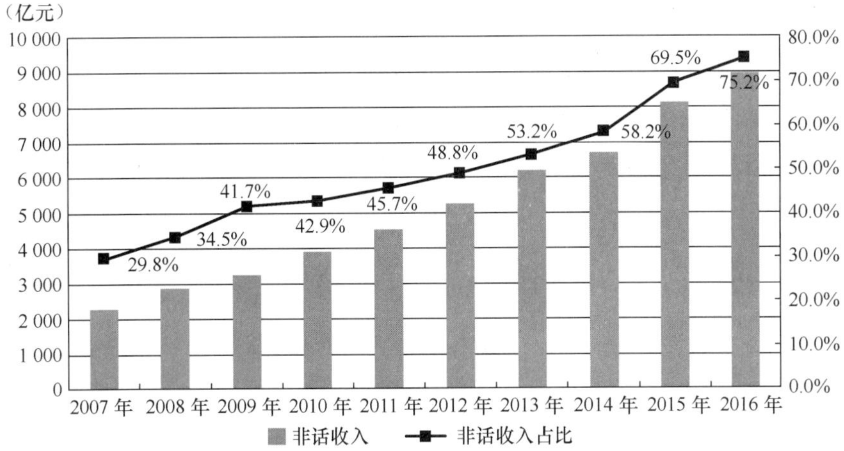

图 27　2007—2016 年非话业务收入占比情况

3. 移动数据业务收入超过移动话音，成为第一增长引擎

移动数据业务对电信业务收入增长的贡献率创新高。2016 年移动数据及互联网收入继续高速增长，累计达 4 332.8 亿元，按可比口径计算同比增长 38.3%，比 2015 年提高 11.1 个百分点，对行业收入增长贡献率达到 194.0%，如图 28 所示，有效弥补了话音业务收入的增速下滑。

图 28　2009—2016 年移动互联网业务收入发展情况

4. 数据中心、物联网等新业务快速发展

数据中心、物联网等新业务收入快速增长。2016 年数据中心业务达到 191.2 亿元，较 2015 年增长 30.9%，保持较快增长。2016 年物联网用户突破 1 亿户，较 2015 年增长 53.7%。受此影响，2016 年物联网业务收入累计实现 411.0 亿元，比 2015 年增长 621.0%。

（二）利润增长情况

1. 电信业务成本费用上升，行业利润总额下降

2016 年，电信业务成本总额为 8 612.9 亿元，较 2015 年提高了 6.4%。从分项看，2016 年管理费、营业费用分别较 2015 年提高了 1.1%、3.5%。受此影响，2016 年电信利润总额实现 1 544.9 亿元，较 2015 年下降 7.5%，如图 29 所示。

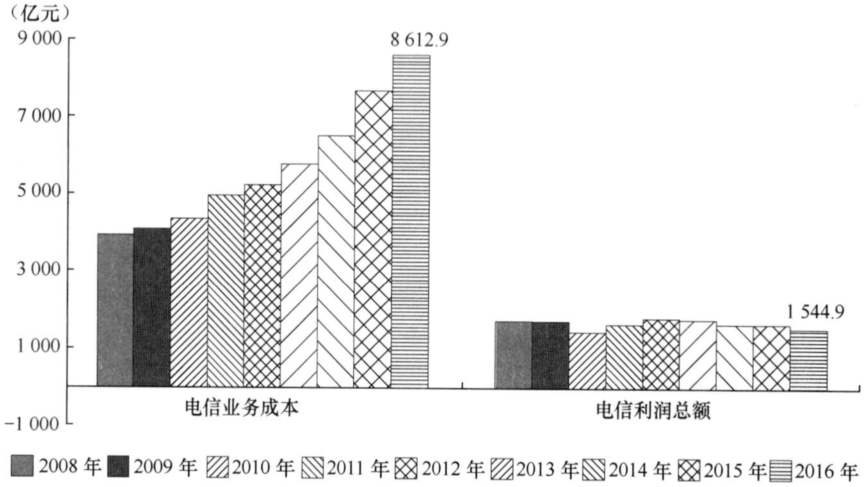

图 29　2008—2016 年电信行业成本费用和行业利润总额

2. 行业利润率小幅提升

近年来话音业务收入继续呈下降趋势，但流量及互联网业务收入，特别是移动流量及互联网业务保持较快增长，基本弥补了话音业务下降带来的影响，2016 年电信行业利润率为 12.9%，较 2015 年提高 0.2 个百分点，如图 30 所示。

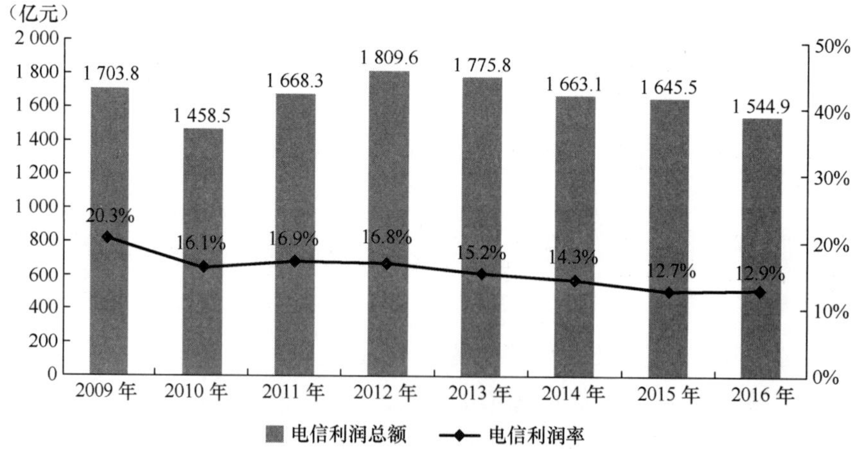

图 30　2009—2016 年电信利润情况

七、电信业地域发展分析

（一）区域收入和业务消费差距分析

1. 区域收入份额差距进一步缩小

2016 年，东、中、西部地区分别实现电信业务收入 6 664.2 亿元、2 838.2 亿元和 2 844.3 亿元[1]，同比分别增长 5.6%、6.2% 和 7.4%。区域间收入占比差距持续缩小，东部地区收入份额较 2015 年继续下降 0.2 个百分点，中部、西部分别提升 0.1 个百分点，如图 31 所示。

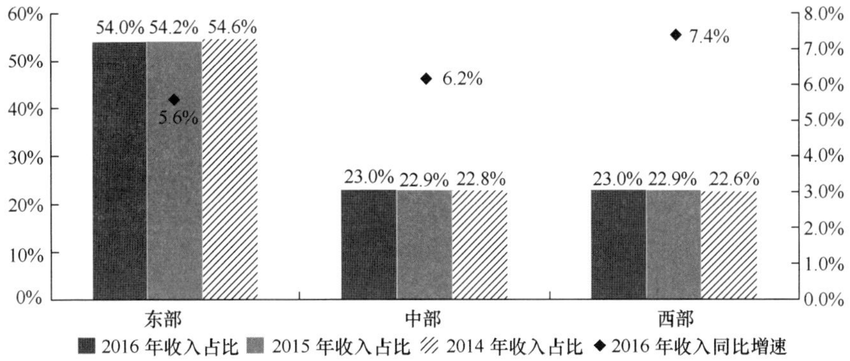

图 31　2014—2016 年东中西部收入占比变化情况

2. 西部地区移动数据业务加快发展

2016 年，东、中、西部地区分别实现移动数据及互联网业务收入 2 195 亿元、1 044.6 亿元和 1 069.4 亿元，占比分别为 50.9%、24.2% 和 24.8%。相比 2015 年，东部和中部分别下降 0.3 和 0.4 个百分点，西部地区占比提高 0.7 个百分点。各省移动数据及互联网业务 ARPU 值差异较大，最大值为最小值的 2.2 倍。全国共有 4 个省份的移动数据及互联网业务 ARPU 值超过 40 元。排名最后 4 位的省份 ARPU 值低于 30 元，如图 32 所示。

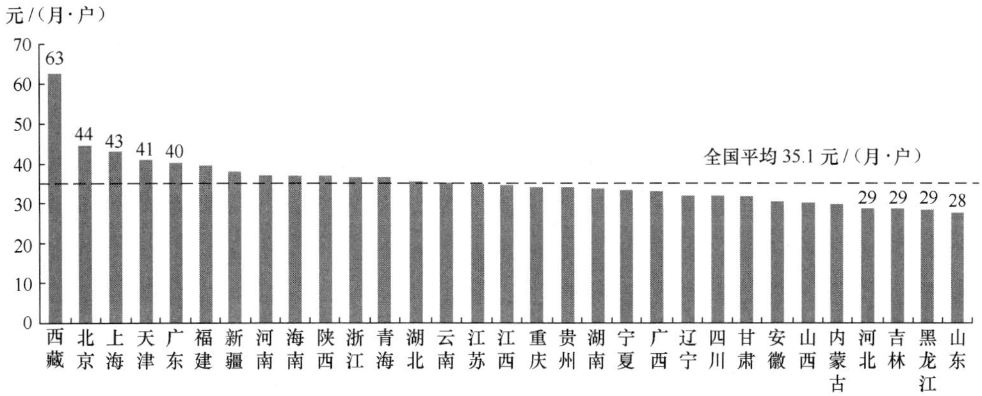

图 32　2016 年各省（区、市）移动数据及互联网业务 ARPU 发展情况

1. 总部及直属抵消了全国一部分电信业务收入，因而东、中、西部电信业务收入之和大于全国总和。

3. 东部和中部月户均移动互联网接入流量突破 1GB

2016 年，东、中、西部累计完成移动互联网接入流量分别为 48.3 亿 GB、23.7 亿 GB 和 21.8 亿 GB。12 月户均移动互联网接入流量分别达到 1 143MB、1 079MB 和 991MB，较 2015 年分别提高 94.8%、102% 和 90.2%。各省（区、市）月户均移动互联网接入流量差异较大，吉林 12 月户均移动互联网接入流量突破 2GB，是西藏的 3.4 倍和如图 33 所示。

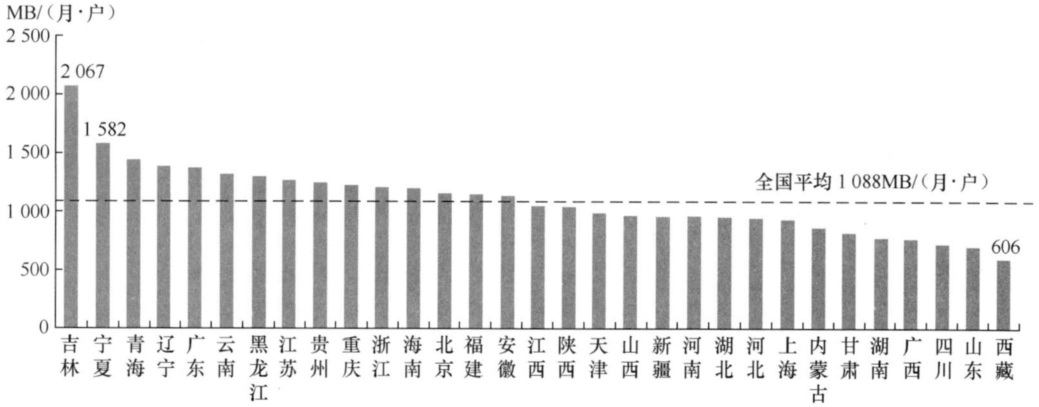

图 33　2016 年 12 月各省（区、市）月户均移动互联网接入流量情况

4. 西部地区移动宽带用户增速快于东中部

2016 年，东、中、西部移动宽带用户增速分别为 28.7%、37.3%、38.5%，西部移动宽带用户增速比东部和中部增速分别高 9.8 和 1.2 个百分点。东、中、西部移动宽带电话用户占比与 2015 年大体相当，分别为 48.9%、25.5%、25.6%，如图 34 和图 35 所示。

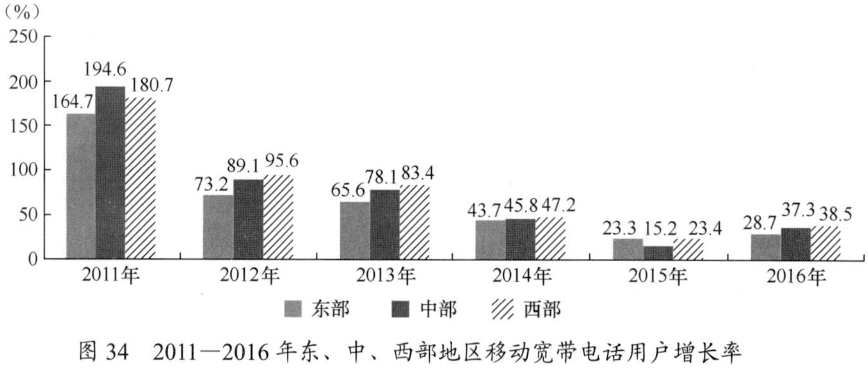

图 34　2011—2016 年东、中、西部地区移动宽带电话用户增长率

（二）城乡发展与差距分析

城市高速率宽带用户加速升级，农村宽带用户进一步增长。

2016 年，城市宽带接入用户净增 2 719.5 万户，总数达 2.23 亿户，同比增长 13.9%。用户结构加速升级，20MB 以上的城市用户达到 2.02 亿户，相比 2015 年年末净增 1.27 亿户，同比增长 168.6%，占城市宽带用户的比重加速提升至 90.9%，比 2015 年提升了 52.4 个百分点。农村宽带用户净增 1 055.7 万户，总数达 7 454 万户，同比增长 16.5%，增速比 2015 年放缓 14.8 个百分点。

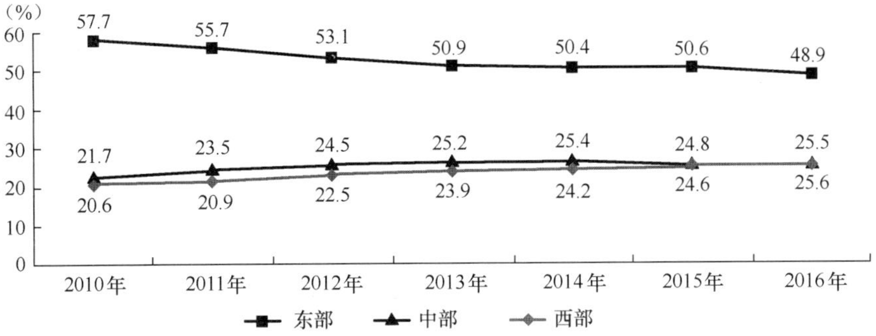

图 35　2010—2016 年东、中、西部地区移动宽带电话用户比重

八、各省电信业经济贡献和投资效益对比

（一）各省电信业对当地经济的直接贡献差异不大

2016 年，各省（区、市）电信业对当地经济的贡献率相差不大，电信增加值占 GDP 的比重在 0.44% ～ 1.33% 之间，其中北京、辽宁、上海、广东、海南、山西、江西、广西、重庆、贵州、云南、西藏、陕西、甘肃、青海、宁夏、新疆等 17 个省（区、市）的贡献率高于全国的平均水平，如图 36 所示。

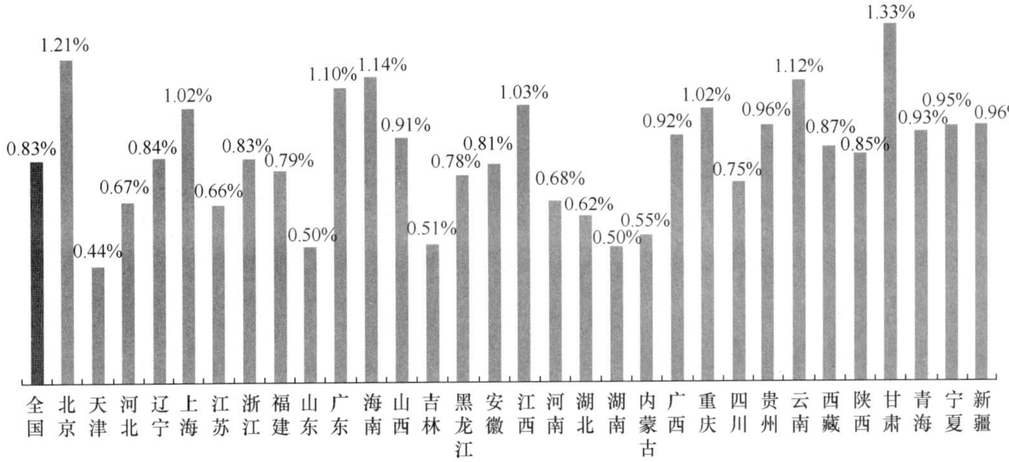

图 36　2016 年各省（区、市）电信增加值占 GDP 的比重

（二）各省电信业投资收入比平均水平有所下降

电信固定资产投资占电信业务收入的比例体现了电信投资力度和投入产出水平。2016 年，除了上海的投资收入比微升，其余 30 个省（区、市）的投资收入比均出现了不同程度的下降，其中，辽宁、山东、山西、吉林、黑龙江、安徽、河南、内蒙古、广西、重庆、贵州、青海、宁夏、新疆 14 个省份投资收入比下降幅度超过 10 个百分点。相比东中部，西部投资收入比处于较高水平，高于全国平均水平 1 个百分点，其中，西藏的投资收入比最高，为 38.8%，如图 37 所示。

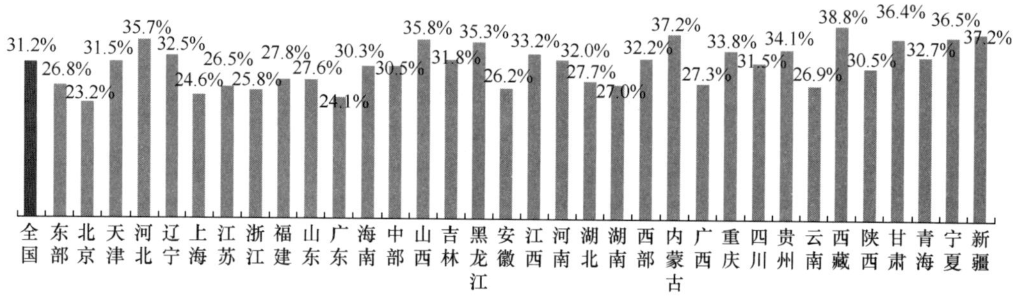

图 37　2016 年各省（区、市）投资收入比

九、基础电信企业发展情况对比分析

（一）用户发展对比分析

1. 移动电话市场格局中国移动稳占首位，4G 市场趋于平衡

2016 年，中国电信、中国移动市场份额分别提升 1.1、0.9 个百分点、中国联通市场份额下降 2.0 个百分点，如图 38 所示，移动电话市场中国移动独大态势加剧。

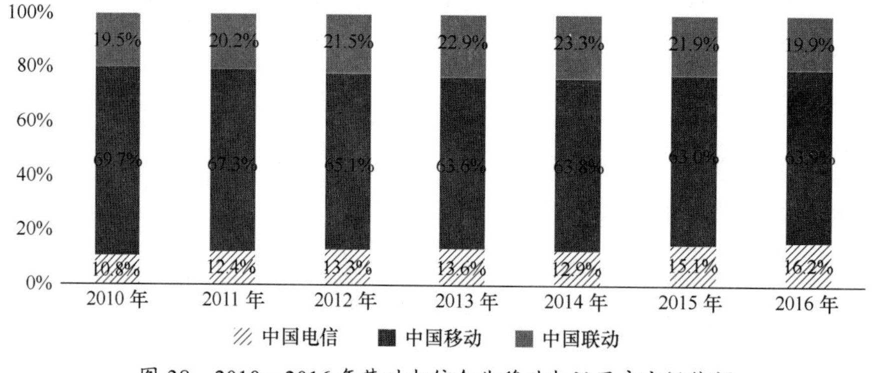

图 38　2010—2016 年基础电信企业移动电话用户市场份额

4G 方面，2016 年，中国电信、中国联通加大 4G 业务发展力度，4G 用户快速增长。2016 年两家 4G 用户占比分别达到 16.0%、13.7%，较 2015 年同期分别增加 1.9、3.1 个百分点。中国移动用户占比持续下降，市场份额降至 70.3%，较 2015 年同期下降 5.0 个百分点，如图 39 所示。但从总体情况看，中国移动 4G 用户市场份额仍占据明显优势。

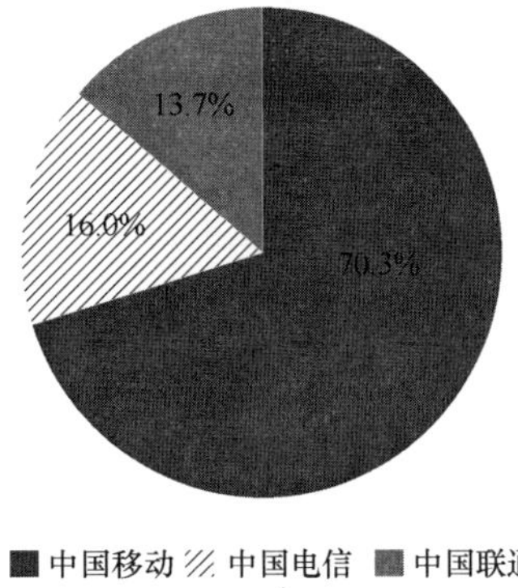

图 39　2016 年基础电信企业 4G 用户市场份额

2. 有线宽带用户市场格局大幅调整，中国移动成为第二大有线宽带运营商

宽带用户市场上，中国移动利用价格优势，超越中国联通，成为第二大有线宽带运营商。2016 年中国电信、中国联通宽带用户市场份额持续下降，分别较 2015 年同期下降 2.1、3.3 个百分点，中国移动随着低价策略快速拓展宽带用户市场份额，上升 5.4 个百分点，成功超越中国联通，如图 40 所示。

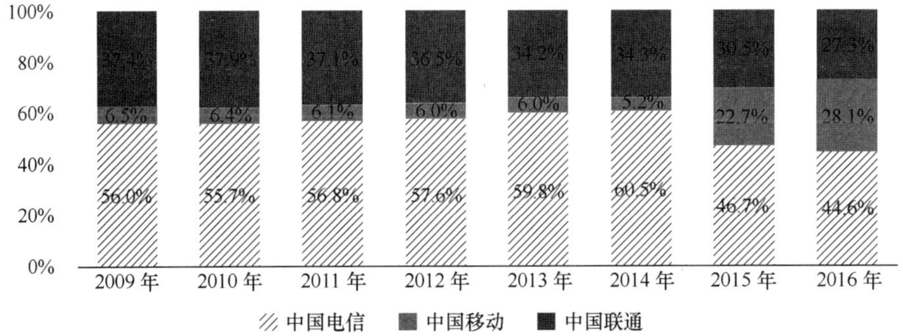

图 40　2009—2016 年基础电信企业宽带接入市场份额

（二）经营效益对比分析

1. 业务收入市场份额集中度略有上升，中国移动占据半壁江山

从市场集中度看，2016 年中国电信平稳发展，收入市场份额与 2015 年持平，保持 26.4%。中国联通收入市场份额下降，较 2015 年下降 0.9 个百分点。中国移动收入市场份额继续小幅增长，较 2015 年提高 0.6 个百分点，如图 41 所示。收入市场不均衡有进一步扩大的趋势。

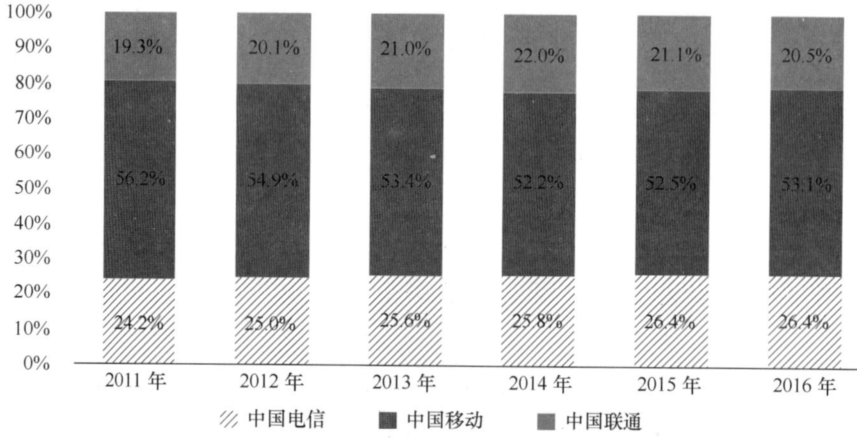

图 41　2011—2016 年基础电信企业收入市场份额

2. 利润市场集中度明显上升，中国移动市场份额升至 85.4%

2016 年，在 4G 及宽带业务的快速发展下，中国移动的利润市场份额大幅上升，较 2015 年提高 7.4 个百分点，达到 2013 年以来最高水平。中国电信利润份额小幅下降 0.3 个百分点至 14.1%，中国联通利润大幅下降，利润市场份额仅为 0.5%，较 2015 年下降 7.1 个百分点。利润占比情况如图 42 所示。

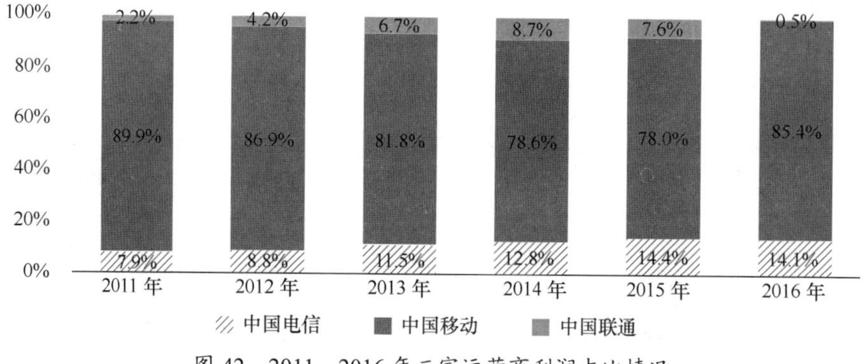

图 42　2011—2016 年三家运营商利润占比情况

3. 流量经营促进移动 ARPU 提高，互联网宽带接入 ARPU 回落

移动电话用户 ARPU 方面，在流量经营的推进下，三家运营商的 ARPU 只都有小幅提升。2016 年中国移动、中国联通、中国电信 ARPU 分别达到 57.5 元 / 月户、46.4 元 / 月户、55.4 元 / 月户，较 2015 年年底提高 1.5 元 / 月户、5.6 元 / 月户、1.3 元 / 月户。对比三家运营商，中国移动由于在 4G 方面的全面领先，实现移动业务 ARPU 最高，中国联通则由于错失 4G 业务发展时机，移动业务 ARPU 值最低，如图 43 所示。

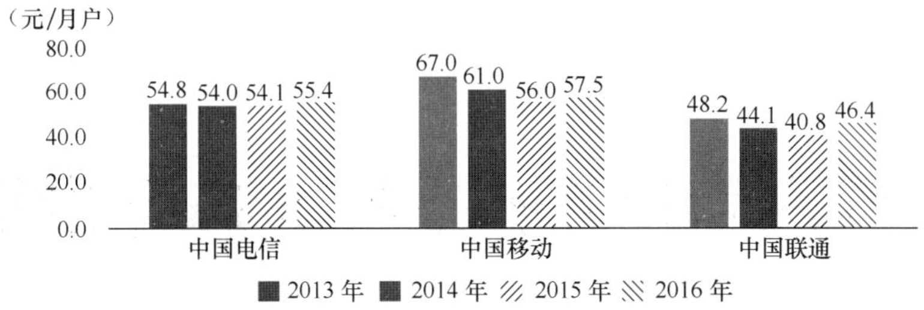

图 43　2013—2016 年基础电信企业移动电话用户 ARPU 对比分析

互联网宽带接入用户的 ARPU 值方面，在提速降费的影响下，中国电信小幅下降 0.6 元 / 月户，达到 54.2 元 / 月户；中国联通 ARPU 降至 49.4 元 / 月户，较 2015 年下降 14.2 元 / 月户。中国移动在“高起点、高品质、高价值”的发展理念下，2016 年互联网接入用户 ARPU 提高 0.1 元 / 月户至 32.1 元 / 月户，且包含家庭数字化服务的互联网接入用户 ARPU 值为 33.8 元 / 月户，较 2015 年提高 1.9 元 / 月户。从三家运营商互联网接入用户 ARPU 值看，中国电信的用户价值最高，中国联通次之，中国移动由于前期低价策略影响，价值最低，仅为中国电信 60% 左右，如图 44 所示。

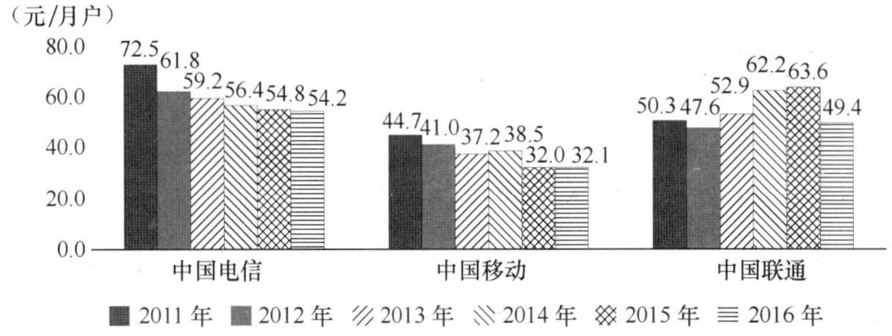

图 44　2011—2016 年基础电信企业有线宽带 ARPU 对比分析

中国互联网和相关服务业 2016 年发展综述

一、互联网和相关服务业发展主要指标

2016 年，全国互联网和相关服务业[1]实现收入 6 651 亿元，同比增长 22.2%。互联网和相关服务企业数量达到 30 547 个，互联网和相关服务业从业人员总数达 88.5 万人，同比增长 4.1%。发展的互联网接入宽带用户总数达 2 732 万。

二、互联网和相关服务业主要发展特点

（一）互联网和相关服务业发展保持增长势头

我国互联网和相关服务业继续保持良好的增长势头。2016 年收入增速达到 22.2%，收入总额占全行业收入[2]比重约为 35.7%，比 2015 年（31.8%）提高 3.9 个百分点，在全行业新增的 1 543 亿收入中，互联网和相关服务企业收入增长贡献 78.2%，比 2015 年（125%）下滑 46.8 个百分点，如图 1 所示，继续促进了整个行业的发展。

（二）经营主体数量超 3 万家

2016 年互联网和相关服务业市场经营主体数量增加 4 159 家，行业企业数量达到 30 547 家。民营控股企业数量为 24 849 家，占企业总数的 81.3%，比 2015 年（80.9%）提高 0.4 个百分点，牢牢占据市场主体地位。国有控股企业数量为 1 721 家，占企业总数的 5.6%，比 2015 年（占 8.3%）下降 2.7 个百分点，如图 2 所示。

1．不含基础电信企业的互联网和相关服务业务，下同。
2．按包含基础电信企业与互联网和相关服务企业收入在内的全口径计算。

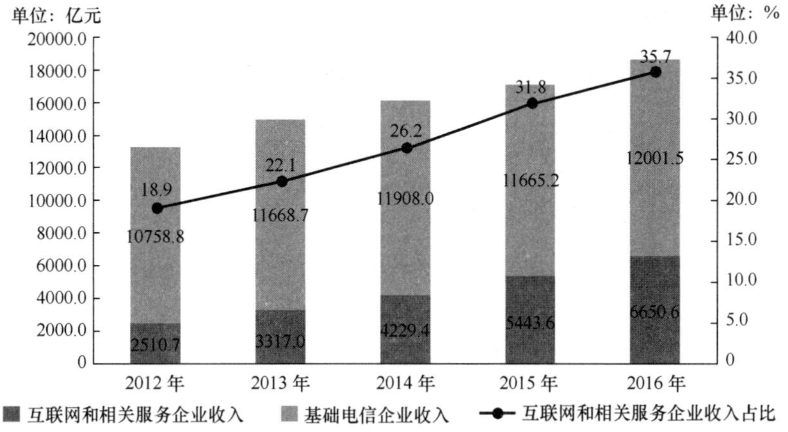

图1 互联网和相关服务企业与基础电信企业收入对比情况

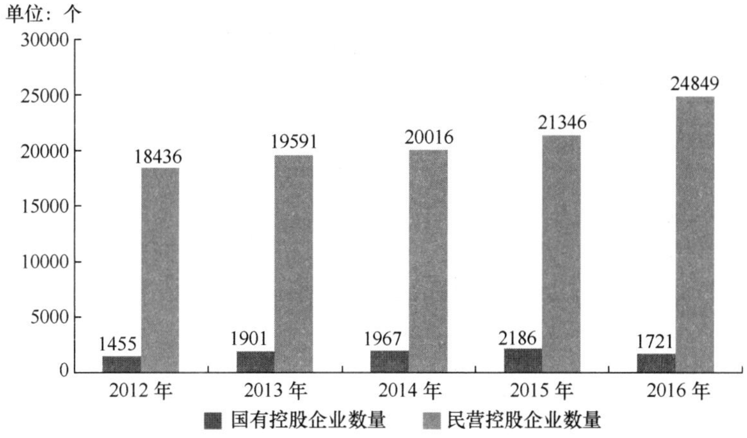

图2 国有控股与民营控股互联网和相关服务企业数量对比情况

（三）规模以上企业保持强劲增长势头

2016年，5 622家规模以上（年收入300万元以上）互联网和相关服务企业实现业务收入6 542亿元，占行业收入的98.4%。其中，营业收入1 000万元至10亿元之间的企业达3 637家，占规模以上企业总数的64.7%，实现业务收入2 520亿元；营业收入10亿元以上245家，占规模以上企业总数的4.4%，较2015年（2.7%）提高1.7个百分点，实现收入3 929亿元。

（四）直接从业人员小幅增长

2016年，我国互联网和相关服务业直接从业人员数持续增长，净增3.5万人，达到88.5万人，同比增长4.1%，增速比2015年下滑1.1个百分点。互联网和相关服务业整体从业人员总数达到353万人（2015年346万人），同比增长1.9%。

（五）信息服务业务人员占比过半

从业务人员的分布看，2016 年信息服务业务从业人员最多，占比达 55.9%，总数 51.9 万人，比 2015 年增长 29.8%；其次是从事呼叫中心业务人员，总数达到 23.1 万人，比 2015 年增长 4.1%。数据中心业务从业人员迅速增长，全年净增 2.8 万人，总数达到 6.7 万人，同比增长 72.2%。此外，从事互联网接入服务的人员数达到 10.9 万人，如图 3、图 4 所示。

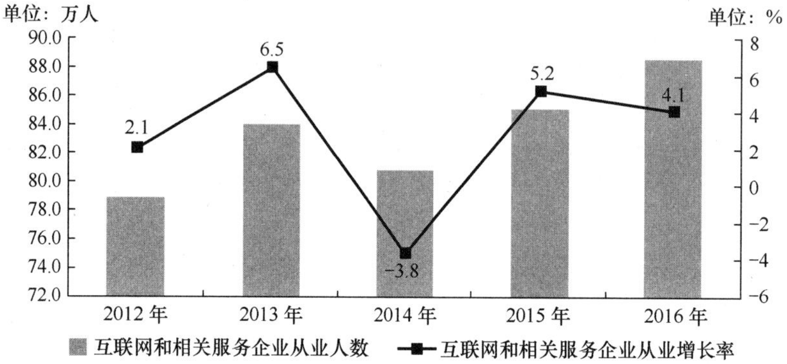

图 3　互联网和相关服务企业从业人数及其增长率

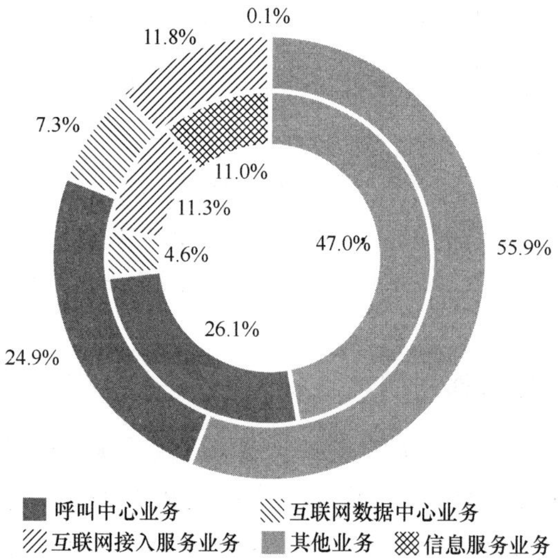

图 4　2015—2016 年各业务从业人员占比

（六）信息服务业务收入占比略有下滑

2016 年，信息服务业务收入占互联网和相关服务业总收入的 68.6%，虽比 2015 年（72.3%）下降 3.7 个百分点，但仍是最主要的收入来源。互联网接入服务、呼叫中心、互联网数据中心等业务分别占到总收入的 3.9%、3.1% 和 1.9%（2015 年数据 4.1%、2.7% 和 1.5%），如图 5 所示。

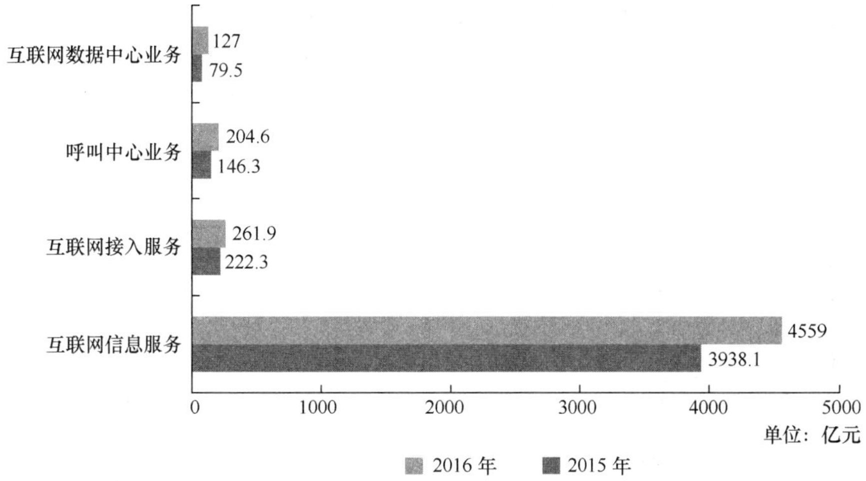

图 5　2015—2016 年不同业务收入对比情况

（七）互联网接入服务收入继续保持两位数增长

2016 年，实现互联网接入服务业务收入约 261.9 亿元，同比增长 17.8%，比 2015 年提高 3.5 个百分点；实现互联网数据中心业务收入约 127.0 亿元，同比增长 59.7%，比 2015 年提高 36.6 个百分点；实现呼叫中心业务收入约 204.6 亿元，同比增长 39.8%，比 2015 年提高 10.7 个百分点。

（八）西部企业数目小幅增长

2016 年全国互联网和相关服务业企业共 30 547 家，其中东部 11 省企业数量达到 22 208 家，占企业总数的 72.7%，占比提升 2.8 个百分点。中部 8 省企业数量为 4 583 家，比 2015 年减少 204 家，占比为 15.0%。西部地区企业达到 3 756 家，占企业总数的 12.3%，比 2015 年增加 601 家企业，如图 6 所示。

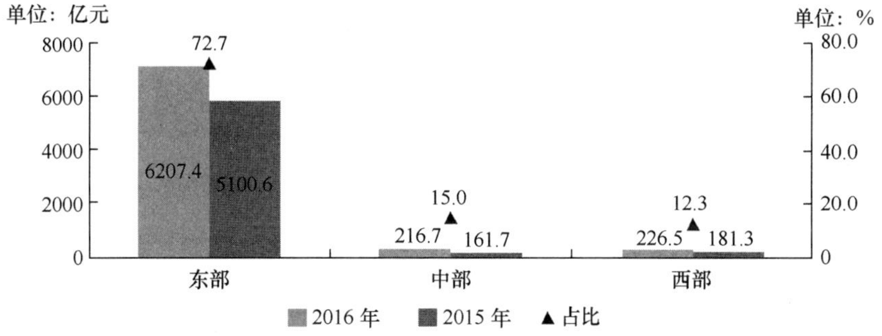

图 6　2015—2016 年全国东中西部企业收入及个数对比情况

（九）企业近九成收入集中北上广浙苏

互联网和相关服务业区域聚集特点显著，北京、上海、广东、浙江、江苏等经济发达地区是主要聚集地，有 58.9% 企业集中在这五个地区，贡献了全行业 88.8% 的业务收入。从收入分布看，东部地区收入占比更是高达 93.3%，收入向东部集中的态势比企业的集中性更加明显，如图 7 所示。

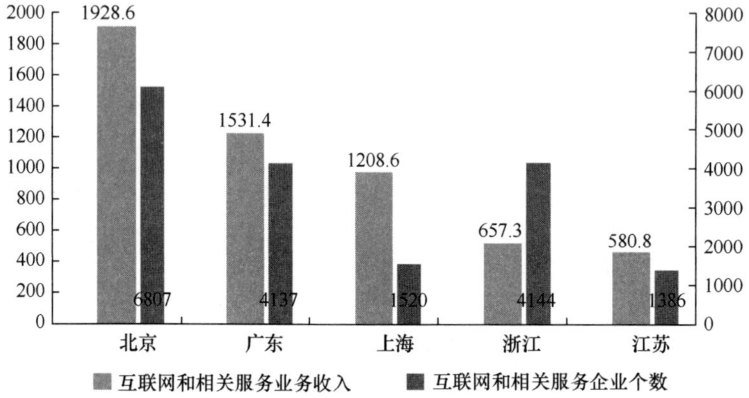

图 7　2016 年全国排名前五地区的互联网和相关服务业务收入和企业个数情况

中国互联网 2016 年发展综述

一、我国互联网发展概况

2016 年，我国网民数量保持了较快增长状态。根据中国互联网络信息中心（CNNIC）发布的《第 39 次中国互联网络发展状况统计报告》显示，2016 年年末，我国网民规模达到 7.31 亿，较 2015 年末新增网民 4 299 万人，增长率为 6.2%，较 2015 年提升 0.1 个百分点，增速有所提升。我国互联网普及率达到了 53.2%，较 2015 年底提高 2.9 个百分点。手机网民较传统互联网网民数增幅更大，成为拉动网民总数攀升的主要动力。2016 年年末，手机网民规模达 6.95 亿，较 2015 年末增加 7 550 万人，手机网民在全部网民中的占比从 2015 年年末的 90.1% 提升至 95.1%，如图 1 所示。

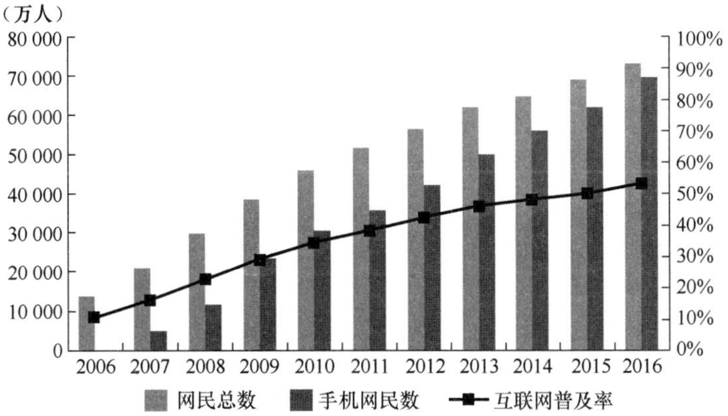

（数据来源：CNNIC）

图 1　我国互联网网民数及互联网普及率

在互联网基础资源方面，2016 年年末，我国 IPv4 地址数量已达到 3.38 亿，较 2015 年增加 158.3 万个；拥有 IPv6 地址 21 188 块 /32，比 2015 年增长 2.9%。IPv6 的发展可以有效解决 IPv4 时代地址资源枯竭问题，在支撑物联网、云计算等新兴互联网应用方面起到积极作用。2016 年，我国加大互联网领域的安全治理力度，网络整体质量得以提高，网站数量已连续五年稳步回升，达到 482 万个。域名总数上升至 4 227.6 万个，较 2015 年增长 36.3%。其中，".COM"域名数量为 1 434.5 万个，占我国域名总数的比重由 2015 年的 35.5% 下降至 33.9%；".CN"域名为 2 060.8 万个，占比由 2015 年的 52.8% 下降至 48.7%；". 中国"域名总数达到 47.4 万。网页数量规模达到 2 360 亿个，比 2015 年增长 11.2%。互联网上的内容趋于精简，每个网站的平均网页数达到 4.9 万个，较 2015 年减少 2.5%。

在互联网基础设施建设方面，2016 年，全国光缆线路长度净增 554.0 万公里，达到 3 041.4 万公里。基础电信企业互联网宽带接入端口净增 21 603.1 万个，达到 69 028.6 万个。我国国际出口带宽达到 6 640 291 Mbit/s，增长 23.1%。基础电信运营商围绕"宽带中国"战略，推进"光进铜退""提速降费""宽带应用水平大幅提升""移动互联网广泛渗透"等公共政策，大大提升信息基础设施水平。互联网宽带接入端口"光进铜退"趋势更加明显，光纤接入（FTTH/O）端口比 2015 年净增 2.5 亿个，达到 5.2 亿个，占互联网接入端口的比重由 2015 年的 56.7% 提升至 75.6%。2016 年，基础电信企业新增移动通信基站 92.6 万个，增速为 19.8%，总数达 559.4 万个。移动网络服务质量和覆盖范围继续提升。

2016 年，我国网络和信息安全形势总体平稳。CNCERT 发布的《2016 年中国互联网网络安全报告》显示，我国不断完善网络安全保障措施，网络安全防护水平进一步提升。2016 年，移动互联网恶意程序捕获数量、网站后门攻击数量以及安全漏洞收录数量较 2015 年有所上升，而木马和僵尸网络感染数量、拒绝服务攻击事件数量、网页仿冒和网页篡改页面数量等均有所下降。 2016 年约 9.7 万个木马和僵尸网络控制服务器控制了我国境内 1 699 万余台主机，控制服务器数量较 2015 年下降 8.0%，近 5 年来总体保持平稳向好发展。其中，约 4.8 万个控制服务器来自境外，较 2015 年下降 25%。经过中国互联网网络安全威胁治理联盟的协同治理，DDoS 攻击的危害得到了有效缓解。2016 年 CNCERT 检测到 1Gbit/s 以上 DDoS 攻击事件日均 452 起，比 2015 年下降 60%。安全漏洞信息共享工作持续推进，2016 年，国家信息安全漏洞共享平台（CNVD）加强了原创通用软硬件漏洞的收录工作，共收录通用软硬件漏洞 10 822 个，较 2015 年增长 33.9%。CNVD 对现有漏洞进行进一步整理，建立了移动互联网、电信行业、电子政务和工业控制系统 4 类子漏洞库。CNCERT 通报涉及政府机构、重要信息系统部门以及行业安全漏洞事件 24 246 起，较 2015 年上升 3.1%。

2016 年，CNCERT 发现移动互联网恶意程序下载链接接近 67 万条，较 2015 年增长近 1.2 倍；涉及的传播源域名 22 万余个、IP 地址近 3 万个，恶意程序传播次数达 1.24 亿次。在工业和信息化部指导下，经过连续 4 年的治理，恶意 App 在正规网站上传播的途径得到有效控制。2016 年 CNCERT 累计向 141 家已备案的应用商店、云盘、网盘或广告宣传网站等网站的运营者通报恶意 App 事件 8 910 起，较 2015 年减少了 47.8%。

网络仿冒事件数量稍有下降。2016 年，CNCERT 监测发现约 17.8 万个针对我国境内网站的仿冒页面（URL 链接），页面数较 2015 年下降 3.6%。由于我国加大了对网页仿冒的打击力度，大量的网页仿冒站点迁移到境外。约 2 万个 IP 地址承载了上述仿冒页面，其中 85.4% 的 IP 地址位于境外。从承载仿冒页面数量来看，来自中国香港的数量最多，约 2.8 万个。

二、我国互联网发展主要特点

（一）“大智移云”、人工智能、虚拟现实等创新产业进入快速成长期

以大数据、智能化、移动互联网、云计算为代表的新一代信息通信技术与经济社会各领域全面深度融合，催生了很多新产品、新业务、新模式。据东兴证券估算，2016 年中国通信大数据市场规模达 342 亿元，较 2015 年增长 163%；同时，快速发展的物联网，也成为越来越重要的大数据资源提供者，2009—2016 年中国物联网产业规模由 1 700 亿元跃升至 7 500 亿元，年复合增长率超过 25%，机器到机器应用的终端数量超过 1 亿。相对于现有互联网数据杂乱无章和价值密度低的特点，通过可穿戴、车联网等多种数据采集终端，定向采集的数据资源更具利用价值。根据 IDC 公司预计，到 2020 年之前，可穿戴设备市场的年复合增长率将为 20.3%，而 2020 年将达到 2.136 亿台，可穿戴设备在医疗保健领域有广阔的应用前景，一旦进入大规模应用阶段，将会成为重要的大数据来源。大数据应用也给云计算带来落地的途径，使得基于云计算的业务创新和服务创新成为现实。在智能化方面，车联网、智慧医疗、智能家居等物联网应用产生海量连接，智能硬件底层传感技术需求持续增加，窄带物联网成为万物互联的重要新兴技术，带来更加丰富的应用场景。人工智能方面，发改委等四部门共同发布《“互联网 +”人工智能三年行动实施方案》，培育发展人工智能新兴产业、推进重点领域智能产品创新、提升终端产品智能化水平。虚拟现实让用户可以在普通电子设备上接收三维动态信息，进而深刻地改变认知世界的方式，提供场景重现的解决方案，这一技术正在向游戏、视频、零售、教育、医疗、旅游等领域延伸。

（二）“互联网 +”推动互联网与传统产业加速融合

2016 年 3 月，国务院年度政府工作报告中重点强调了“互联网 +”创业创新、普惠金融、协同制造、益民服务、高效物流、现代农业、电子商务、绿色生态等八大行动方向，展现了中国政府持续推进“互联网 +”的信心与决心。5 月，国务院印发《关于深化制造业与互联网融合发展的指导意见》，协同推进“中国制造 2025”和“互联网 +”行动，加快制造强国建设。基于互联网的“双创”平台快速成长，智能控制与感知、工业核心软件、工业互联网、工业云和工业大数据平台等新型基础设施快速发展，使网络化协同制造、个性化定制、服务型制造新模式不断涌现。8 月，工业和信息化部等四部委联合发布《智能制造工程实施指南》，加速标准化实施，明确财税金融支持。此外，各地方加强智能制造规划实施，目前已有 21 个省份出台对接政策，智能制造在全国各地全面铺开。工业和信息化部通过出台促进智能硬件、大数据、人工智能等产业发展的政策和行动计划，协同研发、服务型制造、智能网联汽车、工业设计等新业态新模式快速发展。互联网正深刻改变制造业发展方式，驱动制造业向数字化、网络化、

智能化和服务化方向发展。阿里巴巴推出淘工厂业务为电商卖家与优质工厂搭建一条稳固的桥梁，帮助众多服务制造企业发展柔性制造，精准满足市场需求，推动智能制造快速落地。在农业方面，2016 年，中央和地方政府纷纷出台扶持政策，全国农产品电商平台已逾 3 000 家，农产品生产、加工、流通等各类市场主体都看好网络销售，农产品网上交易量迅猛增长。2016 年，互联网应用推动着企业转型升级，在开展过互联网营销的企业中，通过移动互联网进行营销推广的比例为 83.3%，相比 2015 年的 46.0% 增长了一倍，企业对互联网在市场经济环境、经营制度、财务、生产制造等方面发挥的作用预期显著变强，互联网解决企业核心问题的能力正在提高。

（三）互联网应用服务使生活更加便利

2016 年，互联网应用快速向移动端迁移，其中，搜索领域上，百度的移动端营收占比提升至 53%；社交领域上，腾讯微信的移动端广告营收占比达 65%；移动电商上，阿里巴巴“双 11”单日交易中的无线交易额占比高达 81.7%，中国 B2C 电商交易 71% 来自于移动端。2016 年，中国在线广告收入同比增长 30%，向基于算法的智能推送和信息流广告方向转变，吸引了大量用户并促进了移动广告销售。2016 年，随着我国“互联网 +”深入推进，诸多互联网企业不断由线上向线下渗透，从网络经济向实体经济扩展，吸引广大消费者共同参与实体店消费。历经几年发展，互联网理财平台布局构建完成，传统银行机构纷纷实现自身产品网络化，网络已成为网民理财的常规渠道。2016 年，我国购买过互联网理财产品的网民规模为 9 890 万，较 2015 年底增加 863 万。2016 年，中国移动支付规模呈快速增长态势，一度突破 5 000 亿美元，网民在线下实体店使用移动网络支付习惯初步养成，线下手机支付结算比例已达到 50.3%。随着支付宝、微信等互联网企业产品进入医疗领域，全国 700 家大中型医院加入“未来医院”，通过手机实现挂号、缴费、查报告等全流程移动就诊服务，平均节省患者就诊时间 50%，提升就医体验，改善门诊秩序。2016 年，中国共享经济进入高速发展期，涌现出摩拜单车、小猪短租、爱大厨、纳什空间、途家等一批有影响力的本土企业。2016 年 9 月，国务院发布《关于加快推进“互联网 + 政务服务”工作的指导意见》，各地加快推进“互联网 + 政务服务”工作，互联网企业和大型传统基础服务部门纷纷推出网络应用程序，提供城市政务服务，涉及政务办事、车主服务、医疗服务、充值缴费、交通出行、气象环保中的一个或多个板块。在政府数据共享上，目前，全国统一的国家电子政务外网已初步建成，横向连接了 118 个中央单位 14.4 万个地方单位，纵向基本覆盖了中央、省、市、县四级，承载了 47 个全国性业务系统和 5 000 余项地方业务系统，13 个行业领域的跨部门共享交换业务已通过或拟通过国家数据共享交换平台实现，涉及部门超过 100 个。2016 年，我国网民在线政务服务的使用率已超过线下政务大厅及政务热线的使用率。

（四）互联网基础设施的发展大力支撑网络强国建设

伴随着“宽带中国”战略的推进和提速降费措施的落实，我国信息基础设施正向高速宽带、泛在融合、天地一体迈进，智能化综合信息设施加速形成。电信普遍服务试点的实施，支持全国 27 个省（区、市）的 10 万个行政村开展网络光纤到村建设和升级改造，解决 3.1 万个建档立卡贫困村网络覆盖建设问题，为网络扶贫、缩小城乡“数字鸿沟”提供了重要手段，为网络强国建设提供了有力支撑。我国光网建设成果显著，据工业和信息化部有关数据显示，2016 年全国 20Mbit/s 及以上宽带用户、光纤接入用户数较 2015 年同期分别增长 185.6%，90.2%。网络带宽的不断提升，为智慧城市的推进夯实了基础。我国移动网络进入“4G+”时代，三大运营商全面推进 4G 移动网络升级。以载波聚合技术为代表的“4G+”网络加速和以 VoLTE 为代表的“4G+”高清语音开始大规模商用，更大的带宽、更高的数据速率可以显著改善用户上网体验。同时，工业和信息化部组织成立的 IMT-2020（5G）推进组在 2016 年 1 月份启动了 5G 的技术研发试验，并已完成关键技术验证阶段。物联网的全面建设促进智慧城市发展，2016 年全球智慧城市各领域使用联网设备数量达到16亿，较2015年增长39%。信息采集网络全面覆盖空天地海，实现对公共设施、车辆、人流等地上信息，供水、排水、热力、燃气等各类管线运行状态等地下信息，空气质量等空中信息，以及水流、潮汐、水质等水中信息的全面实时采集。海量城市感知数据汇聚到智慧城市综合管理运营平台，有力支撑城市管理和事件调度。

（五）进一步推进网络安全治理

随着新一代信息通信技术普及发展，国家关键基础设施与工业生产从单机走向互联，从封闭走向开放，从自动化走向智能化。面对传统网络威胁向工控系统扩散的问题，工业和信息化部印发《工业控制系统信息安全防护指南》等规定，指导工业企业开展工控安全防护工作，促进安全与发展同步建设。我国网络领域的基础性法律《中华人民共和国网络安全法》正式通过，立法明确了网络空间主权的原则、网络产品和服务提供者的安全义务、网络运营者的安全义务，完善个人信息保护规则，建立关键信息基础设施安全保护制度，确立关键信息基础设施重要数据跨境传输的规则。此外，《互联网信息搜索服务管理规定》《互联网直播服务管理规定》《网络预约出租汽车经营服务管理暂行办法》等规定的出台，有效推进互联网领域法治化进行，及时回应社会公众的关切，有效引导和督促企业及时履行义务。第三届世界互联网大会强调，推动全球互联网治理朝着更加公正合理的方向迈进，推动网络空间实现平等尊重、创新发展、开放共享、安全有序的目标。同时，最高人民法院、工业和信息化部等六部门联合发布《防范和打击电信网络诈骗犯罪的通告》，有效防范与精准打击相关犯罪行为，工业和信息化部组织电信企业依法依规开展电话用户实名登记工作，加强用户登记信息保护。

三、我国互联网发展趋势分析

（一）互联网技术的创新发展将带动产业发展

未来，包括第 5 代移动通信网络、物联网、云计算、信息安全等面向消费者和企业服务的数字化应用场景将进一步拓展，并且与人工智能、深度学习、大数据、嵌入式系统等技术深入融合，从而产生新一类的智能应用和物件，以及可广泛应用的嵌入式智能。增强信用与安全的技术将进一步丰富，如区块链等在不可信环境中增加信任的技术将加强，涵盖被动式数据记录到动态预置行为等领域。企业信息化与云端迁移技术将进一步提升，云平台的优势将获得企业界更广泛的关注，进而加速应用和服务的开发和部署，减少业务缺陷和资源浪费，推动企业开展自己的技术创新和数字化转型。交互类技术将进一步发展，在更大范围内推动沉浸式消费、商业内容和应用程序的格局巨变。虚拟现实和增强现实功能与数字网络融合，相关设备的成本进一步降低，技术生态更加完善，应用服务范围进一步扩大。互动技术将与移动网络、可穿戴设备和物联网一起实现大范围的应用服务协同，构建跨越物理世界与数字世界之间的信息流。制造技术与信息网络技术融合将塑造新的生产模式，以物联网、工业数据分析、人机协作为代表的支持类技术将获得更深应用，进而塑造新的生产模式，如通过改变机器、人员和业务流程之间的信息流，来提高工厂之间的连接灵活性。工厂流程将更多的依赖数据搜集与分析，人机交互性能也将大幅提升，生产过程的敏捷性、智能性、灵活性将大大提高。车联网将围绕智能化和网联化进行应用的创新突破，加速普及，展现巨大市场潜力。

（二）人工智能和虚拟现实将成为探索焦点

信息革命的本质是机器替代人的脑力，把人从越来越复杂的脑力劳动中解放出来。在机器学习技术的助力下，计算机已具备“理解与决策”，甚至自主“认知”的能力。面向人与物体的精准图像识别理解技术应用不断成熟，自然语音识别与理解技术、手势体感两大技术成为信息输向虚拟世界的重要渠道。而面向人类信息获取主渠道——视觉的增强现实、虚拟现实技术更成为当前全球科技巨头的竞争焦点，将继续快速发展技术和应用领域。适用于家居、办公、城市管理领域的机器人与智能机械手臂也有增多趋势，在模仿人类动作、表达人类情感、仿真人类手指精细动作等方面有显著进步。便携式的虚拟现实终端有望成为继移动智能终端后，重构互联网业务生态的下一代计算平台。于机器学习技术快速的进步，互联网在未来将凭借不断接近人类智慧的人工智能，进而具备决策能力。在进一步协同智能硬件执行能力的基础上，计算机为全体互联网用户全面、高效地提供个性化、精准化服务，大幅提升业务体验。随着人工智能、传感互联等新一代信息技术的不断突破，智能硬件将从面向个人消费的先锋产品快速拓展到经济社会各个领域，赋予教育、医疗、零售、能源、建筑、汽车等诸多行业新的服务手段，支撑政府办公、公共安全、交通物流等城市基本职能的提升。随着人工智能技术由量变走向质变，由专用智能向通用智能演进，产业生态加速向云端一体化的数据服务提供者转移。国际领先企业积极围绕传感互联、人工智能两级展开布局，争先在 VR/AR、智能汽车和智能制造等细分领域形成垂直优势，在云端协同的人机交互、虚拟现实等通用技术环节形成综合能力。

（三）“共享经济”进入黄金时代，应用与服务全面提升

分享经济利用互联网等现代信息技术整合、分享海量的分散化资源，成为创新的新热点。分享经济由最初的汽车共享和房屋共享，已经逐渐渗透到金融、餐饮、空间、物流、教育、医疗、基础设施等多个领域，并继续向农业、能源、生产、城市建设等更多领域扩张。对于出行来讲，共享单车有力地弥补了出行最后一公里的问题，以强需求，高频次为出发点，推动绿色出行，获得全面胜利。国内分享经济领域将继续拓展，在营销策划、餐饮住宿、物流快递、交通出行、生活服务等领域进一步渗透。同时，教育和医疗可能成为分享经济发展的新领域，通过分享经济突破传统资源约束，开展供需对接，较低成本地解决就医难、教育不公平等问题。平台企业的数量将不断上升，有望形成一批初具规模、各具特色、有一定竞争力的代表性企业。同时，诸多领域的分享经济都处于探索阶段和发展初期，其服务和产品的安全性、质量保障体系、用户数据保护等方面将引起重视。大数据等现代信息技术的运用，有助于推动公共数据资源开放，促进公共服务创新供给和服务资源整合，构建面向公众的一体化在线公共服务体系，提升公共服务整体效能。国务院颁发《促进大数据发展行动纲要》进一步提出要在 2017 年年底前形成跨部门数据资源共享共用格局；在 2018 年年底前建成国家政府数据统一开放平台。智慧城市建设将推动政务数据在内的城市公共信息资源共享，形成城市数据交换共享平台、GIS 平台和信息资源目录库，实现不同职能部门之间的业务协同和信息共享、信息资源社会化开放与利用，有利于创新社会治理模式，推动形成“用数据说话、用数据决策、用数据管理、用数据创新”的城市管理新方式。

（四）大力开展 5G 技术前沿布局，抢占 5G 发展先机

我国移动通信技术起步虽晚，但在 5G 标准研发上正逐渐成为全球的领跑者，政府、企业、科研机构等各方高度重视前沿布局，力争在全球 5G 标准制定上掌握话语权。未来，我国 5G 技术将有 3 个发展趋势：一是产品技术逐步聚焦四大应用场景。推进组归纳出未来 5G 应用主要集中在 4 个场景：高铁、地铁等连续广域覆盖场景；住宅区、办公区、露天集会等热点高容量场景；智慧城市、环境监测、智能农业等低功耗大连接场景；车联网、工业控制、虚拟现实、可穿戴设备等低时延高可靠场景。因此，5G 技术与产品开发也将重点围绕这 4 个场景展开，及时做好前沿技术与产品开发。二是 5G 技术将激发新的消费需求。5G 的一个重要特征是可以实现“人与人、人与物、物与物之间的连接”，形成万物互联，并融合在工作学习、休闲娱乐、社交互动、工业生产等各方面。逐步丰富的消费形态将促进用户体验需求的重大变革，进一步激发新的产业、新的业态和新的模式。为此，我国将充分做好技术与产品储备，及时跟踪技术与产品的动态变化，尽早布局颠覆性技术与产品。三是产业融合变革将加速。基于 5G 技术的支撑，跨行业的融合发展进一步加强，新型信息化和工业化将深度融合，引发产业领域的深层次变革。移动物联网场景等 5G 技术将渗透到消费、生产、销售、服务等各行业，推动研发、设计、营销、服务等环节进一步向数字化、智能化、协同化方向发展，实现工业领域全生命周期、

全价值链的智能化管理。

四、国际互联网发展情况

据国际电信联盟（ITU）发布的数据显示（见表 1），2016 年全球网民数量达 34.88 亿人，互联网普及率达到 47.12%。在全球各地区中，亚太地区的网民数量最多，达到 15.57 亿人，占全球网民总数的 49.4%；美洲地区的网民数量居第二位，达到 6.47 亿人，占全球网民的 19.1%；欧洲名列第三，网民数量达 4.79 亿人，占全球网民的 18.5%。

在网民规模增长速度方面，非洲、亚太地区和独联体国家的网民数量增速较快，这几个地区 2016 年的网民数量增长率分别为 14.6%、10.7% 和 9%。欧洲增长速度仅为 4.3%，但其互联网普及率属全球最高，达到 79.1%。

表 1　全球各地区互联网网民数

单位：百万人

	2011年	2015年	2016年	2016年增长率（%）	五年复合增长率（%）
全球	2 215.5	3 207.1	3 487.8	8.8	9.50
非洲	99.6	209.5	240.2	14.64	19.25
阿拉伯国家	92.8	148.5	161.3	8.67	11.69
亚太地区	988.7	1 557.3	1 723.7	10.68	11.76
独联体国家	111.1	172.8	188.2	9.0	11.12
欧洲	419.5	478.8	499.2	4.3	3.54
美洲	483.0	613.3	646.6	5.42	6.01

（数据来源：ITU）

在互联网普及程度方面，虽然亚太地区网民总量最多，但与发达国家相比，该地区的互联网普及率仍处于较低水平，仅为 41.6%，低于全球平均水平 47.1%，仅高于非洲和阿拉伯国家。同时，亚太地区的互联网普及率增长速度较快，在 2016 年增长了 3.7 个百分点，低于独联体国家的 4.9 个百分点，高于全球总体的增长幅度（3.3 个百分点）。互联网普及率增加速度最快的地区是独联体国家，欧洲排在亚太地区之后，增加幅度为 2.8 个百分点。

互联网的发展日益泛在、开放、快速且内容丰富，对全球大多数人民的生活、沟通和工作方式改变很大。随着基础设施的广泛部署，全球绝大多数人可以获得互联网服务，2016 年，移动宽带网络覆盖了世界 84% 的人口，但是因为高昂的价格和其他障碍，互联网用户普及率仅达到 47.1%，互联网用户数量仍远低于可以接入网络的人数，使互联网的全部潜能仍未被发掘。在全球信息通信技术发展水平上，国际电信联盟 2016 年的 IDI 指数评估结果显示，今年排名前十的国家和地区依次是韩国、冰岛、丹麦、瑞士、英国、中国香港、瑞典、荷兰、挪威和日本。目前，不同国家和地区的发展水平差距依然较大。欧洲继续在 ICT 发展方面领先一步，该地区的平均 IDI 值在世界各区中最高（7.35）。独联体国家和美洲均高于世界平均值，亚太地区则是信息通信技术发展差别最大的区域。阿拉伯国家的 ICT 发展极不平衡，且数据表明本地区低成本国家与最繁荣国家之间的数字鸿沟可能还在加大。非洲正在努力提高其 IDI 排名，2016 年，非洲地区的平均 IDI 值为 2.48，仅仅比全球平均值 4.94 的一半略多。在接入信息通信技术上，发展中国家仍然落后于发达国家，如图 2 所示。

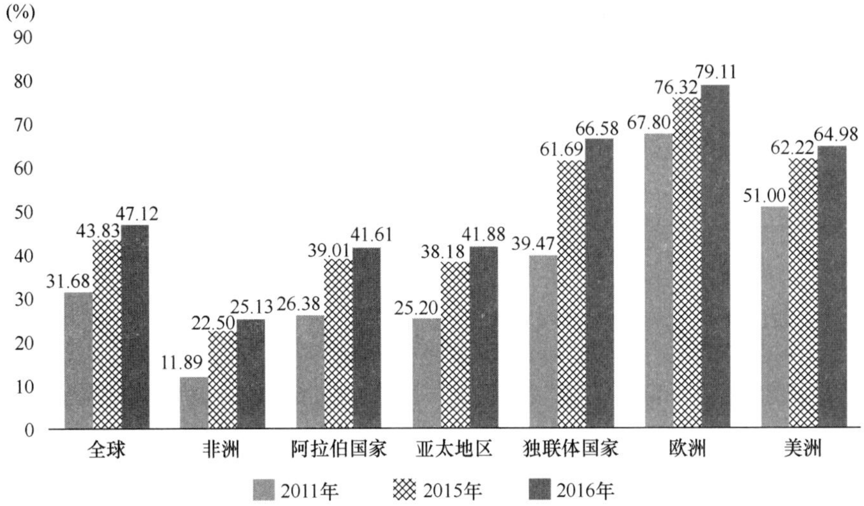

（数据来源：ITU）

图 2　全球各地区互联网普及率

2016 年，“人工智能”技术取得重大突破，被广泛认为是目前正在进展中的一项改变全球经济的技术变革。各国为在人工智能技术发展中抢占先机，纷纷制定国家层面的发展战略。2016 年，美国白宫发布了《为人工智能的未来做好准备》和《国家人工智能研究与发展战略规划》两份报告，将人工智能上升到美国国家战略高度，为国家资助的人工智能研究和发展划定策略。英国政府的科学办公室发布《人工智能对未来决策的机会和影响》报告，表示将利用独特的人工智能优势，增强英国国力。德国政府设立的德国研究与创新专家委员会推出了年度研究报告，建议政府制定机器人战略。日本在第五个科学与技术基础五年计划中，提出名为“超级智能社会”的未来社会构想，发展信息技术、人工智能以及机器人技术。中国发展改革委员会发布了《“互联网 +”人工智能三年行动实施方案》，提出到 2018 年，打造人工智能基础资源与创新平台，人工智能产业体系、创新服务体系、标准化体系基本建立，基础核心技术有所突破，总体技术和产业发展与国际同步，应用及系统级技术局部领先。从企业分布国家来看，全球人工智能企业数量集中分布在美国、中国、英国等少数国家，三国企业数量占总数的 65.73%，但中国在人工智能基础研究领域发表论文数量已经超过美国，中国正在人工智能领域追赶美国。

在无线领域，5G 是 2016 年最大热点，各国纷纷看好 5G 发展趋势，为了抢占 5G 市场，纷纷制定本国的发展战略。如，美国抢跑 5G 高频段部署，力图保持互联网创新发展的主导地位，Verizon 率先发布 5G 高频无线标准，FCC 划定 28GHz 以上约 11GHz 高频频谱，奥巴马政府计划投入 4 亿美元用于支持 5G 无线技术研发和网络测试。日本计划在 2020 年东京奥运会前部署 4.5GHz 5G 商用系统，提供热点覆盖，支持东京奥运会。韩国将于 2018 年初开展 5G 预商用试验，支持平昌冬奥会，KT 公司将在 2019 年提供全球首个商用 5G 移动网络。欧盟明确 700MHz/3.4 ～ 3.8GHz 为 5G 先发频率，依托 5GPPP 项目，2017 年开始样机试验，2018 年启动 5G 预商用试验，2020 年左右实现商业部署。中国成立 IMT-2020（5G）推进组，全方位推进 5G 研发，并通过重大专项及“863”计划部署 5G 研发课题，支持 5G 技术创新。

2016 年，全球各国纷纷调整网络安全治理政策，升级安全战略。企业越来越重视部署网络安全产品和解决方案，以保护机密数据。数据显示，2016 年，全球网络安全市场规模达到 764 亿美元。预计到 2025 年将达到 2 058 亿美元，2016—2025 年，网络安全市场将以平均 12% 的速度稳步增长。云计算在数据备份、电子邮件服务、ERP、CRM 和协同服务等领域的广泛应用将推动 2017 年网络安全市场增长。基于云计算的服务成本比较便宜，因为这些服务需要较少的 IT 基础架构设置。但是，云部署增加了软件中的漏洞。因此，许多公司正在积极采用网络安全解决方案，以确保云服务的安全性。此外，网络威胁越来越严重也迫使企业采用更安全的网络解决方案。在此期间，北美网络安全市场仍然保持领先。2025 年，该地区网络安全市场将达到 671.42 亿美元。同时，亚太地区网络安全市场将保持强劲增势。而且，中东和非洲地区网络安全市场也将保持惊人增长。

附：我国互联网相关组织介绍

（一）国家互联网应急中心

国家互联网应急中心（全称国家计算机网络应急技术处理协调中心，简称 CNCERT 或 CNCERT/CC）成立于 1999 年 9 月，是工业和信息化部领导下的国家级网络安全应急机构，致力于建设国家级的网络安全监测中心、预警中心和应急中心，以支撑政府主管部门履行网络安全相关的社会管理和公共服务职能，支持基础信息网络的安全防护和安全运行，支援重要信息系统的网络安全监测、预警和处置。

2003 年，CNCERT 在全国 31 个省成立分中心，完成了跨网络、跨系统、跨地域的公共互联网网络安全应急技术支撑体系建设，形成了全国性的互联网网络安全信息共享、技术协同能力。目前，CNCERT 作为国家公共互联网网络安全应急体系的核心技术协调机构，在协调国内网络安全应急组织（CERT）共同处理公共互联网网络安全事件方面发挥着重要作用。

CNCERT 的业务能力主要包括：依托“863-917 网络安全监测系统”实现网络安全事件的监测发现，“863-917 网络安全监测系统”已具备对安全漏洞、恶意代码、网页篡改、网页挂马、拒绝服务攻击、域名劫持、路由劫持等各种网络威胁或攻击；依托对丰富数据资源的综合分析和多渠道的信息获取实现网络安全威胁的分析预警、网络安全事件的情况通报、宏观网络安全状况的态势分析等，并承担通信行业互联网网络安全信息通报工作；依托与运营商、域名注册商、安全服务厂商等相关部门的快速工作机制和涉及国计民生的重要信息系统部门及执法机关密切合作机制实现网络安全事件的快速处置。同时，CNCERT 作为国际著名网络安全合作组织 FIRST 和 APCERT 的重要成员，与多个世界著名的网络安全机构和各个国家级应急组织建立了网络安全事件处理合作机制，面向国内外用户手里网络安全事件报告，掌握和处置突发重大网络安全事件。

（二）中国互联网协会

中国互联网协会于 2001 年 5 月 25 日成立，由从事互联网行业的网络运营商、服务提供商、设备制造商、系统集成商以及科研、教育机构等 70 多家互联网从业机构共同发起成立。协会现有会员单位 400 余家，下设 12 个工作委员会。

中国互联网协会的宗旨是遵守国家宪法、法律和法规，遵守社会道德风尚；坚持以创新的思维、协作的文化、开放的平台、有效的服务的指导思想，为会员的需要服务、为行业发展服务、为政府决策服务。自成立以来，中国互联网协会通过开展行业自律、举办年度中国互联网大会、开展反垃圾邮件和抵制恶意软件工作、开展互联网公益活动和“信息无障碍”活动等各项工作，为建设人人受益的互联网做出了不懈努力。

中国互联网协会的基本任务包括：1．团结互联网行业相关企业、事业单位和社会团体，向政府主管部门反映会员和业界的愿望及合理要求，向会员宣传国家相关政策、法律、法规；2．制订并实施互联网行业规范和自律公约，协调会员之间的关系，促进会员之间的沟通与协作，充分发挥行业自律作用，维护国家信息安全，维护行业整体利益和用户利益，促进行业服务质量的提高；3．开展我国互联网行业发展状况的调查与研究工作，促进互联网的发展和普及应用，向政府有关部门提出行业发展的政策建议；4．组织开展有益于互联网发展的研讨、论坛等活动，促进互联网行业内的交流与合作，发挥互联网对我国社会、经济、文化发展的积极作用；5．积极开展国际交流与合作，组织国内互联网相关企事业单位参与国际互联网有关组织的活动，在国际互联网事务中发挥积极作用；6．办好协会网站、刊物，组织编撰出版中国互联网发展状况年度报告，为业界提供互联网信息服务等。

（三）中国互联网络信息中心

中国互联网络信息中心（China Internet Network Information Center，CNNIC）于 1997 年 6 月 3 日组建的互联网管理和服务机构，作为中国信息社会基础设施的建设者和运行者，CNNIC 以“为我国互联网络用户提供服务，促进我国互联网络健康、有序发展”为宗旨，负责管理维护我国互联网地址系统，引领我国互联网地址行业发展，权威发布我国互联网统计信息，代表中国参与国际互联网社群。

CNNIC 的主要职责包括：1．互联网地址资源注册管理，负责运行和管理国家顶级域名“.CN”、中文域名系统、通用网址系统及无线网址系统，为全球用户提供不间断的域名注册、域名解析和 Whois 查询服务；CNNIC 是亚太互联网络信息中心（APNIC）的国家级 IP 地址注册机构成员（NIR）；同时，以 CNNIC 为召集单位的 IP 地址分配联盟负责为我国的网络服务提供商和网络用户提供 IP 地址和 AS 号码的分配管理；2．互联网调查与相关信息服务，负责开展中国互联网络发展状况等多项互联网络统计调查工作，描绘中国互联网络的宏观发展状况，记录其发展脉络；3．目录数据库服务，负责建立并维护全国最高层次的网络目录数据库，提供对域名、IP 地址、自治系统号等方面信息的查询服务；4．互联网寻址技术研发，跟踪国际互联网技术的最新发展，承担相关研发工作和国家有关科研项目；5．国际交流与政策调研。

基础电信企业 2016 年发展综述

中国电信集团公司2016年发展综述*

关于中国电信

中国电信股份有限公司（“中国电信”或“本公司”，与其附属公司合称“本集团”）是一家中国大型的领先的全业务综合信息服务提供商，主要在中国提供固定及移动通信服务、互联网接入服务、信息服务，以及其他增值电信服务。于2016年年底，本公司拥有约2.15亿移动用户、约1.23亿有线宽带用户及约1.27亿固定电话用户。本公司发行的H股及美国存托股份分别在香港联合交易所有限公司和纽约证券交易所挂牌上市。

一、财务重点

	2014年	2015年	2016年
经营收入（人民币百万元）	324 394	331 202	352 285
EBITDA[1]（人民币百万元）	94 853	94 106	95 139
EBITDA率[2]	33.0%	32.1%	30.7%
净利润[3]（人民币百万元）	17 680	20 054	18 004
资本开支（人民币百万元）	76 889	109 094	96 817
债务权益比[4]	36.8%	38.4%	35.7%
每股净利润（人民币元）	0.218 5	0.247 8	0.222 5
每股股息（港元）	0.095	0.095	0.105

注：1. EBITDA计算方法为经营收入减去经营费用加上折旧及摊销。
2. EBITDA率计算方法为EBITDA除以服务收入。
3. 净利润为本公司股东应占利润。
4. 权益为本公司股东应占权益。

* 内容选自2016年中国电信集团上市财报

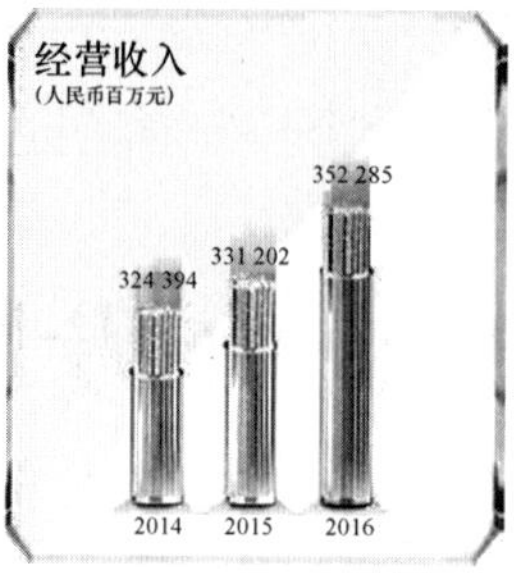

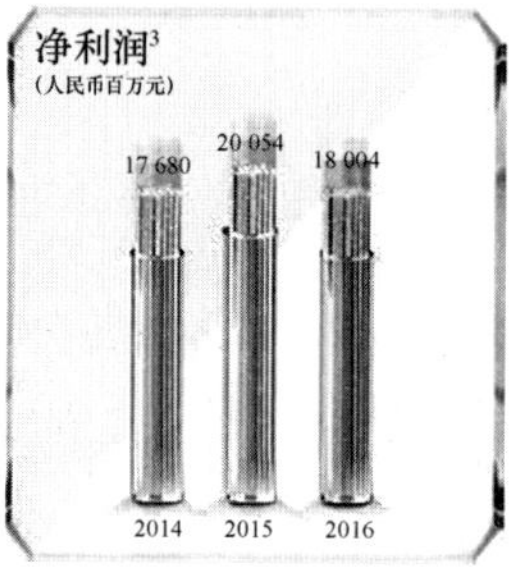

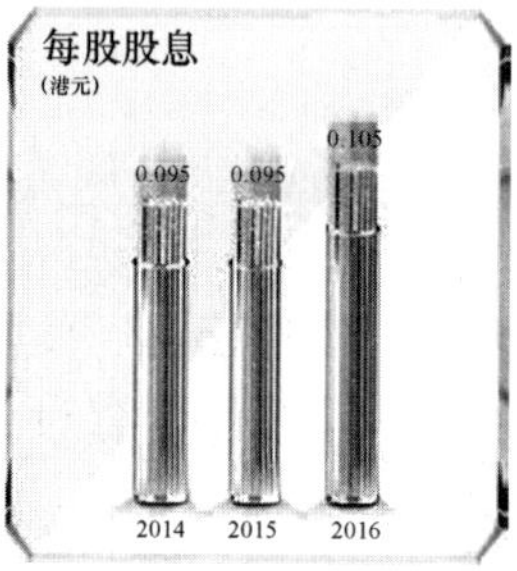

二、业务概览

下表列示 2014—2016 年主要经营数据。

	单位	2014年	2015年	2016年	2016年较 2015年的变化率
移动用户数	百万户	185.62	197.90	215.00	8.6%
其中：4G终端用户数	百万户	7.08	58.46	121.87	108.5%
移动语音通话总分钟数	百万分钟	655 939	667 535	720 566	7.9%
移动短信条数	百万条	64 583	56 817	54 744	（3.6%）
手机上网总流量	kTB	266.6	554.7	1 277.0	130.2%
有线宽带用户数	百万户	106.95	113.06	123.12	8.9%
其中：光纤宽带（FTTH）用户数	百万户	42.61	70.99	105.99	49.3%
固定电话用户数	百万户	143.56	134.32	126.86	（5.6%）
固定电话本地语音通信总次数	百万次	130 439	110 935	93 403	（15.8%）
天翼高清用户数	百万户	31.26	40.38	61.33	51.9%
翼支付月均活跃用户数	百万户	—	3.51	16.21	361.8%
物联网连接数*	百万	—	0.98	14.19	1 348.0%

* 中国电信于2016年4月建成物联网集约运营平台，全面启动集约运营。

2016 年公司继续聚焦“2+5”经营重点，业务结构持续优化，用户规模不断扩大，收入增长势头良好，综合实力显著增强，转型升级迈上新台阶。

2016 年主要业务表现

1. 经营收入保持良好增长，业务结构持续优化

2016 年，公司实现经营收入人民币 3 522.85 亿元，较 2015 年增长 6.4%；服务收入人民币 3 096.44 亿元，较 2015 年增长 5.6%。收入结构持续优化，新兴业务收入占比 39.6%，较 2015 年提升 5.2 个百分点；其中，手机上网和 ICT 业务收入分别较 2015 年增长 42.9% 和 17.2%，成为收入增长的主要驱动力。

2. 移动业务快速发展，4G 业务全面加速

公司坚持进攻型市场策略，实施“融合拉新”“抢占卡槽”、消费金融创新等营销措施，移动业务快速发展，移动用户份额持续提升。全面推进 4G 业务，发挥 4G 网络优势，大力拓展新增市场，加速实现老用户迁移，成为全球最大 LTE FDD 运营商。把握终端产业发展规律，推动“全网通”[1]成为国家标准，增强终端竞争优势，扩大销售半径，强化终端引领能力。持续优化产品策略，完善渠道布局，加强销售组织，用户加速扩张、收入快速增长。2016 年移动用户达到 21 500 万户，净增 1 710 万户；4G 终端用户达到 12 187 万户，净增 6 341 万户，占移动用户比 56.7%；移动服务收入人民币 1 376.11 亿元，较 2015 年增长 10.5%。

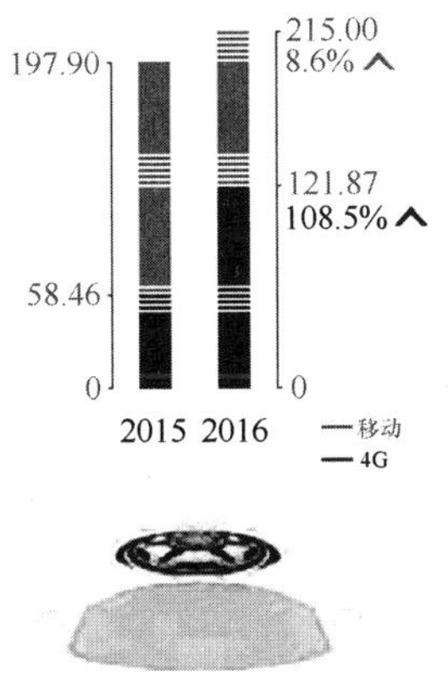

移动用户数（百万户）

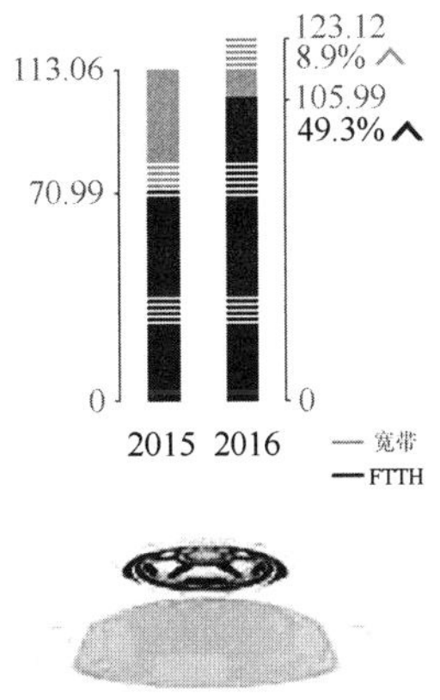

有线宽带用户数（百万户）

注：1. “全网通”是指支持TD-LTE/LTE FDD/WCDMA/TD-SCDMA/GSM/CDMA六种通信制式的手机，兼容中国电信、中国移动、中国联通三大运营商的4G/3G/2G网络。

3. 流量经营量质齐升，成效卓著

公司以流量规模和流量价值双提升为牵引，产品形式多样化，优化 4G 套餐，推广“闲时包”“假日包”“定向流量包”“视频一体卡”等流量产品，做大流量规模的同时保护流量价值。发挥大数据智能运营优势，推进用户精准换机，加快 3G 用户向 4G 升迁；聚焦“大流量发生器”

“大流量发动机“和“大流量发生区”，明星终端、视频应用、重点区域流量贡献显著。4G 终端用户月户均流量“过 G”，到达 1 029MB，流量成为收入增长第一拉动力。2016 年手机上网总流量 1 277kTB，较 2015 年增长 130.2%，其中 4G 手机上网总流量占比 83.1%，较 2015 年提升 32.4 个百分点；手机上网收入占移动服务收入比达到 49.6%，较 2015 年提升 11.2 个百分点。

4．高速光宽价值深耕，固网业务保持稳健

公司围绕“提速度、填内容、树品牌”的宽带发展策略，以百兆宽带为引领，以千兆宽带为示范，强力打造宽带差异化优势。发布“智能光纤宽带标准“，重新定义百兆及以上高速宽带通信服务内涵，积极拓展光纤宽带用户，成为全球最大 FTTH 运营商。进一步深耕融合业务，以光纤宽带为基础，通过智能网关和 4K 机顶盒两大设备，填充天翼高清、智能组网、家庭云和视频通话四项核心应用，提高宽带准入门槛，深耕宽带价值，稳定固网收入基础，有效弥补固网语音业务收入逐年下降产生的缺口。2016 年有线宽带用户净增 1 006 万户，达到 12 312 万户；FTTH 用户净增 3 500 万户，达到 10 599 万户，占宽带用户比 86.1%；有线宽带接入收入人民币 767.66 亿元，较 2015 年增长 3.3%；固网服务收入人民币 1 720.33 亿元，较 2015 年增长 1.9%；固网语音收入人民币 259.87 亿元，占服务收入比 8.4%，较 2015 年下降 1.7 个百分点。

5．新兴业务发展动能强劲，呈现良好势头

公司持续坚持以创新为生命力，把握业务发展规律，满足用户不断增长的多样化需求，对新兴业务增强研发，加快培育，扎实推进，成效显著。智慧家庭依托公司优势资源，全面实施集约运营，成立并运营智能家庭联盟，全力打造天翼高清、智能组网、家庭云、视频通话四项核心应用，用户稳步增长，2016 年天翼高清用户达到 6 133 万户，净增 2 095 万户；互联网金融加大消费金融分期付、“翼支付红包”等新兴业务推广，翼支付月均活跃用户达到 1 621 万户，较 2015 年增长 361.8%，活跃商户达到 30 万户，较 2015 年增长 773.5%；物联网发展实现业务集约运营，一点受理、全网服务，启动 NB-IoT 建设，成立天翼物联产业联盟，聚焦车联网、安防监控、公共事业等重点行业规模拓展，连接数净增 1 321 万。云业务以“云网融合、合理布局、安全可信、集约运营”为原则，完善云和 IDC 基础设施布局，发布天翼云 3.0 产品体系，实现云主机、云存储、私有云等重点产品能力与业界领先者可比。IDC 收入人民币 159.36 亿元，较 2015 年增长 27.9%，云服务收入人民币 15.00 亿元，较 2015 年增长 48.8%；大数据对内支撑精准营销，对外实现交通、旅游、金融等领域突破，提升运营智能化水平，大数据收入人民币 4.10 亿元，较 2015 年增长 81.4%；发布“互联网 +”行动白皮书，大单规模和质量较 2015 年显著提升，在政务、教育、医疗等领域实现规模拓展，影响力显著增强。

6．提升渠道能力，实现渠道销售与服务一体化

公司深入推进渠道运营，有效拓展渠道规模，完善优化“渠道视图”和“精品渠道”系统，渠道精确化销售与服务能力显著增强。直销渠道、实体渠道与电子渠道加强协作，全面开拓市场。实体渠道中，在核心商圈加大开放渠道覆盖，在城市社区打造智能家庭体验店，在乡村市场推进全网通卖场建设，同时开展异业合作，广泛拓展家电销售门店，全方位推进销售服务一体化；直销渠道发挥行业大单拓展与客户维系优势，大单量显著提升，在政务、教育、医疗等行业形成广泛影响力；电子渠道依托网上营业厅和掌上营业厅服务系统，客户端用户超过 1 亿户，深化 O2O 运营能力，与社会电商大力合作，流量包销量及用户拓展均不断提升。

7. 聚焦“2+5”重点业务，提升客户服务能力

公司聚焦“2+5”重点业务，强化“主动服务，智能预警”意识，全面提高服务精准性和智能化水平。针对 4G 业务，优化流量业务规则，开展流量场景化服务，试点推进流量详单查询。针对光宽业务，创新服务方式，推广“先装后付”，提升端到端运营能力。针对重点新兴业务，明确服务界面，完善服务体系，解决重点服务问题。进一步加强客户维系，全面推广星级服务，加大积分回馈。不断提升渠道服务质量，提高营业厅服务水平，强化新型媒体服务能力。在 2016 年度工信部满意度测评中，固定上网及移动上网客户满意度行业第一。

“互联网+”终端产业合作伙伴大会

智能终端产业高峰论坛

8. 网络能力显著增强，经营效益稳步提升

公司坚持聚焦客户的创新化发展策略，不断调整投资结构，优化资源配置。一是统筹规划频率资源，发挥“低频广覆盖、高频吸容量”的差异化优势，全面启动 LTE 800M 重耕工程，建成全球最大 FDD 网络，基本实现 4G 网络全覆盖，全年新增 4G 基站 38 万套站，累计达到 89 万套站；二是高效推进全光网络建设，持续优化网络覆盖、提升网络能力，全年新增 FTTH/O 端口超过 6 500 万个，累计达到 2.1 亿个，南方城市地区基本实现全光网覆盖；三是正式发布 CTNet2025 网络架构重构白皮书，全面启动网络智能化重构，正式挂牌网络重构开放实验室，以更加开放的心态，与产业链各方共同开展 SDN、NFV 等新技术试验，加快技术创新步伐；四是着力推进共建共享，减少重复建设，2016 年与中国联通共建 4G 基站，推动双方一二干网络规划对接，统筹南北方合作需求，推动一二级干线、本地网共建共享光缆，有效节约资金。

三、2017 年展望

2017 年是实施企业转型升级战略的关键之年，公司加强战略引领，加快推进网络智能化、业务生态化和运营智能化，进一步做大“2+5”重点业务，持续打造差异化竞争优势，围绕五大生态圈，加快推进业务生态化。智能连接生态圈，坚持进攻型策略，进一步加快 4G 和光宽规模发展，积极拓展增量市场，加强流量经营和存量经营，提升客户价值。智能家庭生态圈，发挥天翼高清规模优势，推广新融合套餐，规模部署天翼网关和 4K 智能高清机顶盒等，加快家庭云、智能组网、视频通话等应用拓展，做强智能家庭生态圈。互联网金融生态圈，加快推广信用消费模式，做大翼支付交易规模、活跃用户和活跃商户规模，扩展支付场景，增强支付能力，做优客户体验。物联网生态圈，加快连接管理平台和业务使能平台建设，聚焦智能城市、垂直行业、个人消费三类市场，发挥 4G 专网和低频 NB-IoT 网络优势，实现规模突破。新兴 ICT 生态圈，强化推进“云网融合”，提供平台化服务，依托坚实的网络基础，构建强大的云平台，聚焦政务、教育、健康医疗、工业互联网等重点行业，推动应用升级。

2017 年，公司将以完善企业级大数据平台能力为抓手，加快推进运营智能化。在已建成亚洲最大的大数据能力平台基础上，2017 年将着力打造面向企业内部和客户的大数据能力开放体系，对内嵌入 MSS、BSS 、OSS 等生产系统，围绕典型应用场景，加大在市场营销、客户服务、产品开发和网络运营等领域的应用力度，促进提质增效，提升客户感知；同时借力大数据能力，深化内部管理，将公司战略细化，实现良好执行。

我们也将以 CTNet2025 为指引，加快推进网络智能化，加速网络演进升级，打造 4G 网、全光网、物联网三张精品基础网络，有力支撑“2+5”业务规模发展，不断提高企业发展质量和效益，促进企业价值、客户价值和员工价值共同成长。

（一）概要

2016 年，公司以改革创新为动力，聚焦“2+5”经营重点，转变发展方式，增强六个关键能力，提升运营管理水平，整体经营业绩稳步提升。2016 年，经营收入为人民币 3 522.85 亿元，较 2015 年增长 6.4%；服务收入[1]为人民币 3 096.44 亿元，较 2015 年增长 5.6%。经营费用为人民币 3 250.84 亿元，较 2015 年增长 6.7%；本公司股东应占利润为人民币 180.04 亿元，较 2015 年下降 10.2%，每股基本净利润为人民币 0.22 元；EBITDA[2]为人民币 951.39 亿元，较 2015 年增长 1.1%，EBITDA 率[3]为 30.7%。

（二）经营收入

2016 年，公司积极应对提速降费、实名制、区域一体化等政策影响因素，加快 4G 和光宽

1. 服务收入为经营收入减去“移动商品销售收入”（2016 年：人民币 346.12 亿元；2015 年：人民币 320.26 亿元）、“固网商品销售收入”（2016 年：人民币 58.22 亿元；2015 年：人民币 44.30 亿元）和“其他非服务收入”（2016 年：人民币 22.07 亿元；2015 年：人民币 14.80 亿元）。
2. EBITDA 计算方法为经营收入减去经营费用加上折旧及摊销。由于电信业是资本密集型产业，资本开支、债务水平和财务费用可能对具有类似经营成果的公司净利润产生重大影响。因此，我们认为，对于像我们这样的电信公司而言，EBITDA 有助于对公司经营成果的分析。虽然 EBITDA 在世界各地的电信业被广泛地用作为反映经营业绩、借债能力和流动性的指针，但是按公认会计原则，它不作为衡量经营业绩和流动性的尺度，也不代表经营活动产生的净现金流量。此外，我们的 EBITDA 也不一定与其他公司的类似指针具有可比性。
3. EBITDA 率计算方法为 EBITDA 除以服务收入。

的规模发展，业务结构持续优化，收入保持良好增长。2016 年经营收入为人民币 3 522.85 亿元，较 2015 年增长 6.4%。其中：移动业务收入为人民币 1 722.23 亿元，较 2015 年增长 10.0%；固网业务收入为人民币 1 800.62 亿元，较 2015 年增长 3.1%。

下表列示 2015 年和 2016 年各项经营收入的金额和他们的变化率。

（除百分比数字外，单位皆为人民币百万元）	分别截至各年度12月31日		
	2016年	**2015年**	**变化率**
语音	70 120	78 593	（10.8%）
互联网	150 405	126 546	18.9%
信息及应用服务	66 838	66 343	0.7%
通信网络资源服务及网络设施出租	17 773	17 635	0.8%
其他	47 149	42 085	12.0%
经营收入合计	352 285	331 202	6.4%

1．语音

2016 年，受到 OTT 等移动互联网业务替代的影响，语音业务收入为人民币 701.20 亿元，较 2015 年下降 10.8%，占经营收入的比重为 19.9%。其中固网语音收入为人民币 259.87 亿元，较 2015 年下降 12.2%；移动语音收入为人民币 441.33 亿元，较 2015 年下降 9.9%。语音收入占收比不断下降，结构持续改善，经营风险进一步释放。

2．互联网

2016 年，互联网业务收入为人民币 1 504.05 亿元，较 2015 年增长 18.9%，占经营收入的比重为 42.7%。公司全面升级宽带接入网络，发挥“4G+ 光宽 + 天翼高清”融合优势，推动宽带业务健康发展。截至 2016 年底，有线宽带用户达到 1.23 亿户，净增 1 006 万户。有线宽带接入收入为人民币 767.66 亿元，较 2015 年增长 3.3%。公司深化流量经营，做好内容与流量的整合，有效驱动移动数据流量和收入快速增长，移动互联网接入收入为人民币 706.82 亿元，较 2015 年增长 39.4%，其中手机上网收入为人民币 682.63 亿元，较 2015 年增长 42.9%。

3．信息及应用服务

2016 年，信息及应用服务收入为人民币 668.38 亿元，较 2015 年增长 0.7%，占经营收入的比重为 19.0%。其中：固网信息及应用服务收入为人民币 443.35 亿元，较 2015 年增长 5.5%，主要是得益于 IDC 业务、云业务和天翼高清业务的快速发展。移动信息及应用服务收入为人民币 225.03 亿元，较 2015 年下降 7.4%，主要是短信、彩信、信息查询类等传统业务收入下降导致。

4．通信网络资源服务及网络设施出租

2016 年，通信网络资源服务及网络设施出租业务收入为人民币 177.73 亿元，较 2015 年增长 0.8%，占经营收入的比重为 5.0%。其中固网通信网络资源服务及网络设施出租业务收入为人民币 175.95 亿元，较 2015 年增长 2.2%。

5. 其他

2016 年，其他业务收入为人民币 471.49 亿元，较 2015 年增长 12.0%，占经营收入的比重为 13.4%。移动商品销售收入为人民币 346.12 亿元，较 2015 年增长 8.1%，主要是“全网通”手机的销售带动移动终端销售收入的增长。

（三）经营费用

公司持续优化资源配置，加强成本费用精确化管理，有效支撑业务发展。2016 年，经营费用为人民币 3 250.84 亿元，较 2015 年增长 6.7%；经营费用占经营收入的比重为 92.3%，较 2015 年增长 0.3 个百分点。

下表列示 2015 年和 2016 年各项经营费用的金额和他们的变化率。

（除百分比数字外，单位皆为人民币百万元）	分别截至各年度12月31日		
	2016年	2015年	变化率
折旧及摊销	67 938	67 664	0.4%
网络运营及支撑成本	94 092	81 240	15.8%
销售、一般及管理费用	56 417	54 472	3.6%
人工成本	54 460	52 541	3.7%
其他经营费用	52 177	48 843	6.8%
经营费用合计	325 084	304 760	6.7%

1. 折旧及摊销

2016 年，折旧及摊销为人民币 679.38 亿元，较 2015 年增长 0.4%，占经营收入的比重为 19.3%。2016 年新增资产的折旧摊销与铁塔资产出售减少的折旧摊销基本相当。

2. 网络运营及支撑成本

2016 年，网络运营及支撑成本为人民币 940.92 亿元，较 2015 年增长 15.8%，占经营收入的比重为 26.7%。增长的主要原因是铁塔租赁及相关费用的增加；同时，公司持续加强成本管控，费用增速较 2015 年同期有所放缓。

3. 销售、一般及管理费用

2016 年，销售、一般及管理费用为人民币 564.17 亿元，较 2015 年增长 3.6%，占经营收入的比重为 16.0%。销售费用为人民币 478.21 亿元，较 2015 年增长 4.1%，增长的原因是公司适当投入营销费用资源，同时持续提高资源使用效率。其中第三方佣金及服务支出为人民币 307.53 亿元，较 2015 年增长 15.4%；广告及宣传等销售费用为人民币 170.68 亿元，较 2015 年下降 11.5%，其中终端补贴为人民币 93.70 亿元，较 2015 年下降 19.4%。

4．人工成本

2016 年，人工成本为人民币 544.60 亿元，较 2015 年增长 3.7%，占经营收入的比重为 15.5%。有关雇员的人数、酬金政策以及培训计划的详情参见本年度报告中环境、社会及管治报告。

5．其他经营费用

2016 年，其他经营费用为人民币 521.77 亿元，较 2015 年增长 6.8%，占经营收入的比重为 14.8%。移动终端设备销售支出为人民币 328.49 亿元，较 2015 年增长 6.4%，主要是终端销售有所增加导致支出有所增长。

（四）财务成本净额

2016 年，财务成本净额为人民币 32.35 亿元，较 2015 年下降 24.3%，主要因为收购移动网络资产的递延对价利率由 2015 年的 5.11% 下降到本年的 4.00%（根据协议每年按照重点 AAA 企业 5 年期中期票据估值中枢上浮 0.05 个百分点确定）。2016 年汇兑净收益为人民币 1.13 亿元，汇兑损益的变动主要是人民币对美元汇率贬值所致。

（五）盈利水平

1．所得税

公司的法定所得税率为 25%。2016 年，所得税费用为人民币 59.88 亿元，实际税率为 24.8%。实际税率与法定税率存在差异的主要原因是部分子公司和处于西部地区的部分分公司享受税收优惠政策，执行的税率低于法定税率。

2．本公司股东应占利润

2016 年，本公司股东应占利润为人民币 180.04 亿元，较 2015 年下降 10.2%。

（六）资本支出及现金流量

1．资本支出

2016 年，公司严格管控资本支出总量，在稳步推进 4G 和光宽网络投资力度的基础上，持续优化投资结构，保障投资效益最大化。2016 年资本支出为人民币 968.17 亿元，较 2015 年下降 11.3%。

2．现金流量

2016 年，现金及现金等价物净减少为人民币 74.63 亿元，2015 年的现金及现金等价物净增加为人民币 113.09 亿元。

下表列示 2015 年和 2016 年现金流情况。

2016 年，经营活动产生的现金净流入为人民币 1 011.30 亿元，净流入较 2015 年下降 7.0%，下降的主要原因是与经营活动有关的成本支出有所增长。

（人民币百万元）	分别截至各年度12月31日	
	2016年	2015年
经营活动产生的现金流量净额	101 130	108 750
投资活动所用的现金流量净额	（99 038）	（102 250）
融资活动（所用）/产生的现金流量净额	（9 555）	4 809
现金及现金等价物净（减少）/增加	（7 463）	11 309

2016 年，投资活动所用的现金净流出为人民币 990.38 亿元，净流出较 2015 年下降 3.1%，现金净流出下降主要是本年资本支出有所下降。

2016 年，融资活动所用的现金净流出为人民币 95.55 亿元，2015 年融资活动产生的现金净流入为人民币 48.09 亿元，变动主要是 2016 年偿还部分短期融资券。

3．营运资金

公司一贯坚持稳健审慎的财务政策和严格的资金管理制度。2016 年底，营运资金（即总流动资产减总流动负债）为短缺人民币 2 450.26 亿元，比 2015 年（短缺人民币 1 778.21 亿元）增加短缺人民币 672.05 亿元，短缺增加的原因主要是公司收购移动网络资产的递延对价人民币 617.10 亿元将于 2017 年底到期，重分类到流动负债。截至 2016 年 12 月 31 日，未动用信贷额度为人民币 1 612.29 亿元（2015 年：人民币 1 288.39 亿元）。考虑到经营活动净现金流入保持稳定以及良好的信贷信用，公司有足够的营运资金满足生产经营需要。2016 年底，现金及现金等价物为人民币 246.17 亿元，其中人民币现金及现金等价物占 81.8%（2015 年：92.6%）。

（七）资产负债情况

2016 年，公司财务状况继续保持稳健。截至 2016 年底，总资产由 2015 年底的人民币 6 295.61 亿元增加至人民币 6 523.68 亿元，增长 3.6%；总债务由 2015 年底的人民币 1 166.69 亿元减少至人民币 1 125.28 亿元。总债务对总资产的比例由 2015 年底的 18.5% 下降至 17.2%。

1．债务

于 2015 年底和 2016 年底的债务分析如下。

（人民币百万元）	分别截至各年度12月31日	
	2016年	2015年
短期贷款	40 780	51 636
一年内到期的长期贷款及应付款	62 276	84
长期贷款及应付款	9 370	64 830
融资租赁应付款（含一年内到期的部分）	102	119
总债务	112 528	116 669

2016年底，总债务为人民币1 125.28亿元，较2015年底减少了人民币41.41亿元，主要原因是归还部分短期融资券。总债务中，人民币贷款、美元贷款和欧元贷款分别占99.4%(2015年：99.4%)、0.4%(2015年：0.4% ）和0.2%(2015年：0.2%)。债务中固定利率贷款占44.3%(2015年：46.3%)，其余为浮动利率贷款。

于2016年12月31日，本公司或其附属公司并无抵押任何资产作债务之抵押品（2015年：无)。

公司大部分业务获得的收入和支付的费用都以人民币进行交易，因此公司并无任何外汇波动引致的重大风险。

2. 合约承诺

（人民币百万元）	总额	2017年1月1日至2017年12月31日内	2018年1月1日至2018年12月31日内	2019年1月1日至2019年12月31日内	2020年1月1日至2020年12月31日内	2021年1月1日至2021年12月31日内	其后
短期贷款	41 425	41 425	—	—	—	—	—
长期贷款及应付款	75 126	62 307	1 187	1 201	1 205	1 195	8 031
经营性租赁承诺	60 981	15 492	14 351	13 704	13 256	1 112	3 066
资本承诺	13 740	13 740	—	—	—	—	—
合约承诺总额	191 272	132 964	15 538	14 905	14 461	2 307	11 097

注：短期贷款、长期贷款及应付款包括已确认及未确认的应付利息，上述列示金额并未折现。

（八）于中国铁塔的投资

2016年，公司持有中国铁塔股份有限公司27.9%的股权，其年内表现请参考本年度经审核的合併财务报表附注9。公司未来可通过中国铁塔获得更多的基础网络资源；同时作为中国铁塔股东之一，预计未来可获益于中国铁塔利润和价值的提升。

附：财务报表

1. 合并财务状况表

截至 2016 年 12 月 31 日（以人民币百万元列示）

	附注	2016年12月31日 人民币	2015年12月31日 人民币
资产			
非流动资产			
物业、厂房及设备净额	4	389 648	373 981
在建工程	5	80 381	69 103
预付土地租赁费		22 955	23 609
商誉	6	29 923	29 920
无形资产	7	11 244	10 739
所拥有联营公司的权益	9	34 572	34 473
投资	10	1 535	1 624
递延税项资产	11	5 061	4 655
其他资产	19	3 077	3 349
非流动资产合计		578 396	551 453
流动资产			
存货	12	5 081	6 281
应收所得税		50	105
应收账款净额	13	21 423	21 105
预付款及其他流动资产	14	19 470	16 229
短期银行存款		3 331	2 519
现金及现金等价物	15	24 617	31 869
流动资产合计		73 972	78 108
资产合计		652 368	629 561
负债及权益			
流动负债			
短期贷款	16	40 780	51 636
一年内到期的长期贷款及应付款	16	62 276	84
应付账款	17	122 444	118 055
预提费用及其他应付款	18	91 087	82 934
应付所得税		1 106	2 154

（续表）

	附注	2016年12月31日 人民币	2015年12月31日 人民币
一年内到期的融资租赁应付款		52	38
一年内摊销的递延收入	19	1 253	1 028
流动负债合计		318 998	255 929
净流动负债		（245 026）	（177 821）
资产合计扣除流动负债		333 370	373 632
非流动负债			
长期贷款及应付款	16	9 370	64 830
融资租赁应付款		50	81
递延收入	19	2 305	1 454
递延税项负债	11	4 770	2 061
其他非流动负债		580	455
非流动负债合计		17 075	68 881
负债合计		336 073	324 810
权益			
股本	20	80 932	80 932
储备	21	234 392	222 852
本公司股东应占权益合计		315 324	303 784
非控制性权益		971	967
权益合计		316 295	304 751
负债及权益合计		652 368	629 561

2. 合并综合收益表

截至 2016 年 12 月 31 日止年度（附每股数字外，以人民币百万元列示）

	附注	2016年人民币	2015年人民币
经营收入	22	352 285	331 202
经营费用			
折旧及摊销		（67 938）	（67 664）
网络运营及支撑成本	23	（94 092）	（81 240）
销售、一般及管理费用		（56 417）	（54 472）
人工成本	24	（54 460）	（52 541）
其他经营费用	25	（52 177）	（48 843）

（续表）

	附注	2016年人民币	2015年人民币
经营费用合计	26	（325 084）	（304 760）
经营收益		27 201	26 442
铁塔资产处置（定义见附注18）收益		—	5 214
财务成本净额	27	（3 235）	（4 273）
投资收益		40	8
应占联营公司的收益/（损失）		91	（698）
税前利润		24 097	26 693
所得税	28	（5 988）	（6 551）
本年利润		18 109	20 142
本年其他综合收益			
后续可能重分类至损益的项目：			
可供出售股权证券公允价值的变动		（228）	652
可供出售股权证券公允价值的变动的递延税项		57	（163）
换算中国大陆境外附属公司财务报表的汇兑差额		190	129
应占联营公司的其他综合收益		6	3
税后的本年其他综合收益		25	621
本年综合收益合计		18 134	20 763
股东应占利润			
本公司股东应占利润		18 004	20 054
非控制性权益股东应占利润		105	88
本年利润		18 109	20 142
股东应占综合收益			
本公司股东应占综合收益		18 029	20 675
非控制性权益股东应占综合收益		105	88
本年综合收益合计		18 134	20 763
每股基本净利润	33	0.22	0.25
股数（百万股）	33	80 932	80 932

3. 合并权益变动表

截至2016年12月31日止年度（以人民币百万元列示）

	附注	本公司股东应占权益								非控制性	
		股本 人民币	资本公积 人民币	股本溢价 人民币	法定储备 人民币	其他储备 人民币	汇兑储备 人民币	留存收益 人民币	合计 人民币	权益 人民币	权益合计 人民币
2015年1月1日余额		80 932	17 064	10 746	69 072	384	（941）	111 926	289 183	925	290 108
本年利润		—	—	—	—	—	—	20 054	20 054	88	20 142
本年其他综合收益		—	—	—	—	492	129	—	621	—	621
本年综合收益合计		—	—	—	—	492	129	20 054	20 675	88	20 763
取得非控制性权益		—	（1）	—	—	—	—	—	（1）	（6）	（7）
非控制性权益投入		—	87	—	—	—	—	—	87	40	127
分配予非控制性权益		—	—	—	—	—	—	—	—	（80）	（80）
股息	32	—	—	—	—	—	—	（6 160）	（6 160）	—	（6 160）
利润分配	21	—	—	—	1 901	—	—	（1 901）	—	—	—
2015年12月31日余额		80 932	17 150	10 746	70 973	876	（812）	123 919	303 784	967	304 751
本年利润		—	—	—	—	—	—	18 004	18 004	105	18 109
本年其他综合收益		—	—	—	—	（165）	190	—	25	—	25
本年综合收益合计		—	—	—	—	（165）	190	18 004	18 029	105	18 134
处置附属公司		—	—	—	—	—	—	—	—	（15）	（15）
分配予非控制性权益		—	—	—	—	—	—	—	—	（86）	（86）
股息	32	—	—	—	—	—	—	（6 489）	（6 489）	—	（6 489）
利润分配	21	—	—	—	1 638	—	—	（1 638）	—	—	—
2016年12月31日余额		80 932	17 150	10 746	72 611	711	（622）	133 796	315 324	971	316 295

4. 合并现金流量表

截至 2016 年 12 月 31 日止年度（以人民币百万元列示）

	附注	2016年人民币	2015年人民币
经营活动产生的现金净额	(a)	101 130	108 750
投资活动所用的现金流量			
资本支出		(96 673)	(101 898)
预付土地租赁费所支付的现金		(99)	(124)
投资所支付的现金	(b)	(3 099)	(10)
处置物业、厂房及设备所收到的现金		1 560	755
转让预付土地租赁费所收到的现金		10	58
处置投资所收到的现金		—	2
处置附属公司导致的现金净流出		(50)	—
短期银行存款投资额		(3 237)	(3 764)
短期银行存款到期额		2 550	2 731
投资活动所用的现金净额		(99 038)	(102 250)
融资活动（所用）/产生的现金流量			
融资租赁所支付的本金		(59)	(14)
取得银行及其他贷款所收到的现金		110 446	67 875
偿还银行及其他贷款所支付的现金		(113 366)	(56 862)
支付股息		(6 489)	(6 160)
取得非控制性权益所支付的现金		—	(7)
收到非控制性权益投入的现金		—	127
支付予非控制性权益的现金		(87)	(150)
融资活动（所用）/产生的现金净额		(9 555)	4 809
现金及现金等价物（减少）/增加净额		(7 463)	11 309
于1月1日的现金及现金等价物		31 869	20 436
汇率变更的影响		211	124
于12月31日的现金及现金等价物		24 617	31 869

（a）税前利润与经营活动产生的现金净额的调节（以人民币百万元列示）

	2016年人民币	2015年人民币
税前利润	24 097	26 693
调整：		
折旧及摊销	67 938	67 664
呆坏账的减值损失	2 277	2 231
长期资产的减值损失	62	51
存货的减值损失	175	147
投资收益	（40）	（8）
应占联营公司的（收益）/损失	（91）	698
利息收入	（353）	（375）
利息支出	3 701	4 573
汇兑（收益）/亏损	（113）	75
报废和处置长期资产的净损失	1 867	1 573
铁塔资产处置（定义见附注18）收益	-	（5 214）
营运资金变动前的经营利润	99 520	98 108
应收账款增加	（2 348）	（1 778）
存货减少/（增加）	1 033	（2 199）
预付款及其他流动资产增加	（3 731）	（5 854）
其他资产减少/（增加）	366	（87）
应付账款增加	3 779	22 156
预提费用及其他应付款增加	10 864	7 119
递延收入减少	（418）	（417）
经营产生的现金	109 065	117 048
收到的利息	365	375
支付的利息	（3 736）	（4 601）
取得的投资收益	57	27
支付的所得税	（4 621）	（4 099）
经营活动产生的现金净额	101 130	108 750

（b）截至 2016 年 12 月 31 日止年度的该金额包含铁塔资产处置中本公司向中国铁塔股份有限公司支付的现金代价人民币 29.66 亿元。现金代价已于 2016 年 2 月支付。

5. 财务概要

（除每股数字外，以人民币百万元列示）

	截至12月31日止年度				
	2016年	**2015年**	**2014年**	**2013年**	**2012年**
经营成果					
语音	70 120	78 593	88 260	96 850	92 535
互联网	150 405	126 546	112 431	99 394	87 662
通信网络资源服务及网络设施出租	17 773	17 635	17 332	17 586	15 737
信息及应用服务及其他	113 987	108 428	106 371	107 754	87 242
经营收入	352 285	331 202	324 394	321 584	283 176
折旧及摊销	67 938	67 664	66 345	69 083	49 666
网络运营及支撑成本	94 092	81 240	68 651	53 102	65 979
销售、一般及管理费用	56 417	54 472	62 719	70 448	63 099
人工成本	54 460	52 541	50 653	46 723	42 857
其他经营费用	52 177	48 843	47 518	54 760	40 367
经营费用	325 084	304 760	295 886	294 116	261 968
经营收益	27 201	26 442	28 508	24 468	21 208
铁塔资产处置收益	—	5 214	—	—	—
财务成本净额	（3 235）	（4 273）	（5 291）	（5 153）	（1 562）
投资收益	40	8	6	670	93
应占联营公司的收益/（损失）	91	（698）	34	103	78
税前利润	24 097	26 693	23 257	23 088	19 817
所得税	（5 988）	（6 551）	（5 498）	（5 422）	（4 753）
本年利润	18 109	20 142	17 759	17 666	15 064
本年其他综合收益					
后续可能重分类至损益的项目：					
可供出售股权证券公允价值的变动	（228）	652	（54）	414	（228）
可供出售股权证券公允价值的变动的递延税项	57	（163）	14	（104）	57
换算中国大陆境外附属公司财务报表的汇兑差额	190	129	3	（79）	（2）
应占联营公司的其他综合收益	6	3	（3）	5	-
税后的本年其他综合收益	25	621	（40）	236	（173）

（续表）

	截至12月31日止年度				
	2016年	**2015年**	**2014年**	**2013年**	**2012年**
本年综合收益合计	18 134	20 763	17 719	17 902	14 891
股东应占利润					
本公司股东应占利润	18 004	20 054	17 680	17 545	14 949
非控制性权益股东应占利润	105	88	79	121	115
本年利润	18 109	20 142	17 759	17 666	15 064
股东应占综合收益					
本公司股东应占综合收益	18 029	20 675	17 640	17 781	14 776
非控制性权益股东应占综合收益	105	88	79	121	115
本年综合收益合计	18 134	20 763	17 719	17 902	14 891
每股基本净利润	0.22	0.25	0.22	0.22	0.18
财务状况					
物业、厂房及设备净额	389 648	373 981	372 876	374 341	373 781
在建工程	80 381	69 103	53 181	44 157	32 500
其他非流动资产	108 367	108 369	75 674	71 958	73 635
现金及银行存款	27 948	34 388	21 815	18 357	32 829
其他流动资产	46 024	43 720	37 728	34 426	32 546
资产合计	652 368	629 561	561 274	543 239	545 291
流动负债	318 998	255 929	206 325	200 098	193 610
非流动负债	17 075	68 881	64 841	64 477	85 581
负债合计	336 073	324 810	271 166	264 575	279 191
本公司股东应占权益	315 324	303 784	289 183	277 741	265 139
非控制性权益	971	967	925	923	961
权益合计	316 295	304 751	290 108	278 664	266 100
负债及权益合计	652 368	629 561	561 274	543 239	545 291

中国移动通信集团公司 2016 年发展综述 *

中国移动有限公司（“本公司”，包括子公司合称为“本集团”）于 1997 年 9 月 3 日在香港成立，并于 1997 年 10 月 22 日和 23 日分别在纽约证券交易所和香港联合交易所有限公司上市。公司股票在 1998 年 1 月 27 日成为香港恒生指数成份股。

本集团在内地所有 31 个省、自治区、直辖市以及香港特别行政区提供全业务通信服务，业务主要涵盖移动话音和数据、有线宽带，以及其他通信信息服务，是中国内地最大的通信服务供应商，拥有全球最多的移动客户和全球最大规模的移动通信网络。于 2016 年 12 月 31 日，本集团的员工总数达 460 647 人，拥有 8.49 亿移动客户及 7 762 万有线宽带客户，年收入超过人民币 7 000 亿元。

本公司的最终控股股东是中国移动通信集团公司。于 2016 年 12 月 31 日，该集团公司间接持有本公司约 72.72% 的已发行总股数，余下约 27.28% 由公众人士持有。

2016 年，本公司再次被《福布斯》选入其“全球 2 000 领先企业榜”，并再次入选道• 琼斯可持续发展新兴市场指数。目前，本公司的债信评级等同于中国国家主权评级，为标准普尔评级 AA-/ 前景负面和穆迪评级 Aa3/ 前景负面。

一、财务摘要

	2015年	2016年
营运收入（人民币百万元）	668 335	708 421
其中：通信服务收入（人民币百万元）	584 089	623 422
EBITDA[1]（人民币百万元）	240 028	256 677
EBITDA率[2]	35.9%	36.2%
EBITDA占通信服务收入比	41.1%	41.2%
股东应占利润（人民币百万元）	108 539	108 741
股东应占利润率[3]	16.2%	15.3%

* 内容选自 2016 年中国移动通信集团公司上市财报。

（续表）

	2015年	2016年
每股基本盈利（人民币元）	5.30	5.31
每股股息—中期（港元）	1.525	1.489
—末期（港元）	1.196	1.243
—全年（港元）	2.721	2.732

注：1. 本公司对EBITDA的定义为未扣除税项、应占按权益法核算的投资的利润、融资成本、利息收入、其他利得、折旧、其他无形资产推销及转让铁塔资产利得前之本年度利润。
2. EBITDA率 = EBITDA/营运收入。
3. 股东应占利润率 = 股东应占利润/营运收入。

运营收入
（人民币百万元）

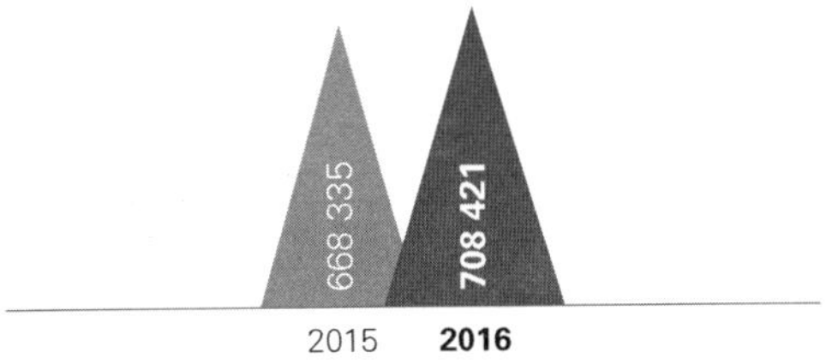

通信服务收入
（人民币百万元）

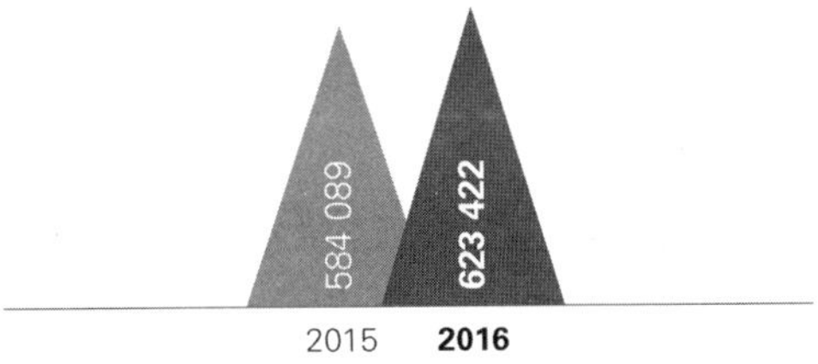

EBITDA
（人民币百万元）

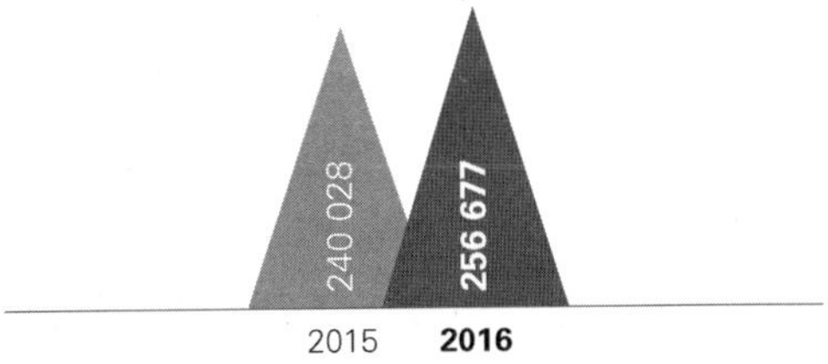

股东应占利润
（人民币百万元）

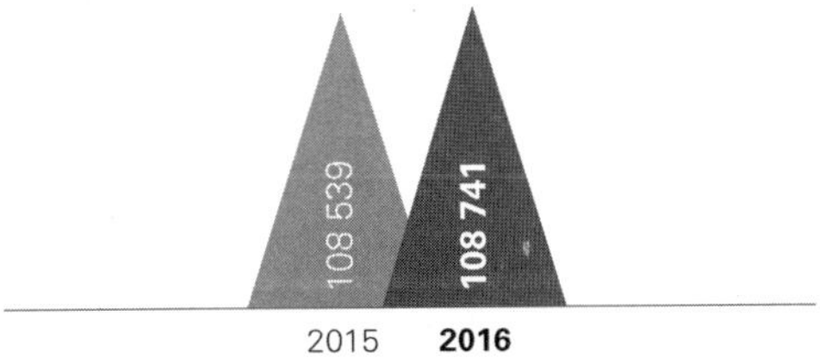

二、业务概览

2016 年是本集团加快战略转型的提速之年。面对复杂的竞争环境，我们坚持创业布局、创新发展，深化“四轮驱动”融合发展，著力增强核心能力和创新活力，保持了较快较好的增长态势，整体取得喜人成绩。

（一）主要运营数据

	2015年	2016年	变化%
移动业务			
客户数（百万户）	826.24	848.90	2.7
其中4G客户数（百万户）	312.28	535.04	71.3
净增客户数（百万户）	19.61	22.66	15.6
其中净增4G客户数（百万户）	222.22	222.75	0.2
平均每月每户通话分钟MOU（分钟/户/月）	430	408	–5.2
平均每月每户手机上网流量DOU（MB/户/月）	339	697	105.7
4G客户平均每月每户手机上网流量DOU（MB/户/月）	748	1 027	37.4
平均每月每户收入ARPU（元/户/月）	56.3	57.5	2.2
有线宽带业务			
客户数（百万户）	55.03	77.62	41.1
净增客户数（百万户）	—	22.59	—
有线宽带ARPU（元/户/月）	31.9	32.1	0.5
有线宽带ARPU（含家庭数字化服务）（元/户/月）	31.9	33.8	5.8
物联网业务			
物联网连接数（百万）	65	103	57.0

（二）运营表现

本集团于2016年继续保持市场领先地位。移动客户数达到8.49亿户，全年净增2 266万户，移动ARPU达57.5元，比2015年增长2.2%。4G客户数达到5.35亿户，全年净增2.23亿户，保持了4G全面领先。流量业务高速增长，无线上网收入占通信服务收入比达到46.2%，成为本集团首要收入来源。受互联网业务替代及长市漫风险释放影响，语音业务和短彩信业务收入继续下降。有线宽带业务蓬勃发展，截至2016年年底，本集团有线宽带客户达7 762万户，含家庭数字化服务的有线宽带ARPU较2015年增长5.8%。物联网业务发展迅速，物联网连接数超过1个亿。

1. 深化“四轮驱动”融合发展

在过去的一年里，本集团积极转变传统经营模式，坚持“四轮驱动”融合发展，加快业务转型步伐，努力拓展未来发展空间。

（1）移动市场方面

本集团深知保持移动市场全面领先是公司根基所在，紧抓时间窗口加速发展4G。我们持续提升网络品质、扩大客户规模，于2016年全面构筑了4G领先优势。

2016年新增4G基站40万个，总数达到151万个，建成覆盖人口超过13亿的全球最大4G网络，城市道路平均下载速率提升至40Mbit/s，客户体验得到进一步改善。

我们大力引导2G/3G客户向4G迁移，截至2016年年底，本集团4G客户净增份额超过

64%，渗透率达 63%，成为全球 4G 客户规模最大的运营商。4G 的高速发展促进了整体客户价值提升，4G 客户 DOU 持续增长，全年平均 1 027MB，是 2G/3G 客户的 7.5 倍，凸显 4G 网络价值。

在提升网络的同时，本集团积极打造 4G 特色业务，建成了全球最大的 VoLTE 高清语音网络，在 313 个城市实现 VoLTE 业务商用，逐步推动全网实现无感知自动开通。与之配合，本集团进一步强化终端产业引导，截至 2016 年年底，4G 终端入库 1 090 款，其中 VoLTE 终端 927 款。我们积极落实“提速降费”的要求，持续深化流量经营。得益于 4G 的快速发展，通过丰富流量产品、开展流量价值运营，流量业务再创新高。手机上网流量增长 127.7%，手机上网 DOU 达到 697MB，比 2015 年增长 105.7%，无线上网收入超过传统业务成为第一大收入来源。

此外，本集团提前预判、积极采取措施释放经营风险，全面停止新增非长市漫合一套餐，均衡有序实施向统一套餐的迁移。2016 年，全网统一套餐客户占比达到 63.6%。

（2）家庭市场方面

我们坚持“提速、提质、定向”发展有线宽带，加快提升业务品质和市场竞争力。2016 年，有线宽带客户数超过 7 762 万户，净增客户 2 259 万户，净增份额超过 63%。本集团主推中高速带宽产品，20Mbit/s 及以上带宽占比达到 76.9%，强化投入产出确保资源使用效率，ARPU 提升至 32.1 元。同时我们积极布局家庭市场入口，家庭宽带产品不断丰富，家庭数字化产品“魔百和”用户超过 2 280 万户，含家庭数字化服务的有线宽带 ARPU 达到 33.8 元。

（3）集团客户市场方面

我们着力提升集团客户市场份额，同时坚持提升收入份额与优化产品结构并举，不断加大集团客户市场拓展力度。通过面向政务、金融、交通、教育、医疗、能源六大重点行业打造产品体系、聚焦重点领域提供信息化解决方案，本集团的数据专线、IDC 收入分别比 2015 年增长了 32.1% 和 76.3%，集团通信和信息化收入“三分天下有其一”的目标基本达成。

（4）新业务方面

本集团加快打造有竞争力的数字化产品，积极拓展和培育应用和内容型业务，持续对标竞品优化客户体验。NFC 业务“百校工程”顺利完成，移动支付业务“和包”全年交易额超 1 万亿元。本集团建成全球最大物联网专用核心网络，截至 2016 年年底，物联网连接数超过 1 个亿。为促进物联网产业生态加快成熟，本集团发布了业内领先的物联网开放平台 OneNET，目前该平台接入的设备超过 700 万台，开发者人数近 3 万人，服务企业超 3 000 家。

2．着力增强核心能力

2016 年，本集团继续坚持“管理集中化、运营专业化、机制市场化、组织扁平化、流程标准化”，加强最佳实践推广，持续强化各种核心能力，不断提升运营管理水平。

（1）网络能力再上新高

“网络质量是通信企业的生命线”，本集团坚持不懈打造精品网络、不断夯实网络基础。无线方面，聚焦网络盲点和业务热点，室内覆盖面积增长 58%，高铁、地铁、景区等重点场景实现 4G 全覆盖，4G 网络驻留比进一步提升。有线方面，实现快速精准覆盖，FTTH 覆盖占比超过 80%，快速构建家庭宽带支撑体系，装机和投诉处理时长大幅缩短。传输方面，建设高速、高效、智能的骨干传输网，快速确立领先优势。省际骨干网带宽新增 204TB，达到 285.7TB，国际互联网带宽和国际传输能力均有较大提升。内容方面，力推缓存和分发，Cache 和 CDN 融合的内容分发网络加快建设，网站首页开启时延和视频卡顿显著减少。运维方面，网络集中故障管理水平大幅提升，基于大数据的网络质量管理能力基本具备，运维效益得到有效发挥。

（2）服务能力不断深化

本集团秉持“客户为根、服务为本”的经营理念，持续深化服务品质管理，打造透明、放心的消费体验。2016 年全面完成 10086 服务热线的集中运营，实现服务资源的统一调度，提高了服务效率，全网热线接通率进一步提升。电子渠道服务能力持续增强，手机营业厅客户近 2 亿户。网络与信息安全工作进一步加强，处置骚扰电话号码近 196 万个，拦截国际诈骗电话呼叫 1 亿余次。遏制了电信网络新型违法犯罪行为。深化服务品质闭环管理成效显著，第三方调查客户满意度和客户净推荐值行业领先。

（3）IT 支撑能力显著加强

推进第三代业务支撑系统全云化架构转型，全网云化比例提升明显。加快推进大数据能力建设，集中化大数据平台一期建成，提供服务调用次数超百亿次。加大支撑、促进协同，建设完成国际漫游集中化计费系统，实现集中“一点计费”能力。

（4）专业运营能力加快提升

国际公司、终端公司、研究院等各专业机构发展迅速。开展国际业务“牵手计划”项目合作，持续优化国际漫游资费，国际数据漫游业务增长 229%。销售自有品牌手机 362 万部、魔百和终端 225 万部。跟进 5G 研发，在 3GPP 中负责 5G 总体架构项目，成立 5G 联合创新中心。

3．资本开支

本集团正处于转型发展的关键时期，面对“四轮驱动”带来的高流量、高带宽需求，我们一方面专注打造精品网络，为公司核心业务规模发展和下一步市场竞争奠定坚实基础，另一方面精细规划、合理布局，努力降低建设造价，提高资本开支使用效率。

2016 年资本开支为 1 873 亿元，较年初计划 1 862 亿元略有增加，主要是由于针对部分热点区域流量业务的快速增长，进行了 4G 网络和有线宽带方面的能力补充，投资用于 4G 网络的资本开支为 830 亿元，有线宽带资本开支为 255 亿元。

2017 年，本集团将继续合理把握投资节奏，优化投资方向，确保投资效益。为确保网络能力和客户感知的领先优势，我们将在巩固 4G 网络领先优势、打造优质全光宽带网络、储备布局未来发展的网络基础设施资源、增强 IT 整合能力等方面重点投入资源，计划 2017 年资本开支为 1 760 亿元，较 2016 年下降 113 亿元。

三、财务概览

2016 年，公司继续保持 4G 领先地位，有线宽带业务蓬勃发展，收入取得可喜增长，通信服务收入增速位居行业首位，行业主导运营商地位继续巩固。

与此同时，公司积极推进低成本高效运营，开展关键领域资源效能评估，优化战略、预算、绩效与薪酬挂钩管理，运营效率实现良好提升，营运支出占营运收入比重自 2008 年以来首次下降，盈利水平保持行业领先，持续为股东创造价值。

（一）财务业绩概况

	2015年	2016年	变化
营运收入（人民币百万元）	668 335	708 421	6.0%
通信服务收入（人民币百万元）	584 089	623 422	6.7%
销售产品收入及其他（人民币百万元）	84 246	84 999	0.9%
EBITDA（人民币百万元）	240 028	256 677	6.9%
EBITDA率	35.9%	36.2%	0.3pp
股东应占利润（人民币百万元）	108 539	108 741	0.2%
股东应占利润率	16.2%	15.3%	–0.9pp
每股基本盈利（人民币元）	5.30	5.31	0.2%

（二）营运收入

2016 年，公司营运收入达到 7 084 亿元（如未特别注明，本财务概览金额均以人民币列示），比 2015 年增长 6.0%，其中通信服务收入为 6 234 亿元，比 2015 年增长 6.7%，增幅达到近五年高点。

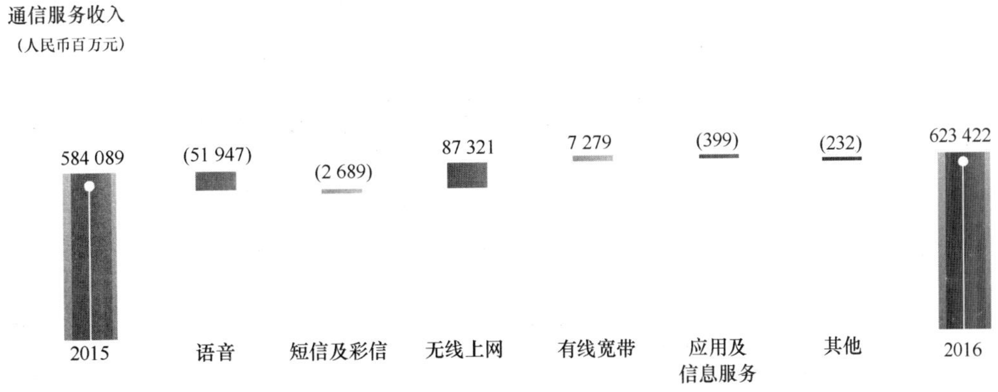

1. 语音业务收入

受移动互联网业务替代等因素影响，与此同时公司提前预判政策变化，主动推进客户向统一套餐迁移，加速释放长途漫游资费风险，语音业务收入继续下滑，语音业务收入为 2 099 亿元，比 2015 年下降 19.8%，降幅继续加深；语音业务收入占通信服务收入比重为 33.7%，比 2015 年下降 11.1 个百分点。

2. 数据业务收入

数据业务收入为 3 949 亿元，比 2015 年增长 30.2%，占通信服务收入比重达到 63.3%，比 2015 年提升 11.3 个百分点，收入结构进一步优化。

公司继续以 4G 为核心，深化流量经营，丰富流量产品，流量业务迅猛增长。无线上网业务收入达 2 882 亿元，比 2015 年增长 43.5%，是收入增长的主要引擎；无线上网收入占通信服务收入比重提升至 46.2%，年度首次超过语音和短彩信收入之和，成为公司第一大收入来源。短彩信业务收入为 286 亿元，比 2015 年下降 8.6%。

公司坚持"提速、提质、定向"策略，稳步推进有线宽带发展，完善宽带产品品质服务体系，取得较好成效。有线宽带业务收入达到 256 亿元，比 2015 年增长 39.7%。

应用及信息服务收入为 526 亿元，比 2015 年下降 0.8%，降幅有所收窄。公司数字化服务业务正处于积极探索阶段，未来将进一步拓宽发展空间。

3. 销售产品收入及其他

为向客户提供品类更丰富、功能更多样化的终端选择，公司积极推动手机公开渠道销售，终端销售增长回落，销售产品收入及其他为 850 亿元，比 2015 年增长 0.9%。

（三）营运支出

公司继续坚持"前瞻规划、有效配置、理性投入、精细管理"的成本管理原则，进一步加强成本管控，取得实效。

2016 年，公司营运支出为 5 903 亿元，比 2015 年增长 4.4%；营运支出占营运收入的比重为 83.3%，比 2015 年下降 1.3 个百分点，自 2008 年以来首次下降，继续保持行业领先。其中，销售费用下降 3.9%，维护费用、经营租赁费和动力水电取暖费合计下降 1.6%，行政管理费用零增长，成本管理水平进一步提升。

	2015年人民币百万元	2016年人民币百万元	变化
营运支出	565 413	590 333	4.4%
电路及网元租赁费	20 668	39 083	89.1%
网间互联支出	21 668	21 779	0.5%
折旧	136 832	138 090	0.9%
雇员薪酬及相关成本	74 805	79 463	6.2%
销售费用	59 850	57 493	–3.9%
销售产品成本	89 297	87 352	–2.2%
其他营运支出	162 293	167 073	2.9%

1．电路及网元租赁费

2016 年，电路及网元租赁费为 391 亿元，比 2015 年增长 89.1%，占营运收入的比重为 5.5%。公司按照铁塔租赁协议价格和经营实际租赁的铁塔数量，支付铁塔资产相关使用费 281 亿元，是电路租费增长的主因。随着 3G 客户向 4G 迁移，TD-SCDMA 网络利用率继续下滑，TD-SCDMA 网络容量租赁费为 27 亿元，比 2015 年下降 43.3%。受铁塔相关资产划转、租赁资产原值规模减少影响，村通资产租赁费为 27 亿元，比 2015 年下降 37.4%。

2．网间互联支出

2016 年，网间互联支出为 218 亿元，比 2015 年增长 0.5%，占营运收入的比重为 3.1%。

3．折旧

2016 年，折旧为 1 381 亿元，比 2015 年增长 0.9%，占营运收入的比重为 19.5%。一方面，公司近年持续保持投资高位，资产规模增加，推动折旧增长；而另一方面，由于铁塔经营模式转变，存量铁塔资产转让有助于折旧减少。

4．雇员薪酬及相关成本

2016 年，雇员薪酬及相关成本为 795 亿元，比 2015 年增长 6.2%，占营运收入比重为 11.2%。公司调整和优化用工结构，加大对基层一线员工的薪酬倾斜和激励，加之社会保险费用标准提高，雇员薪酬及相关成本有所增加。

5．销售费用

2016 年，销售费用为 575 亿元，比 2015 年下降 3.9%，占营运收入的比重为 8.1%。公司积极推动行销模式转型，加强对客户精准行销，营销资源效率进一步提升。

6．销售产品成本

2016 年，销售产品成本为 874 亿元，比 2015 年下降 2.2%，其中终端补贴为 101 亿元，比 2015 年下降 9.0%。由于公司鼓励手机公开渠道销售，销售产品成本降低，终端补贴进一步节省。

7．其他营运支出

2016 年，其他营运支出为 1 671 亿元，比 2015 年增长 2.9%，占营运收入的比重为 23.6%。其中，维护费用、经营租赁费、动力水电取暖费占主要部分，合计为 992 亿元，比 2015 年下降 1.6%，主要由于铁塔经营模式转变和成本精细化管理提升；会议、办公、差旅、业务招待等行政管理费用为 32 亿元，保持零增长，占营运收入的比重进一步下降。

（四）盈利水平

得益于收入增长和成本管控，2016 年公司盈利水平继续保持行业领先。营运利润为 1 181 亿元，比 2015 年增长 14.7%；EBITDA 为 2 567 亿元，EBITDA 率为 36.2%，比 2015 年增长 0.3 个百分点。股东应占利润为 1 087 亿元，股东应占利润率为 15.3%，剔除 2015 年铁塔一次性收益，股东应占利润增长 10.5%。

	2015年人民币百万元	2016年人民币百万元	变化
营运利润	102 922	118 088	14.7%
转让铁塔资产利得	15 525	—	—
其他利得	1 800	1 968	9.3%
利息收入	15 852	16 005	1.0%
融资成本	455	235	–48.4%
应占按权益法核算的投资的利润	8 090	8 636	6.7%
税项	35 079	35 623	1.6%
股东应占利润	108 539	108 741	0.2%

（五）资本结构

公司财务状况继续保持稳健。2016 年年底，资产总额由 2015 年底的 14 279 亿元增加至 15 210 亿元，负债总额由 2015 年年底的 5 075 亿元变化至 5 389 亿元，资产负债率由 2015 年底的 35.5% 变化至 35.4%。

总借款为 50 亿元，占总资本（总资本为总借款与股东权益之和）的比重为 0.5%。借款为广东移动发行的固定利率人民币担保债券，将会在 2017 年 10 月到期兑付。公司一贯坚持审慎的财务风险管理政策，偿债能力雄厚，实际平均借款利息率为 4.70%，实际利息保障倍数为 548 倍。

	于2015年12月31日 人民币百万元	于2016年12月31日 人民币百万元	变化
流动资产	488 697	586 645	20.0%
非流动资产	939 198	934 349	–0.5%
资产总额	1 427 895	1 520 994	6.5%
流动负债	501 038	536 389	7.1%
非流动负债	6 489	2 467	–62.0%
负债总额	507 527	538 856	6.2%
非控制性权益	3 032	3 117	2.8%
股东应占权益	917 336	979 021	6.7%
总权益	920 368	982 138	6.7%

（六）资金管理、现金流及债信评级

1. 资金管理和现金流

公司一贯坚持稳健审慎的财务政策和严格的资金管理制度，努力保持健康的现金流水平，

通过高度集中的投融资管理，确保资金安全与完整；同时，公司持续加大资金集中管理力度，合理调度资金，提升资金使用效率。

2016 年，公司现金流状况持续健康，经营业务现金流入净额为 2 537 亿元，投资业务现金流出净额为 1 945 亿元，融资业务现金流出净额为 490 亿元，自由现金流为 664 亿元，比 2015 年增长 68.1%。2016 年年底，公司现金及银行结存余额为 4 304 亿元，其中人民币资金占 98.8%，美元资金占 0.4%，港币资金占 0.8%。稳健的资金管理和健康的现金流为公司持续健康发展奠定了坚实的基础。

	2015年人民币百万元	2016年人民币百万元	变化
经营业务现金流入净额	235 089	253 701	7.9%
投资业务现金流出净额	142 743	194 523	36.3%
融资业务现金流出净额	86 510	48 958	–43.4%
自由现金流	39 512	66 410	68.1%

2．债信评级

目前，本公司的债信评级等同于中国国家主权评级，为拥有标普 AA–/ 前景负面和穆迪评级 Aa3/ 前景负面，体现公司雄厚的财务实力、良好的业务潜力和稳健的财务管理得到了市场的高度认可。

附：财务报表

1．合并综合收益表

截至 2016 年 12 月 31 日止年度（以人民币百万元列示）

	附注	2016年百万元	2015年百万元
营运收入	4		
通信服务收入		623 422	584 089
销售产品收入及其他		84 999	84 246
		708 421	668 335
营运支出			
电路及网元租赁费		39 083	20 668
网间互联支出		21 779	21 668
折旧		138 090	136 832
雇员薪酬及相关成本	5	79 463	74 805
销售费用		57 493	59 850

（续表）

	附注	2016年百万元	2015年百万元
销售产品成本		87 352	89 297
其他营运支出	6	167 073	162 293
		590 333	565 413
营运利润		118 088	102 922
转让铁塔资产利得	7	–	15 525
其他利得	8	1 968	1 800
利息收入		16 005	15 852
融资成本	9	（235）	（455）
应占按权益法核算的投资的利润		8 636	8 090
除税前利润		144 462	143 734
税项	12（a）	（35 623）	（35 079）
本年度利润		108 839	108 655
本年度其他综合（亏损）/收益，除税后：			
以后不会重分类至损益的项目			
应占按权益法核算的投资的其他综合亏损		（16）	–
以后可能重分类至损益的项目			
可供出售金融资产的价值变动		24	–
境外企业的财务报表汇兑差额		774	603
应占按权益法核算的投资的其他综合（亏损）/收益		（1 043）	901
本年度总综合收益		108 578	110 159
股东应占利润：			
本公司股东		108 741	108 539
非控制性权益		98	116
本年度利润		108 839	108 655
股东应占总综合收益：			
本公司股东		108 480	110 043
非控制性权益		98	116
本年度总综合收益		108 578	110 159
每股盈利—基本	13（a）	人民币5.31元	人民币5.30元
每股盈利—摊薄	13（b）	人民币5.31元	人民币5.30元

2. 合并资产负债表

于2016年12月31日（以人民币百万元列示）

	附注	于2016年12月31日 百万元	于2015年12月31日 百万元
资产			
非流动资产			
物业、厂房及设备	14	622 356	585 631
在建工程	15	89 853	88 012
预付土地租赁费及其他	16	26 720	26 773
商誉	17	35 343	35 343
其他无形资产		1 708	768
按权益法核算的投资	19	124 039	115 933
递延税项资产	20	29 767	25 423
可供出售金融资产	21	35	3
转让铁塔资产应收款项	7	–	56 737
受限制的银行存款	22	4 528	4 575
		934 349	939 198
流动资产			
存货	23	8 832	9 994
应收账款	24	19 045	17 743
其他应收款	25	25 693	26 186
转让铁塔资产应收款项	7	57 152	–
预付款及其他流动资产	25	16 801	11 427
应收最终控股公司款项	26	221	247
预付税款		1 097	746
可供出售金融资产	21	31 897	19 167
受限制的银行存款	22	197	15
银行存款	27	335 297	323 330
现金及现金等价物	28	90 413	79 842
		586 645	488 697
总资产		1 520 994	1 427 895

（续表）

	附注	于2016年12月31日 百万元	于2015年12月31日 百万元
权益及负债			
负债			
流动负债			
带息借款	32	4 998	–
应付账款	29	250 838	243 579
应付票据		1 206	645
递延收入	30	84 289	78 100
应计费用及其他应付款	31	180 950	163 404
应付最终控股公司款项	26	5 563	7 276
税项		8 545	8 034
		536 389	501 038
非流动负债			
带息借款—非即期	32	–	4 995
递延收入—非即期	30	2 175	1 291
递延税项负债	20	292	203
		2 467	6 489
总负债		538 856	507 527
权益			
股本	34（c）	402 130	402 130
储备		576 891	515 206
归属于本公司股东权益		979 021	917 336
非控制性权益		3 117	3 032
总权益		982 138	920 368
总权益及负债		1 520 994	1 427 895

3. 合并权益变动表

截至2016年12月31日止年度（以人民币百万元列示）

	本公司股东应占权益								
	中国							非控制性	
	股本 百万元	资本储备 百万元	一般储备 百万元	汇兑储备 百万元	法定储备 百万元	保留利润 百万元	总计 百万元	权益 百万元	总权益 百万元
于2015年1月1日	400 737	（231 954）	72	（768）	258 942	459 887	886 916	2 067	888 983
2015全年的权益变动：									
本年利润	–	–	–	–	–	108 539	108 539	116	108 655
外币报表折算差额	–	–	–	603	–	–	603	–	603
应占按权益法核算的投资的其他综合收益	–	901	–	–	–	–	901	–	901
本年度总综合收益	–	901	–	603	–	108 539	110 043	116	110 159
2015年度核准的股息（附注34（b）（ii））	–	–	–	–	–	（22 283）	（22 283）	（21）	（22 304）
本年度宣布分派的股息（附注34（b）（i））	–	–	–	–	–	（25 629）	（25 629）	–	（25 629）
根据认股权计划发行的股份（附注34（c））	1 393	（369）	–	–	–	–	1 024	–	1 024
转入中国法定储备（附注34（d）（ii））	–	–	–	–	20 542	（20 502）	40	–	40
认股权过期之储备间转移	–	（92）	–	–	–	92	–	–	–
共同控制下业务合并之代价	–	（31 967）	–	–	–	–	（31 967）	–	（31 967）
共同控制下划归最终控股公司之资产	–	（808）	–	–	–	–	（808）	–	（808）
非控股股东向附属公司注资	–	–	–	–	–	–	–	870	870
于2015年12月31日	402 130	（264 289）	72	（165）	279 484	500 104	917 336	3 032	920 368

（续表）

	本公司股东应占权益								
	中国							非控制性	
	股本 百万元	资本储备 百万元	一般储备 百万元	汇兑储备 百万元	法定储备 百万元	保留利润 百万元	总计 百万元	权益 百万元	总权益 百万元
于2016年1月1日	402 130	（264 289）	72	（165）	279 484	500 104	917 336	3 032	920 368
2016全年的权益变动：									
本年利润	–	–	–	–	–	108 741	108 741	98	108 839
可供出售金融资产的价值变动	–	24	–	–	–	–	24	–	24
外币报表折算差额	–	–	–	774	–	–	774	–	774
应占按权益法核算的投资的其他综合亏损	–	（1 043）	–	–	–	（16）	（1 059）	–	（1 059）
本年度总综合收益	–	（1 019）	–	774	–	108 725	108 480	98	108 578
2015年度核准的股息（附注34（b）（ii））	–	–	–	–	–	（20 764）	（20 764）	（13）	（20 777）
本年度宣布分派的股息（附注34（b）（i））	–	–	–	–	–	（26 227）	（26 227）	–	（26 227）
转入中国法定储备（附注34（d）（ii））	–	–	–	–	25 721	（25 525）	196	–	196
于2016年12月31日	402 130	（265 308）	72	609	305 205	536 313	979 021	3 117	982 138

4. 合并现金流量表

截至 2016 年 12 月 31 日止年度（以人民币百万元列示）

	2016年百万元	2015年百万元
经营业务		
除税前利润	144 462	143 734
调整：		
—物业、厂房及设备折旧	138 090	136 832
—其他无形资产摊销	499	274
—预付土地租赁费摊销	443	426
—转让铁塔资产利得	–	（15 525）
—出售物业、厂房及设备收益	（180）	（4）
—物业、厂房及设备注销和减值	7 216	7 614
—呆账减值亏损	3 734	4 839
—存货减值亏损	282	272
—利息收入	（16 005）	（15 852）
—融资成本	235	455
—非上市证券之股息收入	–	（11）
—应占按权益法核算的投资的利润	（8 636）	（8 090）
—未实现汇兑亏损净额	115	182
—出售其他金融资产收益	–	（14）
营运资金变动前的经营业务现金流	270 255	255 132
存货减少/（增加）	886	（1 005）
应收账款增加	（4 930）	（5 830）
其他应收款增加	（4 668）	（1 341）
预付款及其他流动资产（增加）/减少	（5 071）	276
应收最终控股公司款项减少/（增加）	26	（135）
应付账款增加/（减少）	11 931	（6 832）
应付票据增加	227	12
递延收入增加	7 231	14 005
应计费用及其他应付款增加	17 545	18 633
应付最终控股公司款项增加/（减少）	10	（32）

（续表）

	2016年百万元	2015年百万元
经营业务现金流入	293 442	272 883
税项		
一已付香港利得税	（236）	（232）
一已付中国企业所得税	（39 505）	（37 562）
经营业务现金流入净额	253 701	235 089
投资业务		
资本开支	（188 209）	（172 243）
预付土地租赁费	（1 157）	（1 450）
购置其他无形资产所付款项	（1 399）	（212）
出售物业、厂房及设备所得款项	564	7
银行存款（增加）/减少	（11 967）	30 177
受限制的银行存款（增加）/减少	（135）	4 877
已收利息	13 862	15 655
购买按权益法核算的投资所付款项	（2 451）	（376）
已收联营公司之股息	1 944	2 842
已收非上市证券之股息	–	11
购买可供出售金融资产	（77 320）	（24 965）
可供出售金融资产到期	65 881	8 294
中国移动财务公司提供短期借款及其他投资支出	（1 650）	（5 500）
中国移动财务公司收回短期借款及其他投资收款	2 500	–
出售其他金融资产所得款项	–	140
收到中国铁塔对价	5 000	–
其他	14	–
投资业务现金流出净额	（194 523）	（142 743）
融资业务		
行使认股权计划发行股份所得款项	–	1 024
非控股股东向附属公司注资	–	870
已付利息	（232）	（442）
已付本公司股东股息	（46 991）	（47 912）
已付附属公司非控股股东股息	（13）	（21）
共同控制下业务合并之代价	–	（31 880）

（续表）

	2016年百万元	2015年百万元
收到委托贷款	–	8 592
偿还委托贷款	–	（18 834）
收到最终控股公司短期存款	5 552	7 274
偿还最终控股公司短期存款	（7 274）	（4 181）
偿还债券	–	（1 000）
融资业务现金流出净额	（48 958）	（86 510）
现金及现金等价物净增加	10 220	5 836
年初现金及现金等价物	79 842	73 812
外币汇率变动的影响	351	194
年末现金及现金等价物	90 413	79 842

主要非现金交易

截至2016年12月31日，集团应付款项余额中记录本年度为添置在建工程而应付设备供应商的金额为人民币103 940 000 000元（2015年：人民币125 210 000 000元）。

5. 财务概要

（以人民币百万元列示）

业绩	2016年 百万元	2015年 百万元	2014年 百万元	2013年 百万元	2012年 百万元
营运收入					
通信服务收入	623 422	584 089	591 602	600 424	569 522
销售产品收入及其他	84 999	84 246	59 907	39 624	21 484
	708 421	668 335	651 509	640 048	591 006
营运支出					
电路及网元租赁费	39 083	20 668	15 843	14 816	8 597
网间互联支出	21 779	21 668	23 502	25 983	25 156
折旧	138 090	136 832	122 805	111 493	105 658
雇员薪酬及相关成本	79 463	74 805	70 385	66 681	59 499
销售费用	57 493	59 850	75 655	91 719	79 987
销售产品成本	87 352	89 297	74 495	61 409	41 497
其他营运支出	167 073	162 293	151 504	136 523	119 923
	590 333	565 413	534 189	508 624	440 317

（续表）

业绩	2016年 百万元	2015年 百万元	2014年 百万元	2013年 百万元	2012年 百万元
营运利润	118 088	102 922	117 320	131 424	150 689
转让铁塔资产利得	–	15 525	–	–	–
其他利得	1 968	1 800	1 171	989	672
利息收入	16 005	15 852	16 270	15 368	12 696
融资成本	（235）	（455）	（487）	（1 195）	（949）
应占按权益法核算的投资的利润	8 636	8 090	8 248	7 063	5 685
除税前利润	144 462	143 734	142 522	153 649	168 793
税项	（35 623）	（35 079）	（33 179）	（36 746）	（41 887）
本年度利润	108 839	108 655	109 343	116 903	126 906
本年度其他综合（亏损）/收益，除税后：					
以后不会重分类至损益的项目					
应占按权益法核算的投资的其他综合亏损	（16）	–	–	–	–
以后可能重分类至损益的项目：					
可供出售金融资产的价值变动	24	–	–	–	–
境外企业的财务报表汇兑差额	774	603	（169）	（176）	（6）
应占按权益法核算的投资的其他综合（亏损）/收益	（1 043）	901	1 224	（767）	（16）
本年度总综合收益	108 578	110 159	110 398	115 960	126 884
股东应占利润：					
本公司股东	108 741	108 539	109 218	116 791	126 799
非控制性权益	98	116	125	112	107
本年度利润	108 839	108 655	109 343	116 903	126 906
股东应占总综合收益：					
本公司股东	108 480	110 043	110 273	115 849	126 777
非控制性权益	98	116	125	111	107
本年度总综合收益	108 578	110 159	110 398	115 960	126 884

（续表）

资产和负债	于 2016 年 12 月 31 日 百万元	于 2015 年 12 月 31 日 百万元	于 2014 年 12 月 31 日 百万元	于 2013 年 12 月 31 日 百万元	于 2012 年 12 月 31 日 百万元
物业、厂房及设备	622 356	585 631	605 023	520 571	469 627
在建工程	89 853	88 012	95 110	91 600	68 551
预付土地租赁费及其他	26 720	26 773	24 883	19 784	14 266
商誉	35 343	35 343	35 343	36 937	36 938
其他无形资产	1 708	768	787	1 090	952
按权益法核算的投资	124 039	115 933	70 451	53 946	48 356
递延税项资产	29 767	25 423	20 654	17 522	13 622
可供出售金融资产	35	3	128	128	128
转让铁塔资产应收款项	–	56 737	–	–	–
受限制的银行存款	4 528	4 575	8 731	6 816	5 418
流动资产	586 645	488 697	486 925	474 290	452 620
总资产	1 520 994	1 427 895	1 348 035	1 222 684	1 110 478
流动负债	536 389	501 038	452 492	394 281	353 224
带息借款—非即期	–	4 995	4 992	5 989	29 619
递延收入—非即期	2 175	1 291	1 470	1 187	764
递延税项负债	292	203	98	104	51
总负债	538 856	507 527	459 052	401 561	383 658
总权益	982 138	920 368	888 983	821 123	726 820

中国联合网络通信集团有限公司 2016 年发展综述

中国联合网络通信（香港）股份有限公司（“本公司”）于 2000 年 2 月在香港注册成立，于 2000 年 6 月 21 日和 22 日分别在纽约证券交易所和香港联合交易所挂牌上市。本公司股份于 2001 年 6 月 1 日，被正式纳入恒生指数成分股。

本公司于 2008 年 10 月 15 日与中国网通集团（香港）有限公司正式合并。本公司最终母公司中国联合网络通信集团有限公司（“联通集团”）和中国网络通信集团公司（“网通集团”）也于 2009 年 1 月 6 日获批准正式合并。

截至 2016 年 12 月 31 日，联通集团通过其于中国联合网络通信股份有限公司（“A 股公司”）、中国联通（BVI）有限公司和中国联通集团（BVI）有限公司持有之股权持有本公司 61.94% 的股份；A 股公司之公众股东通过 A 股公司于中国联通（BVI）有限公司持有之股权持有本公司 12.42% 的股份；本公司余下的 25.64% 股份则由香港联合交易所及纽约证券交易所的公众股东持有。

目前，本公司在中国提供全方位的电信服务，包括移动宽带（WCDMA、LTE FDD、TD-LTE）、固网宽带、GSM、固网本地电话、信息通信技术服务、数据通信服务以及其他相关增值服务。于 2016 年年底，本公司拥有约 6 700 万固网本地电话用户、约 7 500 万固网宽带用户及约 2.64 亿移动出账用户。

* 内容选自 2016 年中国联合网络通信集团有限公司上市财报。

一、控股结构

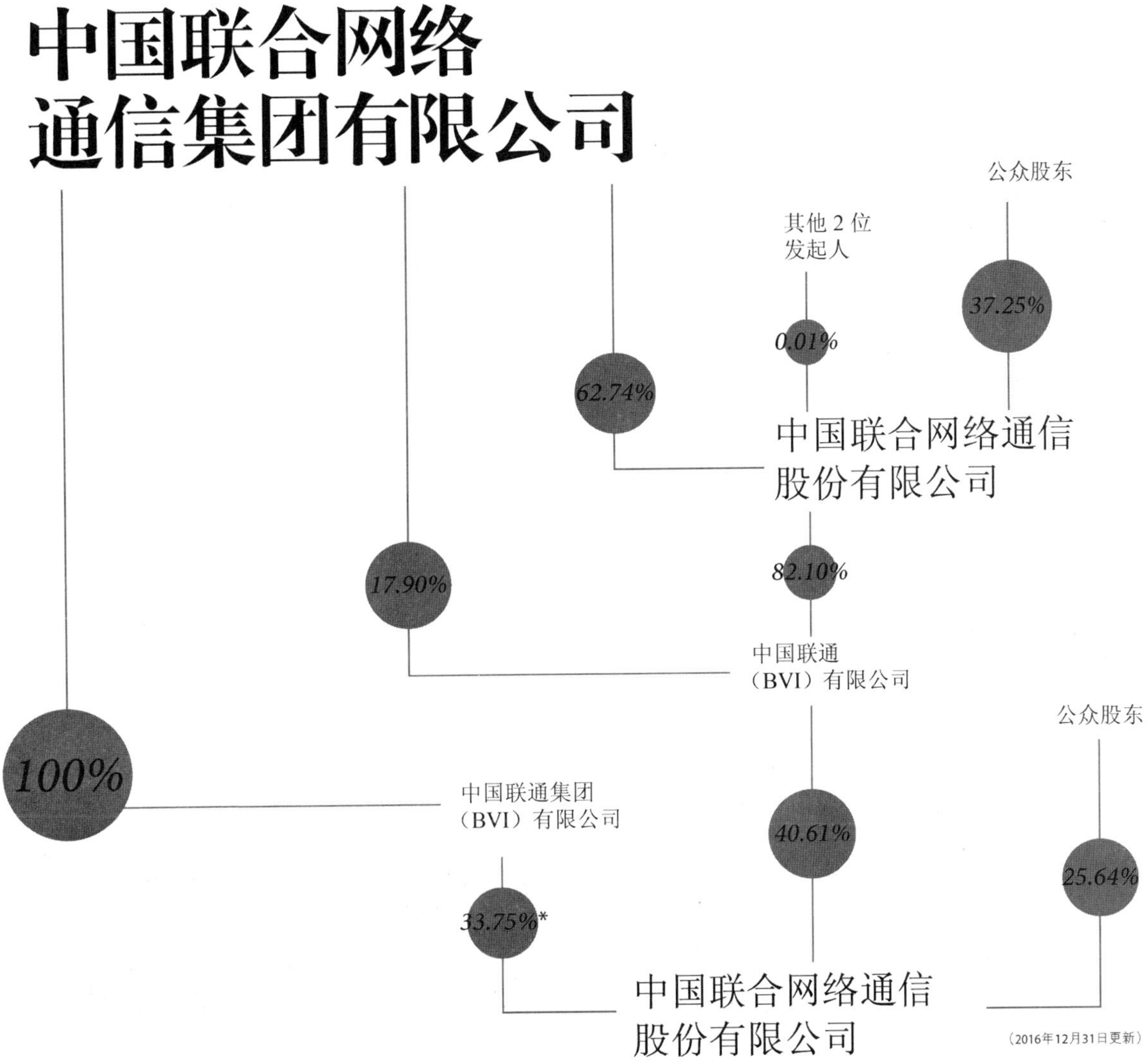

* 不包括中国联通集团（BVI）有限公司作为受托人代表的一名中国股东持有的 225 722 791 股本公司股份。

二、表现摘要

主要财务指针	2016年	2015年
营业收入（人民币亿元）	2 742.0	2 770.5
服务收入[1]（人民币亿元）	2 409.8	2 352.8
其中：移动业务	1 450.2	1 426.2
固网业务	946.6	912.6
EBITDA[2]（人民币亿元）	795.0	875.0
EBITDA占服务收入	33.0%	37.2%
净利润（人民币亿元）	6.3	105.6
每股基本盈利（人民币元）	0.026	0.441
每股股息（人民币元）	不适用	0.17
主要业务指针	**2016年**	**2015年**
移动出账用户数[3]（百万）	263.8	252.3
4G用户数（百万）	104.6	44.2
移动出账用户ARPU[3]（人民币元）	46.4	46.3
4G用户ARPU（人民币元）	76.4	87.84
固网宽带用户数（百万）	75.2	72.3
固网宽带接入ARPU（人民币元）	49.4	51.7
固网本地电话用户数（百万）	66.7	73.9

注：1．由于存在不可分摊项目，服务收入不等于移动业务与固网业务服务收入之和。
2．EBITDA反映了在计算财务费用、利息收入、应占联营公司净盈利/亏损、应占合营公司净盈利/亏损、净其他收入、所得税、折旧及摊销前的年度盈利。由于电信业是资本密集型产业，资本开支和财务费用可能对具有类似经营成果的公司盈利产生重大影响。因此，公司认为，对于与集团类似的电信公司而言，EBITDA有助于对公司经营成果进行分析。
3．为更好地满足公司战略管理的需要，在移动业务方面，2016年起公司管理和分析的重点更加聚焦于出账的移动用户（一般指当月有收入贡献的用户）和4G用户（持有4G终端并使用公司4G网络的出账移动用户）。自2016年1月起公司披露出账的移动用户和4G用户指针及变化。用户数据披露的变更将不会影响公司收入和利润的确认。
4．为2015年12月数据。

三、业务概览

（一）移动业务

2016 年，公司通过进一步优化 4G 产品体系，开展基于大数据的存量用户价值经营，组织重点城市开展用户获取、2G转4G、流量价值释放“三大战役”，驱动经营模式转型。同时积极扩大对外合作，与互联网公司深度合作打造“定向流量+第三方应用”一体化产品，以内容应用拉动流量使用。公司移动业务发展趋势显著好转，实现止跌回升。移动出账用户全年净增1 151万户，达到26 382万户，移动出账用户ARPU为人民币46.4元，移动手机数据流量达到16 081亿MB，同比增长131.1%。WO+能力开放平台累计接入合作伙伴超过2 400家，年度能力调用18.3亿次。

（二）固网业务

2016年，公司以高速率高品质为引领持续推进光改营销，着重提升竞争与资源意识，推动坐商等客向行商寻客转变，在南方区域加大社会化合作力度。发起成立4K超清产业联盟，加快实现家庭互联网创新发展，促进固网业务平稳增长。宽带用户净增291万户，达到7 524万户，宽带用户接入ARPU为人民币49.4元。FTTH用户占比达到71.2%，同比提高18.1个百分点；本地电话用户流失721万户，用户总数达到6 665万户。

（三）网络能力

2016年，公司以4G和光改为牵引，快速打造覆盖完备、用户感知良好的4G精品网，形成匠心网络品牌效应，实现重点区域4G网络质量行业相当，累计开通4G基站73.6万个，其中139个重点城市达到53.9万个。大规模实施光纤宽带网络建设和全光网络改造，2016年年底，北方10省（市、自治区）实现全光网络。固网宽带端口达到1.9亿个，FTTX端口占比达到98.0%。

公司继续完善国际网络布局。截至2016年年底，国际海缆总带宽达到12.1Tbit/s；跨境陆缆总带宽达到7.6T；互联网国际出口带宽达到1 711Gbit/s；国际漫游覆盖达到250个国家和地区的609家运营商。

（四）市场营销

1. 品牌策略

2016年，公司聚焦重点城市、聚焦青年移动互联网用户群体、聚焦视频业务，以“沃4G+匠心网络、精彩不断”主题重塑沃4G+口碑，突出了网速快、流量多、内容丰富的优势。同时，兼顾宽带及融合业务发展广泛宣传业务优势，全方位传递“精彩在沃”的品牌理念，持续提升“沃”品牌影响力。

2. 营销策略

2016年，公司进一步落实聚焦策略，在重点区域开展“三大战役”，创新资费产品模式，实施渠道模式转型，构建客户价值经营体系，加大品牌宣传力度，着力打造以视频为核心的内容应用体系，强化大数据支撑能力，有效促进业务转型发展。

公司围绕创新型业务开展布局，在热点领域设立多个产业互联网基地和孵化基地，以产业互联网和平台类业务为重点，ICT、IDC 及云计算、物联网、大数据等业务实现了快速增长。同时，开展与各类互联网企业的战略合作，打造融合产品，共同推广联合运营的合作模式，促进公司创新业务发展。

3. 营销渠道

2016 年，公司借助沃零售平台的支撑，打造渠道终端供应链服务输出模式，自营厅终端连锁厅已超过 15 000 家。多点着力，将电子渠道打造成为公司服务客户的主要渠道以及产品销售的重要渠道。与大型互联网企业展开深度合作，2I2C 实现良好开局。全面布局内外部线上触点营销体系和线上线下一体化营销体系，有力提升了营销能力。

4. 客户服务

2016 年，公司强化服务质量监督及重点服务触点运营，进一步完善了以客户为中心的客户口碑和体验感知运营评价体系，通过加快传统渠道转型升级、深化智能客服运营，打造了“互联网 + 服务”的专业化协同服务模式，构建了基于互联网时代的客户积分及俱乐部服务平台，积极改进服务短板，改善客户感知。2016 年全年用户申诉率及不明扣费率保持行业最低。

四、财务概览

（一）概述

2016 年公司积极应对“提速降费”[1]“实名制”以及竞争加剧等挑战，同时积极抢补基础短板，适度加大成本投入，以驱动业务加快反转，增强可持续发展能力。公司实现营业收入人民币 2 742.0 亿元，同比下降 1.0%，其中服务收入实现止跌回稳，达到人民币 2 409.8 亿元，同比增长 2.4%。实现净利润[2]人民币 6.3 亿元，降幅 94.1%。

2016 年公司经营活动现金流量净额为人民币 745.9 亿元，资本开支为人民币 721.1 亿元。截至 2016 年年底，公司资产负债率为 62.9%。

（二）营业收入

2016 年公司营业收入实现人民币 2 742.0 亿元，同比下降 1.0%。其中，服务收入为人民币 2 409.8 亿元，同比增长 2.4%，销售通信产品收入为人民币 332.2 亿元，同比下降 20.5%。

下表反映了公司 2016 年和 2015 年服务收入构成的变化情况及各业务服务收入所占服务收入百分比情况。

1. 2015 年国务院办公厅发布《关于加快高速宽带网络建设推进网络提速降费的指导意见》中要求，电信企业应加快推进宽带网络基础设施建设，进一步提速降费，提升服务水平。
2. 净利润为本公司权益持有者应占盈利。

（人民币亿元）	2016年		2015年	
	累计完成	所占服务收入百分比	累计完成	所占服务收入百分比
服务收入	2 409.8	100.0%	2 352.8	100.0%
其中：移动业务	1 450.2	60.2%	1 426.2	60.6%
固网业务	946.6	39.3%	912.6	38.8%
其中：固网宽带接入	438.7	18.2%	438.6	18.6%
IDC及云计算	94.5	3.9%	70.7	3.0%

1．移动业务

2016 年公司移动业务服务收入实现人民币 1 450.2 亿元，同比增长 1.7%。

2．固网业务

2016 年公司固网业务服务收入实现人民币 946.6 亿元，同比增长 3.7%，其中宽带接入收入为人民币 438.7 亿元，与 2015 年基本持平；IDC 及云计算业务收入为人民币 94.5 亿元，同比增长 33.7%。

（三）成本费用

2016 年公司成本费用合计为人民币 2 734.1 亿元，同比增长 4.0%。

下表列出了 2016 年和 2015 年公司成本费用项目以及每个项目所占营业收入的百分比变化情况。

（人民币亿元）	2016年		2015 年	
	累计发生	所占营业收入百分比	累计发生	所占营业收入百分比
成本费用合计	2 734.1	99.71%	2 630.1	94.93%
营业成本	2 714.9	99.01%	2 662.8	96.11%
其中：网间结算支出	127.4	4.65%	130.9	4.73%
折旧及摊销	768.0	28.01%	767.4	27.70%
网络、营运及支撑成本	511.7	18.66%	423.1	15.27%
雇员薪酬及福利开支	369.1	13.46%	351.4	12.68%
销售通信产品成本	365.3	13.32%	440.5	15.90%
销售费用	346.5	12.64%	319.7	11.54%
其他经营及管理费	226.9	8.27%	229.8	8.29%
财务费用（抵减利息收入）	38.6	1.41%	65.0	2.34%
应占联营公司净（盈利）/亏损	−2.0	−0.07%	7.6	0.27%

（续表）

（人民币亿元）	2016年		2015 年	
	累计发生	所占营业收入百分比	累计发生	所占营业收入百分比
应占合营公司净（盈利）/亏损	-1.5	-0.06%	0.4	0.02%
净其他收入	-15.9	-0.58%	-105.7	-3.81%

1. 网间结算支出

主要受网间话务量下滑影响，2016 年公司网间结算支出发生人民币 127.4 亿元，同比下降 2.7%，所占营业收入的比重由 2015 年的 4.73% 下降至 4.65%。

2. 折旧及摊销

2016 年公司资产折旧及摊销发生人民币 768.0 亿元，与 2015 年基本持平，所占营业收入的比重由 2015 年的 27.70% 变化至 28.01%。

3. 网络、营运及支撑成本

受铁塔运营模式转变[1]、网络规模扩大带来铁塔使用费增长的影响，2016 年网络、营运及支撑成本发生人民币 511.7 亿元，同比增长 20.9%，所占营业收入的比重由 2015 年的 15.27% 变化至 18.66%。

4. 雇员薪酬及福利开支

公司继续深化用工和分配制度改革，2016 年雇员薪酬及福利开支发生人民币 369.1 亿元，同比增长 5.0%，所占营业收入的比重由 2015 年的 12.68% 变化至 13.46%。

5. 销售通信产品成本

2016 年公司销售通信产品成本发生人民币 365.3 亿元，同期销售通信产品收入为人民币 332.2 亿元，销售通信产品亏损为人民币 33.1 亿元，其中，公司全年持续优化终端合约产品结构，终端补贴成本为人民币 30.7 亿元，同比增长 7.8%。

6. 销售费用

为加快业务发展驱动收入增长，同时促进客户质量提升，公司适度加大营销资源投放，持续优化销售费用结构，2016 年销售费用发生人民币 346.5 亿元，同比增长 8.4%，所占营业收入的比重由 2015 年的 11.54% 上升至 12.64%。

7. 其他经营及管理费（不含销售费用和销售通信产品成本）

2016 年公司其他经营及管理费发生人民币 226.9 亿元，同比下降 1.2%，所占营业收入的比重与 2015 年基本持平。

8. 财务费用（抵减利息收入）

2016 年公司净财务费用发生人民币 38.6 亿元，比 2015 年减少人民币 26.4 亿元，同比减少

1. 随着 2014 年中国铁塔股份有限公司（简称“铁塔公司”）的成立，公司在 2015 年出售若干铁塔及相关资产予铁塔公司，铁塔将由自建自营转变为向铁塔公司支付使用费的方式运营。

主要是因为 2015 年受人民币汇改影响，汇兑损失发生人民币 21.0 亿元。

9. 净其他收入

2016 年公司实现净其他收入人民币 15.9 亿元，比 2015 年减少人民币 89.8 亿元，同比减少主要是因为 2015 年受铁塔税前出售净收益人民币 92.5 亿元影响所致。

（四）盈利水平

1. 税前利润

受铁塔使用费用增加导致网络营运及支撑成本上升和销售费用上升影响，2016 年税前利润实现人民币 7.8 亿元，剔除 2015 年铁塔出售税前净收益人民币 92.5 亿元影响后，同比减少人民币 40.1 亿元。

2. 所得税

2016 年公司的所得税为人民币 1.5 亿元，全年实际税率为 19.6%。

3. 年度盈利

2016 年公司净利润[1]实现人民币 6.3 亿元，剔除 2015 年铁塔出售净收益影响后，同比减少人民币 30.0 亿元。每股基本盈利为人民币 0.026 元，降幅 94.1%。

（五）EBITDA[1]

2016 年公司 EBITDA 为人民币 795.0 亿元，同比下降 9.1%，EBITDA 占服务收入的百分比为 33.0%，比 2015 年下降 4.2 个百分点。

（六）资本开支及现金流

2016 年公司各项资本开支合计人民币 721.1 亿元，主要用于移动网络、宽带及数据、基础设施及传送网建设等方面。其中，移动网络资本开支为人民币 277.4 亿元，宽带及数据业务资本开支为人民币 168.4 亿元，基础设施及传送网资本开支为人民币 197.1 亿元。

2016 年公司经营活动现金流量净额为人民币 745.9 亿元，扣除本年资本开支后自由现金流为人民币 24.8 亿元。

下表列出了公司 2016 年主要资本开支项目情况。

（人民币亿元）	2016年	
	累计支出	占比
合计	721.1	100.0%
其中：移动网络	277.4	38.5%

1. EBITDA 反映了在计算财务费用、利息收入、应占联营公司净盈利 / 亏损、应占合营公司净盈利 / 亏损、净其他收入、所得税、折旧及摊销前的年度盈利。由于电信业是资本密集型产业，资本开支和财务费用可能对具有类似经营成果的公司盈利产生重大影响。因此，公司认为，对于与集团类似的电信公司而言，EBITDA 有助于对公司经营成果分析。

（续表）

（人民币亿元）	2016年	
	累计支出	占比
宽带及数据	168.4	23.4%
基础设施及传送网	197.1	27.3%
其他	78.2	10.8%

（七）资产负债情况

截至 2016 年年底，公司资产总额由 2015 年底的人民币 6 103.5 亿元上升至人民币 6 141.5 亿元，负债总额由 2015 年年底的人民币 3 791.3 亿元变化至人民币 3 864.7 亿元，资产负债率由 2015 年年底的 62.1% 变化至 62.9%。债务资本率由 2015 年年底的 39.2% 变化至 43.6%；截至 2016 年年底，净债务资本率为 37.7%。

考虑到公司经营活动净现金流入保持稳定以及良好的信贷信用，我们相信公司应有足够的运营资金满足生产经营需要。

1. 合并损益表

（单位：人民币百万元，每股数除外）

	附注	截至12月31日	
		2016年	2015年
收入	6	274 197	277 049
网间结算成本		（12 739）	（13 093）
折旧及摊销		（76 805）	（76 738）
网络、营运及支撑成本	7	（51 167）	（42 308）
雇员薪酬及福利开支	8	（36 907）	（35 140）
销售通信产品成本	9	（36 529）	（44 046）
其他经营费用	10	（57 357）	（54 960）
财务费用	11	（5 017）	（6 934）
利息收入		1 160	438
应占联营公司净盈利/（亏损）		204	（759）
应占合营公司净盈利/（亏损）		153	（42）
净其他收入	12	1 591	10 568
税前利润		784	14 035
所得税	13	（154）	（3 473）
年度盈利		630	10 562

（续表）

	附注	截至12月31日	
		2016年	**2015年**
应占盈利：			
本公司权益持有者		625	10 562
非控制性权益		5	–
年内本公司权益持有者应占盈利的每股盈利：			
每股盈利－基本（人民币元）	14	0.03	0.44
每股盈利－摊薄（人民币元）	14	0.03	0.44

有关截至 2016 年及 2015 年 12 月 31 日止各年度应归属于本公司权益持有者之股息详情，请参阅附注 29。

2. 合并综合收益表

（单位：人民币百万元）

	截至12月31日	
	2016年	**2015年**
年度盈利	630	10 562
其他综合收益		
不会重分类至损益表的项目：		
经其他综合收益入账的金融资产的公允值变动	（544）	（1 050）
经其他综合收益入账的金融资产的公允值变动之税务影响	14	（1 129）
经其他综合收益入账的金融资产的公允值变动，税后	（530）	（2 179）
净设定受益负债重新计量之影响，税后	14	20
	（516）	（2 159）
日后可能重分类至损益表的项目：		
外币报表折算差额	153	60
税后年度其他综合收益	（363）	（2 099）
年度总综合收益	267	8 463
应占总综合收益：		
本公司权益持有者	262	8 463
非控制性权益	5	–

3. 合并财务状况表

（单位：人民币百万元）

	附注	于12月31日	
		2016年	**2015年**
资产			
非流动资产			
固定资产	15	451 115	454 631
预付租赁费	16	9 436	9 148
商誉	17	2 771	2 771
所拥有的联营公司权益	19	32 248	31 997
所拥有的合营公司权益		1 175	978
应收关联公司款	39	–	18 322
递延所得税资产	13	5 986	5 642
以公允值计量经其他综合收益入账的金融资产	20	4 326	4 852
其他资产	21	24 879	25 335
		531 936	553 676
流动资产			
存货及易耗品	22	2 431	3 946
应收账款	23	13 622	14 957
预付账款及其他流动资产	24	14 023	10 864
应收关联公司款	39	22 724	2 846
应收境内电信运营商款		3 908	1 994
以公允价值计量且其变动计入当期损益的金融资产		123	106
短期银行存款及受限制的存款	25	1 754	202
现金及现金等价物	26	23 633	21 755
		82 218	56 670
总资产		614 154	610 346
权益			
归属于本公司权益持有者			
股本	27	179 102	179 102
储备	28	（21 017）	（20 734）
留存收益			
——拟派末期股息	29	–	4 071
——其他		69 322	68 777
		227 407	231 216

（续表）

	附注	于12月31日	
		2016年	2015年
非控制性权益		275	–
总权益		227 682	231 216
负债			
非流动负债			
长期银行借款	30	4 495	1 748
中期票据	31	17 906	36 928
公司债券	32	17 970	2 000
递延所得税负债	13	113	18
递延收入		2 998	2 005
其他债务	33	335	357
		43 817	43 056
流动负债			
短期银行借款	34	76 994	83 852
短期融资券	35	35 958	19 945
一年内到期的长期银行借款	30	161	84
一年内到期的中期票据	31	18 976	2 499
应付账款及预提费用	36	143 224	167 396
应交税金		732	3 163
应付最终控股公司款	39	2 463	1 437
应付关联公司款	39	8 700	3 930
应付境内电信运营商款		1 989	1 300
应付股利		920	920
一年内到期的公司债券	32	2 000	–
递延收入的流动部分		369	394
一年内到期的其他债务	33	3 141	2 797
预收账款		47 028	48 357
		342 655	336 074
总负债		386 472	379 130
总权益及负债		614 154	610 346
净流动负债		（260 437）	（279 404）
总资产减流动负债		271 499	274 272

4. 合并权益变动表

（单位：人民币百万元）

	归属于本公司权益持有者									非控制性	
	普通股本	以股份为基础的雇员酬金储备	一般风险准备	投资重估储备	法定储备基金	可换股债券储备	其他储备	留存收益	总计	权益	总权益
于2015年1月1日余额	179 101	29	–	（4 227）	27 906	572	（43 762）	67 922	227 541	–	227 541
年度总综合收益	–	–	–	（2 179）	–	–	80	10 562	8 463	–	8 463
提取法定储备基金	–	–	–	–	874	–	–	（874）	–	–	–
提取其他准备基金	–	–	–	–	–	–	2	（2）	–	–	–
权益结算之股份期权计划：											
——期权行使所发行的股份	1	–	–	–	–	–	–	–	1	–	1
——期权失效之储备间转移	–	（29）	–	–	–	–	–	29	–	–	–
赎回可换股债券	–	–	–	–	–	（572）	572	–	–	–	–
2014年股息	–	–	–	–	–	–	–	（4 789）	（4 789）	–	（4 789）
于2015年12月31日余额	179 102	–	–	（6 406）	28 780	–	（43 108）	72 848	231 216	–	231 216
于2016年1月1日余额	179 102	–	–	（6 406）	28 780	–	（43 108）	72 848	231 216	–	231 216
年度总综合收益	–	–	–	（530）	–	–	167	625	262	5	267
非控制性权益投入	–	–	–	–	–	–	–	–	–	270	270
提取法定储备基金	–	–	–	–	47	–	–	（47）	–	–	–
提取其他准备基金	–	–	33	–	–	–	–	（33）	–	–	–
2015年股息（附注29）	–	–	–	–	–	–	–	（4 071）	（4 071）	–	（4 071）
于2016年12月31日余额	179 102	–	33	（6 936）	28 827	–	（42 941）	69 322	227 407	275	227 682

5. 合并现金流量表

（单位：人民币百万元）

	附注	截至12月31日	
		2016年	**2015年**
经营活动的现金流量			
经营活动所产生的现金	（a）	81 168	91 169
已收利息		335	319
已付利息		（4 938）	（4 943）
已付所得税		（1 972）	（2 244）
经营活动所产生的净现金流入		74 593	84 301
投资活动的现金流量			
购入固定资产		（98 293）	（88 465）
出售固定资产及其他资产所得款		6 390	2 336
以公允值计量经其他综合收益入账的金融资产收取之股利		357	365
处置以公允价值计量且其变动计入当期损益的金融资产收到的现金		68	19
收取联营公司之股利		–	10
短期银行存款及受限制的存款减少/（增加）		2	（3）
购入其他资产		（4 092）	（4 542）
取得以公允价值计量且其变动计入当期损益的金融资产支付的现金净额		（51）	（66）
取得以公允值计量经其他综合收益入账的金融资产支付的现金净额		（18）	–
取得联营公司权益支付的现金净额		（48）	（8）
取得合营公司权益支付的现金净额		（64）	（1 000）
投资活动所支付的净现金流出		（95 749）	（91 354）
融资活动的现金流量			
行使股份期权获得之现金		–	1
非控制性权益持有者投入资本		270	–
发行短期融资券所得款		59 880	30 000
短期银行借款所得款		142 567	139 663
长期银行借款所得款		3 307	1 920
最终控股公司之借款所得款		–	1 344
中期票据所得款		–	17 957
公司债券所得款		17 965	–
偿还短期融资券		（44 000）	（20 000）
偿还短期银行借款		（149 425）	（149 072）

（续表）

	附注	截至12月31日	
		2016年	**2015年**
偿还长期银行借款		（84）	（45）
偿还关联公司之借款		–	（473）
偿还最终控股公司之借款		（1 344）	（1 344）
偿还可换股债券		–	（11 664）
偿还融资租赁		（406）	（217）
偿还中期票据		（2 500）	–
支付中期票据之发行费		（102）	–
支付股息予本公司权益持有者	29	（4 071）	（4 643）
财务公司吸收存款净所得款		2 397	–
财务公司法定存款准备金	25（i）	（1 577）	–
融资活动所产生的净现金流入		22 877	3 427
现金及现金等价物的净增加/（减少）		1 721	（3 626）
现金及现金等价物年初余额		21 755	25 308
外币汇率变动的影响		157	73
现金及现金等价物年末余额	26	23 633	21 755
现金及现金等价物分析：			
现金结余		1	1
银行结余		23 632	21 754
		23 633	21 755

将税前利润调整为经营活动所产生的现金如下。

	截至12月31日	
	2016年	**2015年**
税前利润	784	14 035
调整项目：		
折旧及摊销	76 805	76 738
利息收入	（1 160）	（120）
财务费用	4 832	6 641
处置固定资产及其他资产损失/（收益）	355	（7 280）
计提的坏账准备和存货跌价准备	4 173	4 054
固定资产减值损失	–	29
以公允值计量经其他综合收益入账的金融资产收取之股利	（357）	（397）
应占联营公司净（盈利）/亏损	（204）	759

（续表）

	截至12月31日	
	2016年	**2015年**
应占合营公司净（盈利）/亏损	（153）	42
其他投资（收益）/损失	（9）	8
营运资金变动：		
应收账款增加	（2 664）	（3 666）
存货及易耗品减少/（增加）	1 354	（73）
短期银行存款及受限制的存款减少/（增加）	23	（146）
其他资产增加	（4 763）	（6 142）
预付账款及其他流动资产减少/（增加）	4 171	（1 630）
应收关联公司款（增加）/减少	（3 302）	2 905
应收境内电信运营商款（增加）/减少	（1 914）	126
应付账款及预提费用减少	（835）	（1 781）
应交税金（减少）/增加	（1 176）	5 126
预收账款（减少）/增加	（1 329）	1 465
递延收入增加/（减少）	395	（81）
其他债务增加/（减少）	69	（17）
应付最终控股公司款增加/（减少）	73	（185）
应付关联公司款增加	5 311	861
应付境内电信运营商款增加/（减少）	689	（102）
经营活动所产生的现金	81 168	91 169

6. 财务概要

截至 2016 年 12 月 31 日止 5 个年度。

2012 年至 2016 年的财务概要，包括摘选合并损益表及合并财务状况表 2012 年、2013 年、2014 年、2015 年和 2016 年数据均按《国际财务报告准则》/《香港财务报告准则》编制（单位：人民币百万元，每股数除外）。

业绩（摘选损益表数据）

	2016年	**2015年**	**2014年**	**2013年**	**2012年**
收入	274 197	277 049	284 681	295 038	248 926
网间结算成本	（12 739）	（13 093）	（14 599）	（20 208）	（18 681）
折旧及摊销	（76 805）	（76 738）	（73 868）	（68 196）	（61 057）
网络、营运及支撑成本	（51 167）	（42 308）	（37 851）	（33 704）	（32 516）
雇员薪酬及福利开支	（36 907）	（35 140）	（34 652）	（31 783）	（28 778）
销售通信产品成本	（36 529）	（44 046）	（43 397）	（63 416）	（45 040）

（续表）

	2016年	2015年	2014年	2013年	2012年
其他经营费用	（57 357）	（54 960）	（61 411）	（61 964）	（51 252）
财务费用	（5 017）	（6 934）	（4 617）	（3 113）	（3 664）
利息收入	1 160	438	283	173	240
应占联营公司净盈利/（亏损）	204	（759）	–	–	–
应占合营公司净盈利/（亏损）	153	（42）	–	–	–
净其他收入	1 591	10 568	1 362	887	1 343
税前利润	784	14 035	15 931	13 714	9 521
所得税	（154）	（3 473）	（3 876）	（3 306）	（2 425）
年度盈利	630	10 562	12 055	10 408	7 096
应占：					
本公司权益持有者	625	10 562	12 055	10 408	7 096
非控制性权益	5	–	–	–	–
本公司权益持有者应占每股盈利					
——基本（人民币元）	0.03	0.44	0.51	0.44	0.30
——摊薄（人民币元）	0.03	0.44	0.49	0.43	0.30
固定资产	451 115	454 631	438 321	431 625	430 997
以公允值计量经其他综合收益入账的金融资产	4 326	4 852	5 902	6 497	5 567
流动资产	82 218	56 670	56 574	52 210	48 174
应收账款	13 622	14 957	14 671	14 842	13 753
现金及现金等价物	23 633	21 755	25 308	21 506	18 250
总资产	614 154	610 346	545 072	529 171	516 124
流动负债	342 655	336 074	291 920	295 239	302 320
应付账款及预提费用	143 224	167 396	120 371	102 212	108 486
短期银行借款	76 994	83 852	91 503	94 470	70 025
短期融资券	35 958	19 945	9 979	35 000	38 000
一年内到期的中期票据	18 976	2 499	–	–	15 000
一年内到期的公司债券	2 000	–	–	–	5 000
可换股债券	–	–	11 167	11 002	11 215
长期银行借款	4 495	1 748	420	481	536
中期票据	17 906	36 928	21 460	–	–
公司债券	17 970	2 000	2 000	2 000	2 000
总负债	386 472	379 130	317 531	310 272	306 619
总权益	227 682	231 216	227 541	218 899	209 505

中国卫星集团有限公司 2016 年发展综述

2016 年是公司“十三五”的开局之年，也是极不平凡的一年，经济下行压力加大，境内外市场竞争日益加剧，公司所处的外部环境发展异常困难。但是，通过公司全体员工的共同努力，公司 2016 年发展经营工作取得了良好成绩：市场销售实现平稳发展，资源建设取得重大进展，卫星应用发展势头良好，上市改制工作全面启动，卫通大厦正式竣工入驻，经济效益再创新高，全面完成了航天科技集团公司年度考核目标。

2016 年公司业务收入 24.76 亿元，剔除“营改增”影响同比增长 3.18%，完成预算 100.22%；实现利润总额 8.92 亿元，剔除计提中星 11 号卫星资产减值准备影响后，同比增长 4.81%，完成预算 100.25%；实现经济增加值（EVA）2.21 亿元，同口径同比增长 1.63%，完成预算 104.6%；净资产收益率 5.14%，同口径同比基本持平，成本费用率 66.23%，同比略有上升，全员劳动生产率 484 万元 / 人，同比略有降低，整体经济指标保持良性发展态势。

公司实际发展情况，主要表现在如下七方面。

一、大力开发境内外市场促进主营业务稳步发展

（一）加大拓展力度，实现国内市场新突破

1. **广电领域**：主动沟通汇报，积极争取了政府主管部门的支持，按照安全播出要求，重新设计了中星 9 号直播星传输应用方案，新增转发器承担高清节目备份传输任务，不仅盘活了长期闲置的优质资源，而且为后续直播星扩大应用创造了良好局面；继续推动中星 9 号直播星电视节目本省覆盖和国内高清电视节目上星。

2. **通信领域**：结合用户特点和需求，在市场拓展和差异化服务等方面深入开展工作。一是针对军队等特殊用户。二是针对政府用户要求可靠性高等特点，提供全面解决方案。三是针对石油等行业用户降价需求强烈的特点，采取“单价不减、总量适当优惠”的策略，有效地缓解了用户流失和价格下跌的现象。四是积极推动售前技术支持由被动向主动转变的服务模式，通过专业周到的技术支撑引导用户需求，进一步提高了潜在用户的转化率，保证了成功签约。

（二）采取灵活措施，境外业务取得新进展。

一是在印度印西亚通过联合命名的模式，提高中星 11 号转发器的出租率；利用中星 11 号与亚太 7 号在巴基斯坦实现视频业务零突破；首次利用中星 15 号在西非提供服务，为拓展非洲大陆互联网干线接入业务打开了突破口。二是在传统印度印西亚市场，通过加强渠道建设，实现了以公司代理向个人代理的模式转变，充分调动了销售代理的积极性，并成功开发了印度印西亚市场。三是亚太公司大力开发中东电信市场，转租消化了之前受美国政策影响退租的转发器；获得了 NBA、英超、世界杯等几大主流赛事的转播权，进一步增强了亚太 7 号在欧洲、非洲和中东等地区的热鸟效应；继续巩固了在孟加拉、马尔代夫、尼泊尔等国家广电市场卫星资源提供商的主导地位。四是顺利完成阿星咨询项目人员培训实习，以及卫星监造、应用设备出厂验收、频率轨道协调等内容的咨询工作，增加了公司在卫星运营领域的咨询服务经验。

（三）创新服务模式，卫星应用业务呈现良好发展态势。

1．**海上**，将中星 12 号移动波束调整到覆盖国内中东部及临海地区，并完成应用测试，缓解了国内 Ku 资源紧张的局势，为海上业务发展提供了资源保障；在海上成功开展了基于卫星通信的船载互联网接入应用。

2．**陆上**，成功开发了铁路工程类机车基于 Ku 频段的卫星动中通业务，完成了卫星动中通在高铁上的应用测试，为后续卫星应用进入高铁奠定了基础。

3．**空中**，打造了“卫通 + 彩虹系列无人机”业务，共同推动国内外市场；亚太公司利用亚太 9 号成功开发了 Panasonic 公司飞机航线机载通信业务。二是继续巩固中国移动主站运维、新华社全球网运行维护等重点项目，确保了传统数据传输业务的稳定收入，为卫星综合应用业务的持续发展创造了良好的条件。三是探索和尝试了基于“卫星 + 广电新媒体 + 互联网”的“星直播”业务，将卫星综合应用服务平台与互联网相融合，面向公众提供媒体服务，效果初步显现。

（四）加强统筹谋划，市场营销体系的规范化建设显著增强。

一是制订了《2016 年营销计划》《2016 年本部转发器销售价格策略方案》和《卫星资源管理手册》，初步建立了转发器销售成本价格模型，为精准营销奠定了基础。二是组织开展宽带卫星业务运营模式及价格体系研究，初步形成了以 Mbit/s 带宽租赁和流量 Mbit/s 计费服务为主的价格体系。三是根据业务发展需求，启动了 ISP 许可申请工作，成功申请获得 VSAT 业务许可。四是加强与各类传媒合作，扩大境内外品牌效应。与上海第一财经频道合作，以“互联网时代的天地融通与社会民生”为主题成功举办了“中国卫星通信产业发展高峰论坛”，起到了良好的宣传效果；结合新增中星 15 号销售需求，首次参加迪拜通信展，继续以新加坡展、CCBN 等境内外大型展会为平台，大力宣传资源能力及“海星通”等业务品牌，为业务拓展奠定了基础。

二、加强资源能力建设促进天地服务体系不断完善

（一）强化沟通协调，卫星频率轨道资源工作取得较好成绩。

一是编制完成《公司“十三五”频率轨道资源申报储备规划》，为中长期申报储备提供了科学指导，完成了 C 频段软课题研究。二是加强频率协调工作，有力支撑在轨卫星运行、在建及预研卫星载荷设计。与亚洲卫星就东经 122/122.2 度轨位协调取得关键进展，为尽快重启中星 6A 用户台站执照审批扫清障碍。三是加强与军方资源合作，积极推进中星 11 号卫星与共轨后继 Ku 卫星的兼容问题，以及中星 6C 的轨位使用问题。四是为中白合作星以及阿星提供协调支持，牵头完成了国际电联关于 L 频段 BSS 应用的议题阶段性研究工作，实现了广电对资源使用的要求。

（二）认真落实空间资源规划，卫星项目建设稳中有进。

一是成功发射中星 15 号、中星 17 号两颗卫星。中星 15 号是公司第一颗能够完整覆盖非洲大陆的卫星，提升了公司跨洲通信服务的能力；中星 17 号为更好地保护东经 163 度轨位频率和 L 波段频率奠定了基础。二是中星 16、中星 6C、中星 9A 卫星项目的研制监造有序推进，中星 18 号卫星通过了有效载荷初步设计评审，亚太 5C、亚太 6C 卫星整星完成关键设计评审。三是深入开展了以大容量 Ka 宽带卫星为代表的项目前瞻性研究，加强了中星 19 号、L 频段多媒体广播卫星需求论证分析，为后续卫星项目建设打下了坚实的基础。

（三）完善支撑保障系统，卫星地面服务能力不断加强。

完成怀来地球站一期工程规划、土地征收、建设等工作；完成中星 15 号、中星 17 号 L 波段卫星项目的地面配套系统建设；完成中星 16 号卫星北京数据中心和怀来站的基带及射频系统的安装调试，业务运营支撑系统（BOSS）的建设方案及需求调研，卫星地面配套系统建设实现稳步推进；完成快速精确定轨系统的集成及评审工作；初步建成海南监测站及斯里兰卡电信港，业务监测范围和能力都有了进一步提升；建成了国内第一个自主可控，安全可靠的全球海上卫星综合服务平台，业务服务能力不断提高。

（四）卫星通信大厦竣工入驻，公司基地化的发展水平不断提升。

2016 年，大厦完成了市政工程和精装修、机电、安防、消防、暖通、电梯等系统建设，通过了四方验收，并在 2016 年年底前实现竣工入驻。大厦的建成不仅实现了公司拥有属于自己办公大楼的梦想，夯实了公司卫星地面支撑保障系统的服务能力，而且进一步提升了公司卫星运营和卫星应用产业基地化的发展水平。

三、完善运行保障体系建设服务水平得到显著提升

（一）发挥特色优势，圆满完成广电安播和重大通信保障任务。

公司坚持以国为重，将社会政治责任融入企业战略中。一是作为国家应急通信一类保障队伍，承担了南海应急保障项目建设并获得国家资金支持，进一步巩固了公司在国家卫星应急通信领域的主导地位。二是配合“三沙 1 号”航线完成移动基站测试，实现了南海地区岛礁之间海上航行通信，为国家维护南海主权提供有力支持。三是圆满完成了“两节”“两会”、G20 峰会、十八届六中全会、神舟十一号发射任务、武汉特大洪水、军事演习等重大活动时期的广播电视安全播出和特殊任务通信保障重任，全年累计提供临时通信服务 80 246MB 时，赢得了政府有关部门和用户的赞誉。

（二）加强测控系统建设，确保星队安全稳定运行。

公司自主研发的轨道控制计算软件得到成功应用，可提高中星 10 号、中星 11 号两颗卫星燃料使用效率 4.6%，平均每星挽回 8.2 个月的在轨服务寿命。自主研发的《适用于卫星地面站测距信道检查方法》提高了测控操作的自动化水平；妥善处理了中星 6A 和中星 11 号卫星动量轮分别出现异常的紧急情况，以及中星 5A 取消南北倒置、漂星等测控任务，实现全年测控操作无差错，提升了卫星通信运行质量。

（三）坚持用户导向，促进业务运营水平不断提高。

初步完成通信用户载波错损监测告警系统建设，实现载波错损由事后查处向事前管理，由被动等待用户投诉向主动控制管理的本质转变，有效提升了载波异常处理和抗干扰恢复能力；加大业务运行中心与市场部的协同力度，积极响应用户需求，不仅为巴基斯坦、印尼、约旦等境外用户及时提供解决方案、排除干扰，而且协助国家电网等国内用户优化网络资源配置，进一步提升了服务质量和技术保障水平。

（四）服务能力提升，信息化配套建设得到加强。

加强卫星应用信息化保障体系建设，鑫诺公司开通了北京主站运行 Newtec Dialog 系统，填补了国内卫星应急通信、高速率视频回传业务领域的空白。研发了“船载天线入网管理辅助系统”等 6 款计算机软件，获得了国家著作权登记证书。开发了面向个体用户的流量计费系统、微信用户服务平台及网络支付功能，进一步夯实了应用服务能力；聚焦实际问题开展信息化建设工作，完成了业务监测运行管理系统、卫控中心文档管理系统，以及网络版卫星链路计算系统的立项和建设等工作，提升了业务管理水平。

四、加大改革力度转换经营机制增强企业发展后劲

（一）大力推动资产证券化，公司改制上市稳步推进。

一是全面启动整体改制上市，制订了公司整体改制上市方案，明确了 2019 年年初完成发行上市的时间表，并履行完成公司内部和集团公司的审批流程。二是开展公司股份制改造的准备工作，完成了国有划拨地出让协议，初步完成中介机构的全面尽职调查、改制上市审计、资产评估备案等工作，起草了股份公司发起人协议和公司章程等文件。三是年内顺利完成全民所有制企业的改制，中广卫改制为有限责任公司，并取得改制后新的营业执照。

（二）调整优化组织构架，进一步整合内部资源。

一是有效开展公司清理整合提质增效工作，通过管理层级压减，完成了亚太公司下属 5 家目标公司的清理。二是整合业务和人力资源，完成了卫通香港对鑫诺香港公司的吸收合并。三是实现了北京卫星电信研究所有限公司实体化运作，为空间段、地面应用以及 Ka 宽带等各项业务发展提供了强有力的技术产品支撑和保障。

（三）牢牢把握发展机遇，深化改革取得新进展。

一是推进混合所有制改革。亚太公司改变传统单一投资模式，优化股东资源结构配置，联合 6 家社会资本共同投资成立亚太卫星宽带通信（深圳）有限公司，推进亚太 6D 高通量卫星项目建设。二是认真落实国家军民融合发展战略，签署了中 6C 卫星搭载专用载荷合作协议。三是以“一带一路”发展为契机，加强与欧卫等国际一流卫星运营企业的交流，探索多种合作可能性；对多个目标企业进行了深入调研，充分了解业务、市场和财务状况，与有关境外公司分别开展并购洽谈，完成了初步尽职调查、目标企业管理层陈述等工作。

五、夯实基础管理强化风险防控提升经营管理水平

（一）优化治理结构，决策事项管理规范有序。

一是顺利完成了公司董事会和监事会换届，修订了《公司章程》及董事会相关工作细则。二是完善了《中国卫通集团有限公司“三重一大”决策事项目录（2016 年版）》和《“三重一大”决策事项上会要素及汇报要点范例》，以及三类会议决策事项目录清单。三是制订和修订了 14 项以频率资源为代表的公司核心业务领域的规章管理制度，圆满完成 ISO9001 质量认证首次年审。

（二）加强风险管控能力建设，提质增效成果显现。

一是全面风险管控能力逐步增强，初步辨识和评估出年度影响部门的具体风险事项，为风险防控提供重要依据。二是加强税收管理和审计检查工作，强化以增值税为重点的税收管理。完善管理流程，建立增值税抵扣台账，做好记录等相关工作，确保票据合规，税款无误；配合税务机构完成各类专项税务稽查。三是通过对星群精心测控和细致维护，克服星群运行的不稳定因素，充分准备保险预案，积极争取，2016 年度星群在轨保险费率再创新低，同比降低近 7.6%。

（三）强化综合安全理念，安全管理成果显著。

一是树立大平安理念，严格落实“一岗双责”，推动全员岗位安全生产责任落实，确保重要时段安全保障。2016 年获得集团公司“十二五”平安单位示范单位荣誉称号。二是全面实现电力标准化建设，在北京地球站 1 号、3 号通信机房 UPS 升级改造中，实现通信设备无单点隐患目标，提升了电力安全保护等级。三是立足管理驾驶舱平台，实现了权限及三员管理，保证网络安全平稳运行，为公司运营提供了安全保障。四是完成集团公司非保密资格单位保密管理达标复审工作，以及涉密人员核定与保密承诺书签订工作。

六、坚持以人为本促进专业化人才队伍建设不断加强

（一）创新管理思路，深化了中层干部队伍建设。

修订了《中层干部管理规定》，形成中层干部分为经营管理干部和专业技术干部两个序列、三个维度的考核建制。制定《专业技术干部管理办法》，从专业技术干部的职位体系、管理原则、资格条件、选拔方式、考核激励等方面，明确了专业技术干部不同层级的职责，打通了专业技术干部的职业发展通道，破解了职业发展通道瓶颈，实现了轮岗交流。

（二）从严选人、用人，全面落实干部选拔任用标准。

根据干部提拔“凡提必审”“凡提必核”“凡提必听”的要求，完善了干部考核制度建设，不断提高选人、用人的公信度。全年任免、推荐干部 41 人次，组织考察谈话 100 人次，任前谈话 15 人次。在集团公司组织的民主评议中，公司满意度达到 95.1%；通过对标分析，提出人员配置建议，做好人才引进工作。先后引进吸收成熟人才 9 名，境外留学人员 5 名及高校应届毕业生 23 名。

（三）强化人才培养，塑造一流员工队伍。

一是继续深化员工职业发展通道建设，组织岗位评估和职级评定。二是精心策划“星传

承、兴学风”“名师论”等活动。研究内容涉及Ka宽带卫星应用等多个卫星运营领域，研究成果不同程度解决了公司业务发展需要面对的市场技术难题。三是推选优秀人才，积极申报荣誉奖励项目，共获得各级各类奖项十余项，有效激励了优秀人才，形成了良好的创先争优氛围。

中信数据媒体网络有限公司 2016 年发展综述

一、公司概况

中信网络有限公司和中信数字媒体网络有限公司均为中国中信集团有限公司（以下简称“中信集团”）100% 全资子公司，负责中信集团与电信服务相关的业务，先后承担了中信集团在国内的卫星转发器出租、出售业务。

2008 年 1 月，原信息产业部向中信网络有限公司颁发了第二类基础电信业务“卫星转发器出租和出售业务”经营许可证，使中信网络有限公司成为国内可合法经营卫星转发器出租、出售业务的三家持牌公司之一。

2014 年 11 月由于中信集团业务调整需求，中信网络有限公司按照《公司法》等法律法规进行了分立，设立了中信数字媒体网络有限公司。

中信数字媒体网络有限公司成立于 2015 年 5 月，注册资本为 10 亿元人民币，公司经营范围包括投资有线电视产业、数字电视网络产业、数字通信产业、互联网及电视传媒信息服务产业等。经主管部门批准，中信数字媒体网络有限公司于 2016 年 7 月获得了工业和信息化部颁发的基础电信业务经营许可证（A2-20160003），经营业务种类为第二类基础电信业务中的卫星转发器出租、出售业务，经营范围为亚洲 4 号、5 号、6 号、7 号和 8 号卫星；同时，公司还持有增值电信业务许可证（A2-20160904），经营业务种类为国内甚小口径终端地球站通信业务。

二、中信数字媒体对中信网络卫星业务的承接

公司取得电信业务经营许可证后，严格遵守《电信条例》《电信业务经营许可证管理办法》等有关规定，严格履行电信业务经营者的责任和义务，确保对原中信网络有限公司经营的所有卫星相关业务的完全承接。

同时，公司与亚洲卫星有限公司就国内转发器经营业务签署相关使用总协议，中信数字媒体及下属中信卫星作为亚洲系列卫星转发器资源在国内的经营和服务实体，以租用和购买方式获得卫星资源，提供给我国用户使用，在工业和信息化部的监管下依法开展卫星转发器的业务

经营。

自 2017 年 1 月 1 日起，原中信网络有限公司经营的与卫星通信相关的卫星转发器出租、出售业务以及国内甚小口径终端地球站通信业务全部转移到中信数字媒体网络有限公司经营。为了更好地服务国内用户，我公司专门成立了中信数字媒体网络有限公司卫星通信分公司，全面承担国内用户的售前、售后服务工作。

目前，中信数字媒体网络有限公司在国内运营的卫星包括亚洲 4 号、5 号、6 号、7 号、8 号卫星，截至 2016 年年底，出租带宽共计 1 280MHz，业务收入 25 450 万元（上述收入仍为中信网络的收入）。

三、业务发展情况

（一）业务市场定位

公司在中信网络多年经营的基础上开展业务，承接了原有的用户群体，同时也将不断拓展新的业务。由于中信网络在国内 VSAT 运营行业和政府、企事业单位专用通信网领域均拥有相当的市场份额，因此公司开展此项业务，短期目标是保证现有用户的平稳过渡和服务质量；长期目标则是在现有市场的基础上，加大市场营销力度，扩大市场领域和区域，同时积极寻找新的商业机会，适时在国内引入高通量卫星，从而继续保持并扩大在国内卫星行业的市场分额。

（二）经营范围及相关服务项目

公司目前开展的卫星转发器业务，主要包含如下业务及相关服务项目：

- 卫星转发器的出租业务
- 卫星转发器的出售业务
- 卫星转发器的临时使用业务
- 用户售后服务
- 用户网络的监测及管理
- 网络及信息传输安全保障工作
- 用户网络的系统集成和维护管理服务
- 其他相关业务和服务

（三）业务覆盖范围

1. 业务覆盖地理区域

卫星通信的特点是覆盖范围广、不受地形限制，因此特别适合建设全国性网络和在边远地区提供广播电视和电信服务。公司根据其特点和目标用户所在地域在全国范围内开展业务，并根据经济发展水平和业务开展计划，业务重点区域集中在北京、上海、广东、浙江、江苏等经济发达地区和西部的欠发达地区。

2. 业务覆盖应用领域

长期以来，卫星转发器租售业务重点应用及服务能够充分发挥卫星通信特点的有以下领域：

- 卫星广播电视传输、分发
- 卫星新闻采集
- 远程教育和远程医疗
- 应急机动通信
- 企业网络互联
- 卫星宽带接入
- 电信网延伸和补充

近年来，随着航空互联、海洋通信市场的逐渐兴起，以飞机、船舶等移动平台为载体的移动应用成为卫星通信新的增长点，公司也将重点放在上述应用领域的市场开发和投入。

（四）主要客户群

经过数年的经营，中信卫星在国内市场和用户中建立了优良的品牌形象，具有较高的市场美誉度。亚洲系列卫星转发器资源的市场认可度最高，在平台稳定、频率协调、功率、覆盖等技术性能方面具有绝对领先的综合优势；中信卫星在技术服务方面的综合优势得到了广大用户的认可，在众多的部门和行业中积累了一批优质用户，形成了由国家部委、中央企业、电信运营商、广播电视、部队、大型企事业单位、VSAT 业务运营商等组成的广泛用户群。

公司将继续沿用中信卫星这个品牌，更好地服务国内广大客户。

专 题 分 析

全球电信运营业 2016 年运行分析

（一）全球基础电信业市场整体发展概况

1. 基础电信业总体运行向好，收入增速企稳回升

基础电信业收入企稳回升。全球基础电信业收入增速自 2014 年以来持续缓慢回升，2016 年全球基础电信业务收入预计达到 1.58 万亿美元，同比增长 1.2%，较 2015 年增加 0.5 个百分点。如图 1 所示。

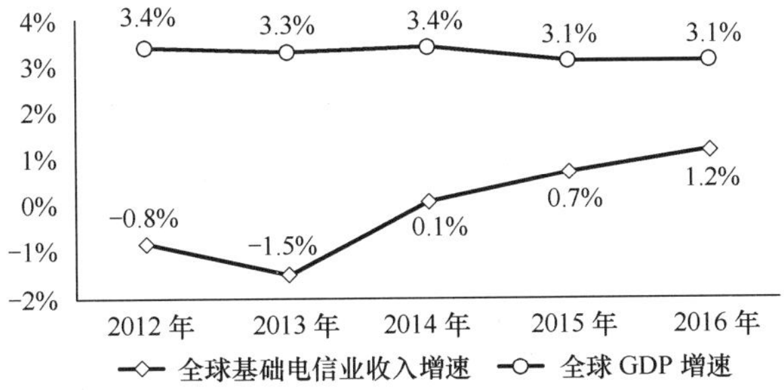

数据来源：Gartner、IMF，电信业收入增速为可比口径

图 1　2012—2016 年全球基础电信服务业收入增长情况

2. 移动数据业务超过移动话音业务，成为核心驱动力

移动数据业务成为核心驱动力。伴随全球移动终端设备普及与固定宽带网速的持续提升，近几年全球数据业务收入持续高速增长，2013—2016 年，全球数据业务收入占比增加超过 10 个百分点，达到 55.33%。移动数据业务首次超越移动话音业务，成为最主要的收入来源，如图 2 所示。

3. 移动普及率破百，我国月户均移动流量超 1GB

移动普及率破百，3G 用户出现下滑。2016 年全球移动用户规模超过 75 亿户，普及率达到 100.7%。移动宽带用户（3G+4G）稳步提升，总数超过 41 亿户，占比达 54.8%。2016 年依然是 4G 发展迅速的一年，全年新增用户 7.8 亿户，用户总数达到 18.6 亿户。3G 用户从 2016 年第二季度起开始首次进入下降通道，全年减少超过 7 700 万用户，如图 3 所示。

光纤宽带用户占比持续提升。2016 年，全球固定宽带用户总数达到 8.6 亿户，同比 2015 年增长 10.1%。光纤宽带用户占固定宽带用户的比重持续提高，从 2012 年的 22.7% 快速提升至 2016 年的 51.4%，增速下滑至 20% 左右，如图 4 所示。光纤使用率最高的前 7 位均为亚洲国家或地区，前三名分别为阿联酋（87.1%）、新加坡（78.1%）和中国（76.6%）。

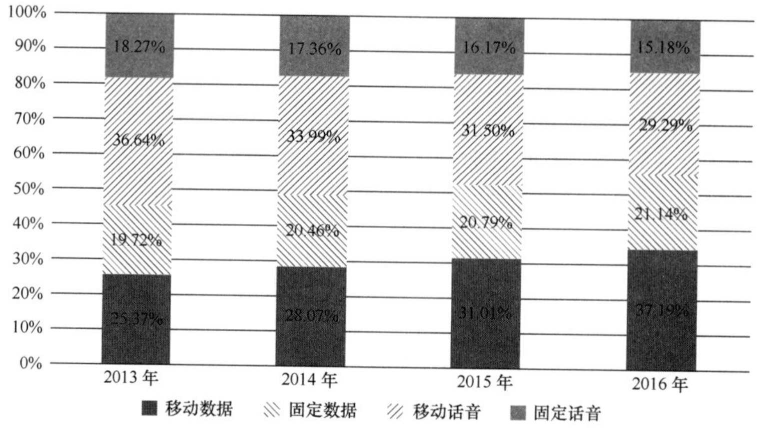

数据来源：Gartner

图 2　全球基础电信业收入结构

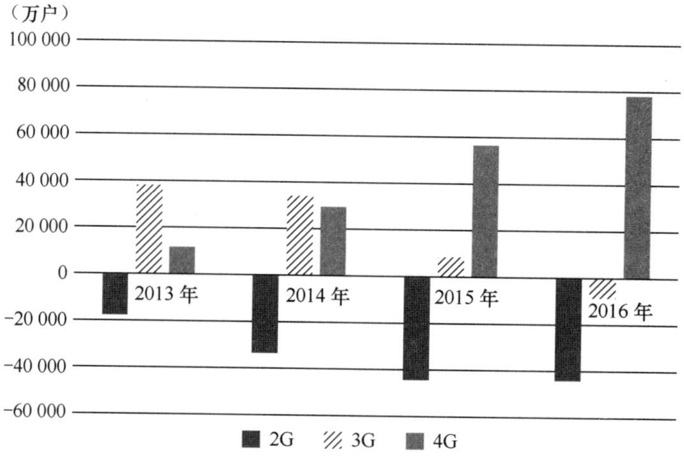

数据来源：GSMA

图 3　全球各制式移动用户新增情况

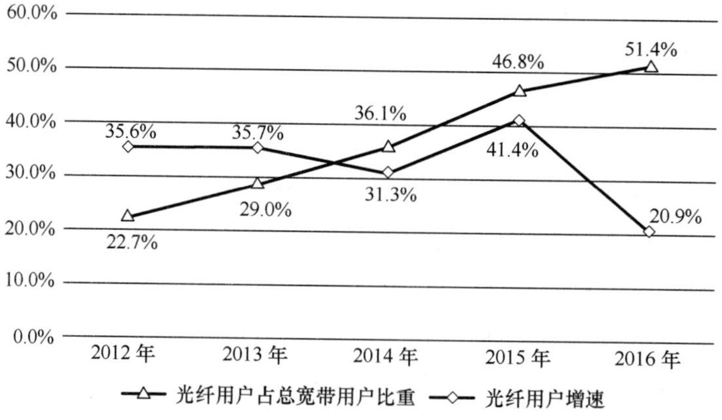

数据来源：PointTopic，工业和信息化部

图 4　全球光纤宽带用户占比及增速

数据流量使用方面，超过 90% 的数据流量是由智能手机产生的，每台智能手机平均月使用流量从 2015 年的 1.4GB 增长到 2016 年的 1.9GB。而各地区移动流量使用有很大差异，北美地区智能手机用户平均每月数据流量消耗 5.1GB，超过中东及非洲用户近 3 倍，如图 5 所示。

我国移动互联网用户消费加速升级，2016 年月用户平均接入流量 772MB，同比增长 98.3%，12 月单月用户平均移动互联网流量首次突破 1GB。

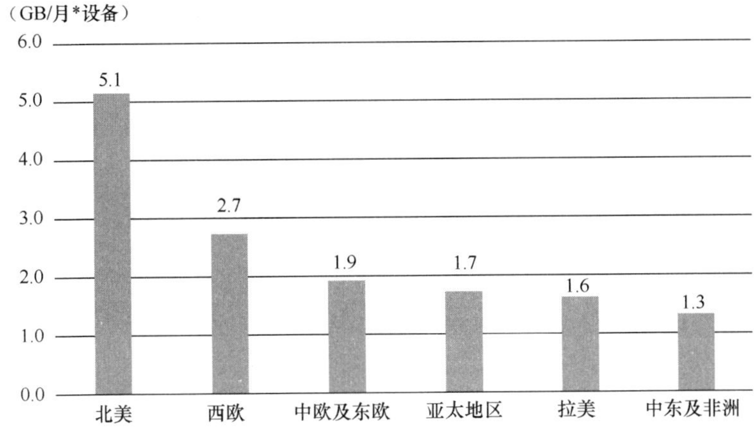

数据来源：爱立信、工信部

图 5　2016 年各地区智能手机平均数据流量

4. 全球网络覆盖地区差距较大，LTE-A 部署稳步推进

全球 4G 网络规模稳步增长，地区发展差距较大。据 GSA 统计数据显示，截至 2016 年 10 月，全球已有 170 个国家累计部署了 537 张 LTE 或 LTE-A 商用网络，预计 2016 年年底将达 560 张，其中共有 47 个国家部署了 80 张 TD-LTE 网络。同时，全球 LTE 网络覆盖也存在地区性差距较大的特点，牙买加、利比里亚、缅甸等地首次实现 LTE 覆盖。全球 LTE 商用网络规模如图 6 所示。

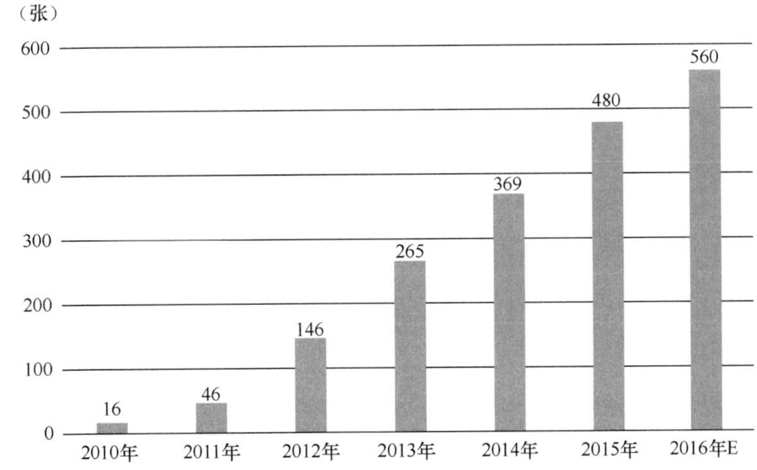

数据来源：GSA，2015 年年底数据实际为 2016 年 1 月

图 6　全球 LTE 商用网络规模

全球 LTE-Advanced 网络部署稳步推进，VoLTE 商用进程加快。来自 LTE-A 和 LTE-A Pro 的许多增强特性能够为未来 5G 网络升级奠定基础，这将是一大显著优势。据 GSA 报告显示，继 LTE 商用网络全球扩张后，76 个国家和地区的 166 家运营商推出了 LTE-A 服务。Cat9 的网络（峰值速率 450Mbit/s）数量正在显著扩大，Cat11 的网络（峰值速率 600Mbit/s）正在进行商用推广，有助于千兆服务在 2016 年年底前问世。2016 年年初，澳洲电信（Telstra）公开表示计划在年内推出千兆级别 LTE 网络服务，爱立信为此提供了软件和基础设施，通过在两个载波聚合上进行了 4×4 MIMO、在第三个载波上进行了 2×2 MIMO，以及 256QAM 高阶调制，最终实现了 1Gbit/s 的速率。此外，T-Mobile 也首次在奥地利展示了 LTE-A 的网络能力，通过各种技术的组合实现了将近 2Gbit/s 的速率。Orange 西班牙也宣布，在瓦伦西亚市进行的 LTE-A 技术试验中，通过聚合 800MHz、1 800MHz、2 600MHz 和 3 500MHz 频带的频率，使用 256QAM、4×4 MIMO 天线，将下载速度提升到 1.5Gbit/s 以上。

过去几年中，全球 VoLTE 的商用进展一直不如预期。2015 年上半年，全球仅有 16 个国家和地区的 25 家运营商推出了采用 VoLTE 技术的商用高清语音服务。到 2015 年年底，全球也仅有 28 个国家和地区的 40 家运营商推出了 VoLTE 商用服务，发展速度远远落后于 LTE 产业整体发展水平。但是，到了 2016 年，VoLTE 全球推广明显加快，截至 2016 年上半年，有 29 个国家的 51 家运营商推出商用服务。我国的商用部署也得到了飞速发展，克服了 VoLTE 设备兼容性、用户体验一致性、参数配置复杂性等困难，终于迎来了 VoLTE 商用服务。目前中国移动已有 13 省 141 个城市推出商用，2016 年 3 月启动了 VoLTE 网络质量提升百日会战。中国联通和中国电信预计将在 2017 年实现商用。

（二）全球电信业市场发展热点

1．5G 成为各国发展战略重点，国际标准全面启动

5G 成为各国发展的战略重点，加强合作成为共识。多个国家和地区纷纷提出 5G 发展规划，加大 5G 研发推进力度。欧盟设立了 5G PPP、METIS 等重大项目，研发经费超过 42 亿欧元，并于 2016 年 9 月发布了 5G 行动计划，2016 年年底确定 5G 首发频谱，2017 年年底规划全部 5G 频谱，2018 年启动 5G 预商用试验，2020 年年底推动 5G 全面商用。美国率先明确 10.85GHz 带宽的 5G 高频资源，成为全球首个正式规划 5G 频谱的国家，并发布了预算 4 亿美元的“先进无线通信研究计划”，计划 2017 年启动 5G 试验，将建设 4 个城市级测试平台。日本 NTT DoCoMo 2015 年就联合部分主流设备厂商共同开展了 5G 技术测试。5GMF 将于 2017 年牵头启动日本的 5G 技术试验。韩国发布了 5G 国家战略，拟投入 1.6 万亿韩元（约合 14.3 亿美元），并计划 2018 年年初平昌冬奥会期间由韩国电信开展 5G 预商用试验。

5G 也已成为我国信息通信领域的重点突破方向。《中国制造 2025》中指出，应全面突破第五代移动通信技术，推动核心信息通信设备体系化发展与规模化应用。《“十三五”规划纲要》中也提出，要积极推进 5G 发展，2020 年启动 5G 商用。同时，《国家信息化发展战略纲要》提出到 2020 年 5G 技术研发和标准取得突破性进展的战略目标。为支持 5G 研发工作，我国在

“863”计划和“新一代宽带无线移动通信网”重大专项两个方面支持5G技术创新和产业化发展。2016年1月，我国全面启动5G技术研发试验，由IMT-2020（5G）推进组负责组织实施。

同时，全球业界已基本达成共识，将共同研制全球统一的5G国际标准，并合作推动后续产业和应用发展，构建全球5G产业。中美日韩等各国政府及5G推进组织积极开展5G双边和多边合作。2015年10月，IMT-2020（5G）推进组、欧盟5G PPP、韩国5G论坛、日本5GMF和美国5G Americas于葡萄牙里斯本签署合作备忘录，将针对5G需求、概念、技术、标准、频谱等方面开展进一步的深入合作。目前，上述5G推进组已联合举办了两届全球5G大会，推动全球业界就5G进行充分沟通、交流与观点融合，各方均认可将在ITU和3GPP的框架下，充分兼顾差异化诉求，研制全球统一的5G标准，既要支持增强移动宽带应用，也要满足物联网及垂直行业应用需求；既要定义5G新空口，也要支持4G平滑演进；既要支持6GHz以下的低频频谱，也要支持6GHz以上的高频频谱。

5G国际标准全面启动，技术框架逐步完成。3GPP明确了5G标准规划，将包含R15和R16两个版本，其中R15标准分为两个子阶段。第一个子阶段在2017年年底或2018年3月完成非独立组网的5G新空口技术标准化，满足美韩日等激进运营商的需求，并完成5G网络架构标准化。第二个子阶段在2018年6月完成独立组网的5G新空口和核心网标准化，支持eMBB和uRLLC两大场景，满足2020年5G商用需求。此外，R16标准将于2019年9月完成，支持eMBB、mMTC和uRLLC三大场景，并满足全部ITU IMT-2020技术要求。无线技术方面，3GPP于2016年3月启动了5G研究，目前已经基本形成新空口技术框架；网络技术方面，3GPP于2016年11月完成了5G系统架构研究，将在2017年1月启动《总体架构和功能技术规范》以及《业务流程技术规范》标准制定。

5G新空口技术框架逐步形成，新空口架构具有灵活、低时延、多业务共存等特点。基础参数方面，5G新空口子载波基于15kHz进行灵活的扩展，支持多套参数；支持低时延、灵活自包含的帧结构；引入新波形，支持业务间灵活共存；支持OFDMA基础多址，并充分讨论新型多址方案，涉及码域、序列和交织方案；在多天线方面，新空口基于4G多天线方案，侧重于研究基站侧和终端侧的波束赋形方案；支持灵活的协议栈分布，针对不同应用场景，接入网协议灵活分布于中心或远端节点。

5G将同时支持移动宽带和物联网景，但在具体标准化技术路线方面，各国观点存在一定的差异。目前，ITU已基本完成5G技术需求指标和评估要求研究，5G业务包含增强移动宽带、海量连接物联网和低时延高可靠物联网。在3GPP标准化技术路线上，针对业务场景存在两类观点：一方面，美日韩欧设备商建议3GPP第一版本的5G R15标准重点完成移动宽带标准化工作；另一方面，我国运营商、设备商及主要的欧洲运营商认为产业需要融合发展，移动宽带业务和移动物联业务同等优先，建议3GPP同步开展移动宽带和物联网标准制定工作。频谱方面，3GPP综合各方观点后决定5G第一版本将支持40GHz以下的频谱。

2．运营商转型战略逐步清晰，数字化转型加速

数字化转型成为全球电信业的共识。面对传统业务收入增长乏力，全球更多的领先电信运

营推出了清晰的数字化战略。AT&T 制订了“成为全球领先的一体化通信服务提供商”的战略目标；德国电信则将发展方向定位于“数字化未来的缔造者”，从“纯电信运营商”向“运营商 +”演进；NTT DoCoMo 也降低姿态强调合作，有产业链主导者变为聚合者；韩国 SK 发布的新增长战略则明确将打造一个开放的生态圈，成为“下一代平台提供者”；新加坡电信的战略目标是要成为“亚太地区最佳多媒体解决方案集团公司”。与此同时，我国三家基础电信运营商也分别启动了新阶段的数字化战略。

在数字经济大背景下，数字化转型是各行业传统企业的共同转型方向，而电信运营商的转型使命是通过实现自身的数字化转型来帮助其他行业转型。这一转型过程既涉及电信业、互联网业等 ICT 服务业内部的深度融合，也涉及 ICT 与其他传统产业的深度融合，包含电信运营商自身运营能力的变革和提升，以及新领域、新业务的拓展两个层面的转型。当前具体聚焦于内容和视频、网络重构、产业互联网、物联网四个主要方向。

媒体内容领域布局，国内外运营商拓展手段不同。国外电信运营商拓展媒体内容领域主要依靠投资并购，希望通过数字媒体内容资源来掌握用户需求。标志性事件有 AT&T 接连收购 DirecTV 和华纳时代，Verizon 继收购 AOL 后收购雅虎核心资产等。我国运营商对视频内容领域的拓展则主要是依靠开发高流量业务，与内容 / 服务商进行流量后向经营等方式，如中国移动开发咪咕视频、中国联通推出的“搜狐视频联通版”、中国电信的“优酷天翼卡”等。

数字化转型初始阶段，经济效益显现尚需时日。尽管电信业的数字化转型已历经多年，但从 2016 年部分领先运营商财务表现来看，目前转型业务的经济效益尚未完全显现。

在美国市场，AT&T 集团收入达到 1 638 亿美元继续蝉联营收榜首。其中占比最大的企业解决方案业务营收与 2015 年基本持平，未来战略重点将在 SDN 软件、车联网、智慧城市等业务上。从收入增长驱动因素来看，视频、IP 服务及国际业务增长抵消了传统移动业务的下滑。Verizon2015 年营收 1 260 亿美元，移动、固定、企业业务模块均出现收入下滑，大量用户迁移到无补贴的设备支付计划，导致移动服务仅收入 666 亿美元，下降 5.4%。转型定位于物联网平台和数字广告领域的 Verizon，继收购 AOL 之后又于 2015 年收购雅虎核心资产，这些举措能否产生实际经济效益还有待进一步观察。

在日本市场，NTT 集团 2016 年（按自然年计算，下同）收入 11.41 万亿日元，与 2015 年基本持平，利润率提升近两个百分点。占比最大的 IP/ 数据包业务总营收达到 3.78 万亿元，系统集成进入平稳发展通道，占总收入比重四分之一。软银集团收入 9.15 万亿日元，同比增长 2.3%，Sprint 表现出现改善现象，拉动集团利润大幅增长。擅长投资的软银在零售、虚拟现实以及卫星通信等领域的创企进行了积极的融资活动，收购 ARM 带来近 700 亿日元的收入。

在中国市场，三家运营商总营收达到 13 349 亿元，比 2015 年上涨 4.6%，净利润 1 274 亿元，相较于 2015 年利润下滑 8.5%，排除一次性出售铁塔获利的影响则基本持平。从市场份额来看，中国移动一家独大的态势更为显著，更是压倒性占到了总利润的 85% 以上，其 4G 业务已形成一枝独秀之势，固定宽带也以低价优势形成了 7 762 万的用户体量。而电信与联通在 IDC、云、物联网等新兴领域积极开拓，相关业务收入增幅超过 30%，但仍然无法在总量上与中国移动抗衡，如图 7 所示。

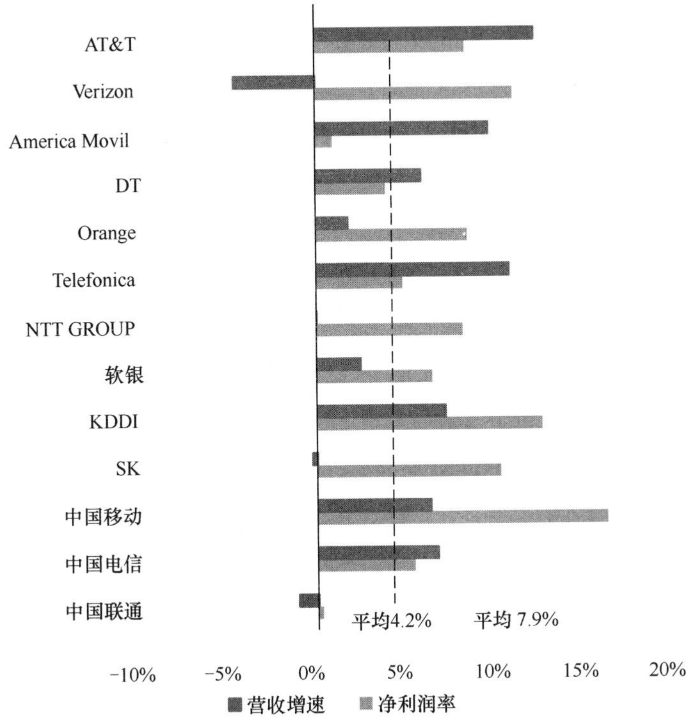

数据来源：各企业财报，采用自然年统计

图 7　全球领先运营商 2016 年营收利润情况

（三）2017 年全球电信运营市场展望

1. 全球通信服务业收入平稳增长，数据业务占比达 58%

2017 年制造业和贸易向好，但许多新兴市场经济体的政府债务都处于较高水平，可能会使增长更加迟缓，预计全球经济增长 2.7%。而基础电信业预计收入 1.61 万亿美元，同比增长 1.9%。数据（移动数据 + 固定数据）服务收入将超过 9 300 亿美元，占比达到 58.2%，其中移动数据业务占比将进一步扩大到 37%。由于欧洲、北美和成熟亚太地区的运营商整合，以及服务定价透明度的提高，因此这些地区的移动服务收入将缓慢下滑。另外值得注意的是，企业通信服务部分，由于云服务需求以及物联网设备增加，迫使企业加强核心网建设，以便在其分支与云提供商之间建立安全、可靠和高质量的连接，这将促进混合 WAN 架构的发展。

2. 全球移动用户将接近 80 亿，我国 4G 用户有望突破 10 亿

2017 年全球移动用户数预计将接近 80 亿户，普及率达到 104%，预计 2021 年将超过 90 亿户。全球 LTE 用户处于快速发展期，预计将在 2017 年超过 25 亿户，2021 年将接近 40 亿户。受 LTE 影响，3G 用户 2017 年还将加速下降。

预计 2017 年我国总 LTE 用户数将有望突破 10 亿户，在总移动用户中的渗透率将超四分之三。

3. 移动数据流量增速放缓，印度或成主要推动力量

在现有移动应用业务形态下，未来五年全球移动数据流量增速将大幅放缓，2016—2022 年全球移动数据流量的年复合增长率将降至 36% 以下，其中全球平均每部智能手机数据流量将从 1.9GB/ 月增至 12GB/ 月。各地区移动流量使用依然保持较大差异，2017 年北美地区智能手机用户平均每月数据流量消耗 6.9GB，是使用量第二的西欧地区（3.9GB）的 2 倍左右。

全球移动数据和语音流量持续强劲增长，这种增长是受智能手机用户和平均数据使用所驱动的，主要是通过观看视频内容。在全球第二大移动用户市场，印度运营商 Reliance Jio 推出了极具吸引力的数据流量套餐，可以支持免费的语音和数据服务，显著推动了全球流量增长，2017 年第一季度全球移动流量同比增长 70%，能否持续推动还有待进一步观察。

福建省互联网行业 2016 年运行监测报告

一、福建省 2016 年互联网行业发展特点

2016 年，福建省互联网行业快速发展，基础设施不断夯实。互联网与经济社会各领域的渗透融合持续加快，“互联网 +”新型业态广泛拓展，产业创新引领、线上线下互动消费趋势特点明显。此外，上市企业数量与市值总额持续提升，行业投融资前移趋势明显，行业整体繁荣发展。

（一）互联网行业平稳快速增长

互联网行业收入保持快速增长，增幅远高于全省 GDP。2016 年，福建省互联网重点调度联系企业[1]（以下简称互联网重点企业）总营业收入 597.4 亿元，同比增长 20.5%。其中，互联网业务收入达到 432.7 亿元，同比增长 23.4%，远高于全省地区生产总值（8.4%）和基础电信业务收入（3.7%）的增长幅度，表现较好，如图 1 所示。

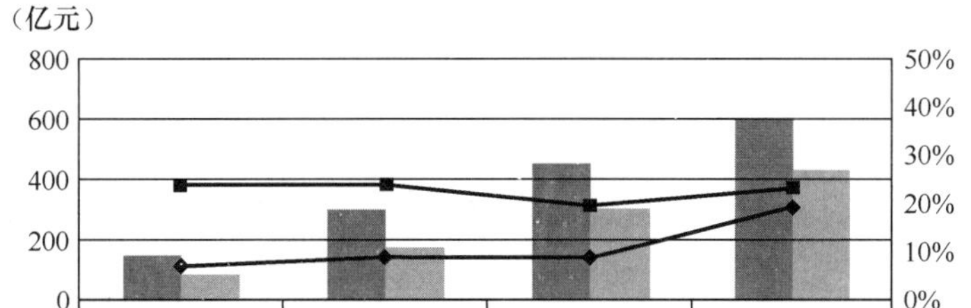

	2016.3	2016.6	2016.9	2016.12
营业收入	147.8	300.8	452.6	597.4
互联网业务收入	85.5	176.2	303.6	432.7
营业收入增速	7.3%	9.1%	8.9%	20.5%
互联网业务收入增速	23.8%	23.9%	19.4%	23.4%

图 1　福建省互联网重点企业营业及互联网业务收入发展情况

业务领域集中在文创媒体和电子商务，九成企业聚集福州和厦门。福建省互联网重点企业的业务领域主要为文创传媒、电子商务较多，约占总数的 50%，其次是创业创新、智慧云服务、益民服务较多。企业集聚效应明显，厦门、福州等地企业数量占比达到 90% 以上，分布情况如图 2 所示。

1. 包括福建省基础电信企业和年收入超过 300 万元或用户超过 1 000 万户的互联网企业。

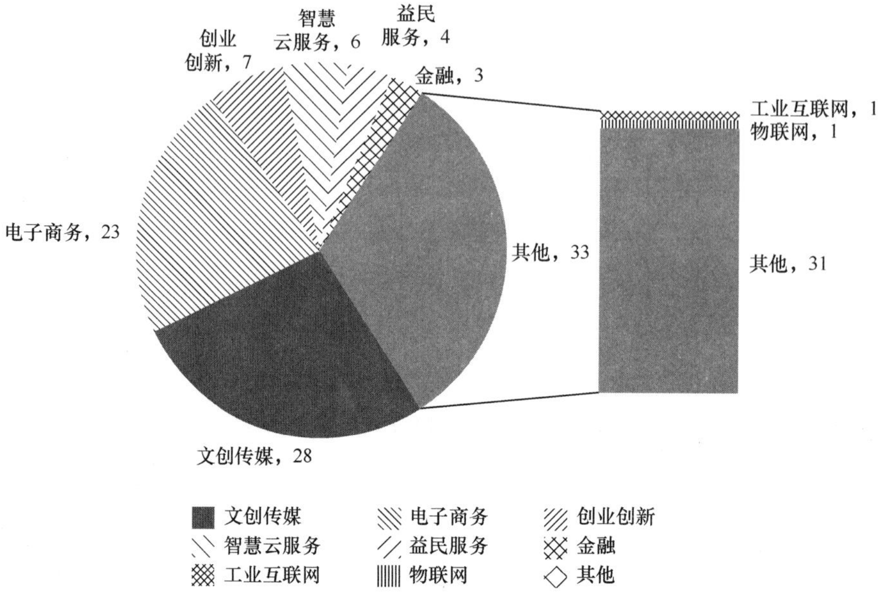

图 2　福建省互联网企业开展业务服务或应用领域情况（单位：个）

互联网从业人员保持稳步增长，研发人员增幅明显。2016 年，福建省互联网重点企业人员总数达到 4.64 万人，同比增加 5.1%。其中，从事互联网业务的人员占企业总人数的 85.0%，同比增长 7.6%。研发人员增长显著，同比增长 18%，不同类型互联网企业研发人员的占比不同，如图 3 所示。

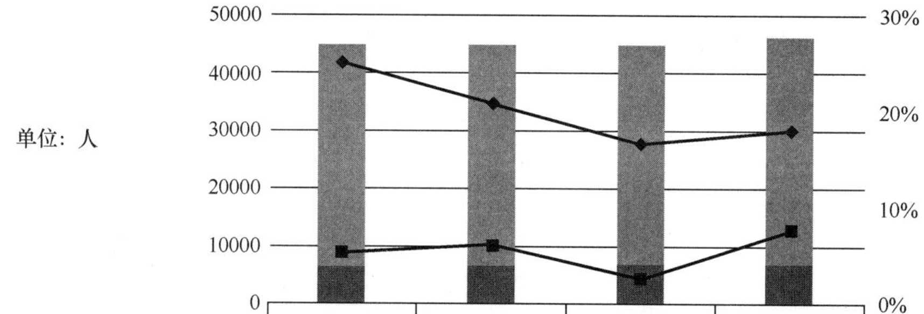

	2016.3	2016.6	2016.9	2016.12
互联网从业人员	38 401	38 476	37 564	39 401
研发人员	6 502	6 629	6 957	7 033
互联网从业人员同比增加	5.5%	6.1%	2.6%	7.6%
研发人员同比增加	25.0%	20.9%	16.7%	18.0%

图 3　福建省互联网企业从业人员发展情况

（二）互联网应用服务业务繁荣发展

1．互联网基础设施支撑作用凸显

互联网基础设施日益完善，基础服务收入增速达到两位数。2016 年，伴随着“宽带中国”

战略的推进和提速降费措施的落实，全省宽带提速效果日益显著，电信普遍服务实施效果显著，加大对 23 个省级扶贫开发工作重点县的基础设施加大投入，为网络扶贫、缩小城乡“数字鸿沟”提供了重要手段。2016 年全年，福建省互联网重点企业完成互联网基础服务业务收入 232.0 亿元，同比增长 15.4%，在互联网业务总收入的占比达到 53.6%，比前三季度占比略有下滑，如图 4 所示。

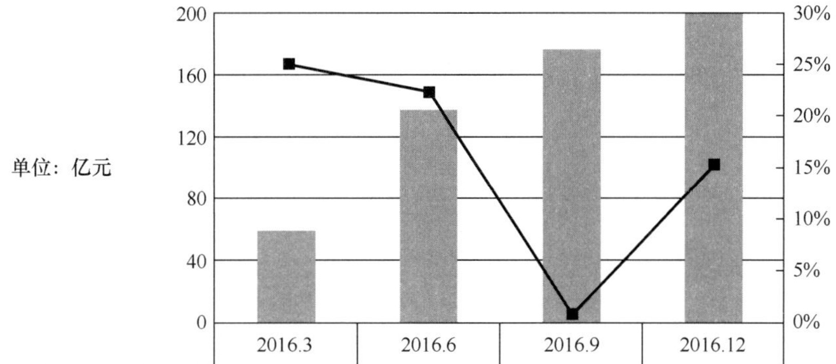

	2016.3	2016.6	2016.9	2016.12
互联网基础服务收入	59.0	137.0	176.0	232.0
同比增长	25.1%	22.4%	0.7%	15.4%

图 4　福建省互联网基础服务业务收入发展情况

互联网接入服务业务占比九成，接入服务加速向移动化迁移。在互联网基础服务细分业务中，互联网接入服务业务收入占比连续突破九成，达到了 90.4%，较第三季度下滑 1.4 个百分点。2016 年网络直播飞速发展，带动视频行业迎来爆发式增长，福建省互联网基础设施日趋完善顺应了这一趋势，推动了互联网接入服务发展，尤其是移动互联网接入业务增长更为迅猛。2016 年，福建省移动互联网接入收入同比增速达到 15.1%，高于互联网接入业务收入增速 1.5 个百分点，移动互联网接入收入占互联网接入收入比重保持稳定，达到 71.3%，比第三季度有所提升，提升了 2.2 个百分点，如图 5 所示。

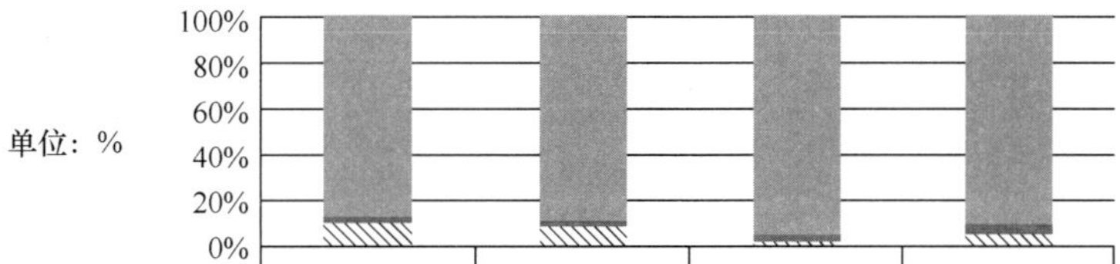

	2016.3	2016.6	2016.9	2016.12
互联网接入服务	86.8%	88.2%	91.6%	90.4%
互联网数据中心	2.7%	2.5%	2.7%	3.8%
内容分发	0.2%	0.2%	0.0%	0.0%
其他	10.0%	8.6%	2.0%	5.8%

图 5　福建省互联网基础服务业务收入结构变化情况

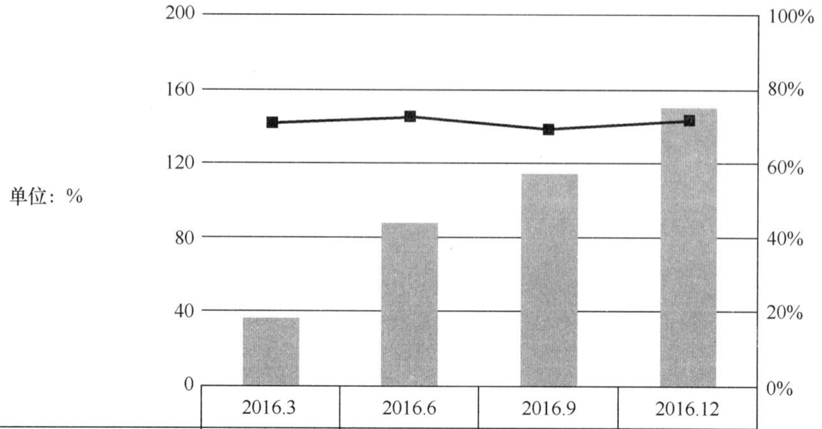

	2016.3	2016.6	2016.9	2016.12
移动互联网接入业务收入	36.2	87.7	114.1	149.6
收入占比	70.7%	72.6%	69.2%	71.3%

图 6　福建省移动互联网接入收入占比变化情况

数据中心业务收入翻倍增长，基础电信企业保持绝对领先优势。随着网络游戏、网络视频直播等发展，以及“互联网 + 行业”深入，带动了互联网数据中心业务呈现爆发式增长态势。2016 年，福建省互联网数据中心业务收入达 8.7 亿元，同比增长 107.1%，如图 6 所示。依托管道、网络资源等优势，福建省基础电信企业保持数据中心业务领域领先，福建电信领先优势最为明显。

2．互联网应用服务业务繁荣发展

互联网传统应用业务保持稳定，网络娱乐类业务占比居首。2016 年全年，福建省互联网应用服务业务收入为 200.7 亿元，同比增长 34.2%，在互联网业务总收入的占比达到 46.4%，如图 7 所示。在各项互联网应用服务业务收入中，网络娱乐类应用业务依然占据第一位置，收入占比过半，份额较前三季度略有提升，信息获取类业务模式较为成熟，商务交易类业务收入占比较前三季度有所提升，如图 8 所示。

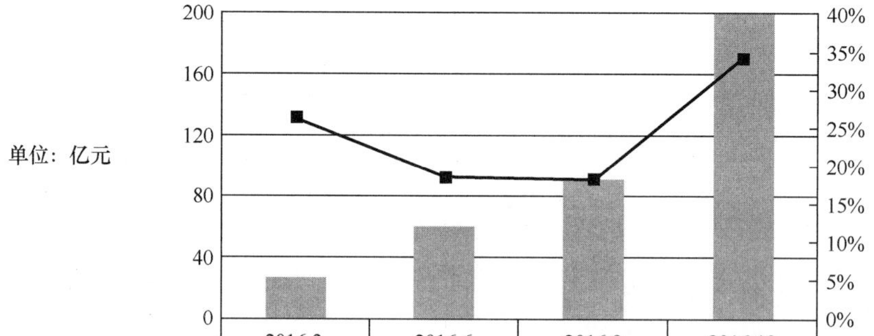

	2016.3	2016.6	2016.9	2016.12
互联网应用服务收入	26.6	59.4	91.0	200.7
同比增长	26.3%	18.7%	18.2%	34.2%

图 7　福建省互联网应用服务业务发展情况

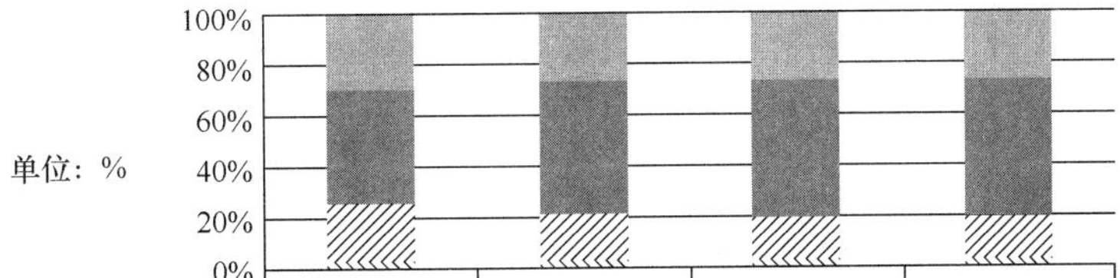

	2016.3	2016.6	2016.9	2016.12
信息获取	29.3%	24.7%	26.3%	26.4%
网络娱乐	44.5%	50.5%	53.0%	53.1%
商务交易	22.5%	17.2%	15.9%	16.0%
新兴业务及其他	3.7%	3.6%	3.8%	3.8%

图 8 福建省互联网应用服务业务收入结构变化情况

3. 网络娱乐类业务发展依然迅猛

网络娱乐类业务收入高速增长，收入占比同比上升。2016 年，福建省网络娱乐类业务保持高速增长，同比增长 46.4%，在全国网络游戏行业增长趋缓情况下，表现良好。网络娱乐类应用服务业务收入在互联网应用服务业务收入占比达到 53.1%，较前三季度略有提升，如图 9 所示。**网络直播掀起创业创新浪潮，直播领域持续拓展，行业迎来爆发式增长。**数字阅读巨头掌阅科技与直播新秀“梦想直播”达成战略合作，将以影视、文娱和大 IP 为依托，共同打造“直播 + 大文娱 IP”的全新商业模式。实现业内首例 IP、内容、造星全产业链合作模式，未来催生的市场规模相当于让现有直播市场价值扩容超过一倍。

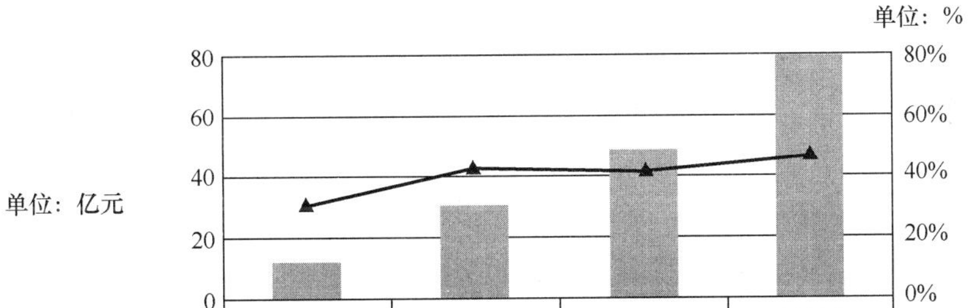

	2015	2016.3	2016.6	2016.9
网络娱乐类收入	11.8	30.0	48.2	106.3
同比增长	30.7%	43.5%	41.4%	46.4%

图 9 福建省互联网网络娱乐类业务收入情况

网络游戏行业继续高速增长，并不断转型升级。2016 年，福建省网络游戏收入达到 62.3 亿元，同比增长 134.3%，继续保持高速增长态势，渠道融合、产品转型升级成为网络游戏公司制胜的法宝。吉比特通过自主运营与联运结合，手游转型初获成功。在运营、发行方面，自主运营与联运结合，拥有雷霆游戏平台，自主发行多款游戏，同时与众多的联合运营平台和媒体推广公司保持良好的合作关系。在产品转型方面，积极向移动游戏转型，获得了初步的成功。2016 年，公司实现手游总收入近 10 亿元，是“端游 + 页游”收入之和的 2 倍多，如图 10 所示。

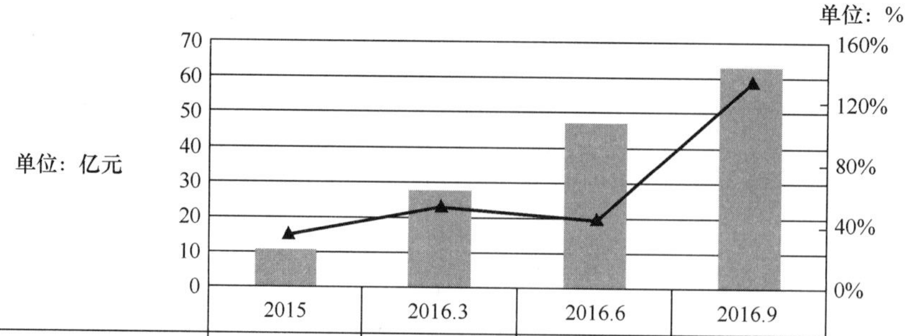

	2015	2016.3	2016.6	2016.9
网络游戏业务收入	10.4	27.2	46.1	62.3
同比增长	34.6%	51.6%	43.0%	134.3%

图 10　福建省网络游戏业务收入占比变化情况

4．信息获取、商务交易类业务发展回暖

信息获取类应用服务收入发展回暖。信息获取类应用服务业务主要包括社交应用和网络广告服务。目前，由于互联网整体市场环境的改善，2016 年，福建省信息获取类应用服务收入规模达到 53.1 亿元，同比提升 11.8%，如图 11 所示。

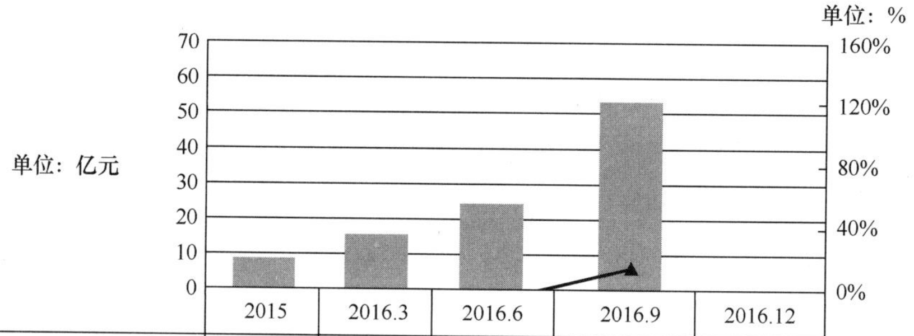

	2015	2016.3	2016.6	2016.9	2016.12
信息获取类收入	7.8%	14.7%	23.9%	53.1	
同比增长	−2.0%	−0.5%	−9.3%	11.8%	

图 11　福建省互联网信息获取类业务收入情况

商务交易类应用服务收入高速增长，电商交易类应用受宏观经济环境影响不大。尽管福建省宏观经济景气指数有所下滑，增速有所放缓，但重点企业电子商务业务 2016 年依然保持高速增长态势，发展势头良好。2016 年全年福建省商务交易类应用服务收入规模达到 30.7 亿元，同比增长 30.4%，实现了快速增长，如图 12 所示。商务交易类应用主要是电子商务平台，第三方支付，互联网金融服务业务三方面的收入。其中电子商务平台一直作为主要的收入来源，收入规模达到 21.3 亿元，同比增长 82.1%。第三方支付平台业务呈现爆发式发展，收入规模达到 5 880.6 万元，同比增长 26.5 倍。

近年来，福建省先后出台多项政策鼓励农村电商、跨境电商等发展，海上丝绸之路起点、对台区位优势等地理优势进一步推动了跨境电商，乃至整体电子商务行业的发展。

各地政府纷纷结合自身特点，主动拥抱电商，推动农村电商、跨境电商在本地的发展。福州等地致力于打造“21 世纪海上丝绸之路”的契机，大力推动跨境电商的发展，2016 年跨境电商贸易额首度突破亿元。平潭等地借助对台区位优势着力打造跨境电商产业集群。德化已培育跨境电商企业 100 多家，并率先在美国、俄罗斯设立陶瓷跨境电商海外仓。

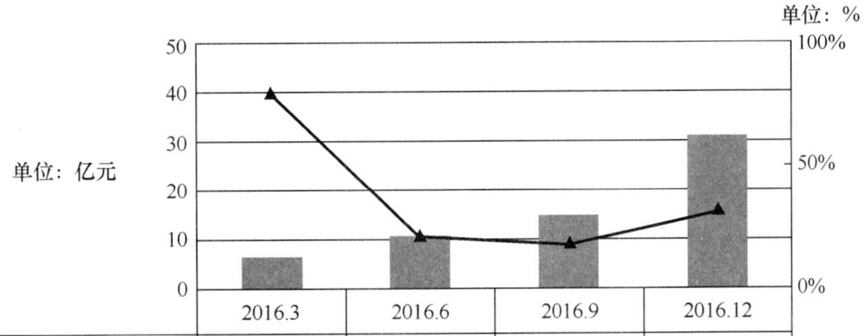

	2016.3	2016.6	2016.9	2016.12
商务交易类收入	6.3	10.2	14.4	30.70
同比增长	80.1%	21.1%	18.0%	30.4%

图 12　福建省互联网商务交易类业务收入情况

（三）新技术推动互联网新业态蓬勃发展

以大数据、智能化、移动互联网、云计算为代表的新一代信息通信技术与经济社会各领域全面深度融合，催生了很多新产品、新业务、新模式，在整个产业链中的优势不断放大，促进了生产方式、商业模式创新。福建省先后制订了战略新兴产业、大数据、物联网等发展实施方案，加强对新兴业务发展的指导和促进。

1. 新兴类业务发展方兴未艾，未来潜力巨大

2016 年，福建省新兴类应用业务收入较少，但增长很快。全省新兴业务收入达到 7.6 亿元，同比增长 49.0%。其中：云计算、大数据等收入规模较大，超过亿元。以大数据为例，通过数据的采集、存储、管理和分析，进而形成智能化决策和评价，应用于大数据相关的各个领域。基于大数据的发展，正在形成上游数据，中游产品，下游服务的产业体系。2016 年，福建省重点互联网企业云计算及大数据收入规模达 3.9 亿元。在智能化方面，车联网、智慧医疗、智能家居等物联网应用产生海量连接，远远超过人与人之间的通信需求。智能硬件底层传感技术需求持续增加，窄带物联网成为万物互联的重要新兴技术，带来更加丰富的应用场景。2016 年，福建省重点互联网企业物联网收入规模达 9 000 万元，如图 13 所示。

2. “互联网 +”融合业态不断涌现，传统业务拓展新空间

福建省互联网企业紧跟移动互联网时代发展步伐，迎接人工智能化时代的来临，锐意进取，不断创新，成效显著。**虚拟现实进入快速成长期，通过提升内容体验与交互方式，并扩大资本支持与市场推广，虚拟现实技术正在向游戏、视频、零售、教育、医疗、旅游等领域延伸。**网龙公司致力于搭建 VR 开放平台，打造大产业 VR 生态圈，目前教育行业已取得初步成效，不仅与培生教育集团建立了合作关系，第三季度教育行业实现收入 3.92 亿元，同比增长超过 40 倍。**网络教育积极探索新的市场空间，互联网企业与教育机构合作，探索建立网络学习、扩大优质**

教育资源的新途径。绿网天下已构建出“软件＋平台＋智能终端”的新商业模式。除绿色上网软件外，还开发出智慧校园平台、智习客软件、N2 智能笔、小格雷学生手机和儿童电话手表。丰富的产品体系打造了智能管控和学习一体化。

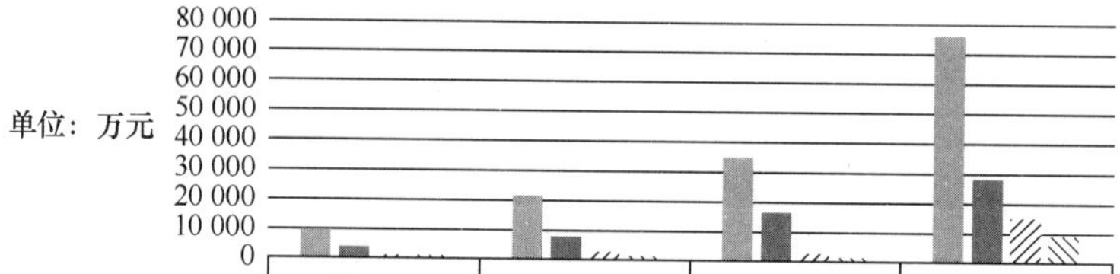

	2016.3	2016.6	2016.9	2016.12
新兴应用收入	9 874.4	21 696.0	34 689.1	76 035.4
云计算收入	3 809.5	7 664.0	16 779.6	28 127.8
大数据收入	844.1	2 522.4	2 814.8	14 989.2
物联网收入	1 006.8	1 556.7	1 434.1	9 001.5

图 13　福建省新兴应用服务业务收入发展情况

（四）上市企业数量与市值总额持续提升

1. 上市企业市值突破 800 亿元，数量过十家

2016 年，福建省互联网企业中上市或挂牌交易的企业数量为 11 家[1]，包括上海股票交易所（以下简称“上交所”）1 家，深圳股票交易所（以下简称“深交所”）2 家、深圳股票交易所创业板（以下简称“创业板”）上市公司 1 家，中国香港股票交易所（以下简称‘港交所’）上市公司 2 家，全国中小企业股份转让系统挂牌公司（以下简称“新三板”）5 家。受美图公司 2016 年 12 月港交所上市和吉比特 2017 年 1 月在上交所上市的影响，截至到 2016 年 12 月底，上市或挂牌交易的企业总市值为 805.5 亿元，环比三季度提升 85.3%，占全国互联网上市公司市值的 1.55%，如图 14 所示。

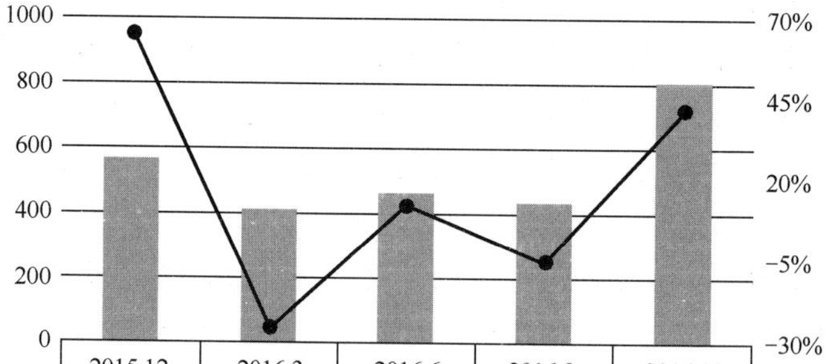

	2015.12	2016.3	2016.6	2016.9	2016.12
总市值（亿元）	564.0	411.8	463.8	434.6	805.5
环比增长（可比口径）	65%	−27%	13%	−6%	43%

图 14　2016 年福建上市互联网企业总市值变化情况

1. 其中有 5 家企业在国内新三板上市和 2017 年 1 月 4 日在上交所上市的吉比特公司。

2. 内地上市公司市值占近五成，百亿企业达 4 家

福建省上市的互联网企业中，内地上市公司 9 家，市值合计 381.0 亿元。香港上市 2 家，市值合计 424.5 亿元。从上市地的市值占比来看，内地上市企业市值占比 47.3%，其中新三板上市企业在内地上市企业市值占比较低，仅为 3.2%。中国香港上市企业市值占比 52.7%，如图 15 所示。

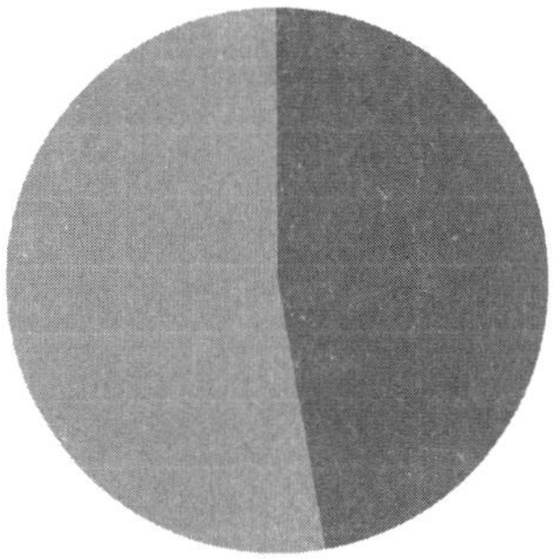

图 15　福建省上市互联网企业按上市地划分市值分布图

从市值规模来看，市值超 100 亿元有 4 家，包括美图、吉比特、网龙、美亚柏科，其中美图、吉比特为 IPO 上市，网龙、美亚柏科分别为网络游戏、安全行业领先企业。50 亿～ 100 亿元有 2 家，包括榕基软件、三五互联，受整体股市利空因素的影响，主要企业市值出现大幅下降。10 亿元以下有 5 家，均为新三板企业。天信投资旗下的福建中金在线财务表现较好，市值略有上升，具体发展情况见表 1。

表 1　福建省互联网上市企业的发展情况

排名	公司名称	上市地	12月末 市值（亿元）	较9月末增长
1	美图公司	香港	315.9	
2	吉比特	内地	113.8	
3	网龙	香港	108.6	-18.9%
4	美亚柏科	内地	102.3	-11.2%
5	榕基软件	内地	84.6	-12.6%
6	三五互联	内地	54.7	-10.4%
7	天信投资（中金在线）	内地	9.7	3.2%
8	鑫点击网络	内地	4.8	-34.2%
9	商中在线	内地	6.7	-1.5%
10	绿网天下	内地	3.0	11.1%
11	闽保股份	内地	1.3	0.0%

注：除吉比特外，其他公司市值时间为2016年12月30日，吉比特的市值时间为2017年1月10日。

（五）投融资前移趋势明显

2016 年，全年国内互联网行业 VC/PE 融资市场在连续 3 年指数型增长的形势下，活跃度

首次降温，融资案例数量及规模均降幅明显。但福建省互联网领域融资活动依然活跃。主要有两大特点：一是融资活动越来越向“寡头”企业靠拢，美图、吉比特分别在港交所、上交所上市，融资分别超过 30 亿元人民币和 10 亿元人民币。其他大部分融资在百万、千万级别。二是企业融资规模九成以上集中在百万级和千万级，种子天使轮投资呈现扩张态势。三是投资领域业务集中，电子商务、O2O 领域占据主导，文化娱乐、教育等成为新的热点。

1．企业融资规模九成以上为百万级和千万级

根据 IT 桔子和 36kr 融资数据统计，截止到 2016 年 12 月，福建省互联网企业融资案例共有 114 起，有资金统计的有 95 家，95 家融资总数 110 亿元人民币。其中美图和吉比特 IPO 上市共募集资金超过 40 亿元，推动了整体融资金额的上升。

随着企业市值稳重下降，互联网企业和线下企业均放缓行业布局，亿元级别的案例仅为 9 笔，百万级以及千万级别的案例居多，百万级别有 63 笔，千万级别的有 51 笔投资。其中披露融资金额的有 95 笔，案例数量分布如图 16 所示。

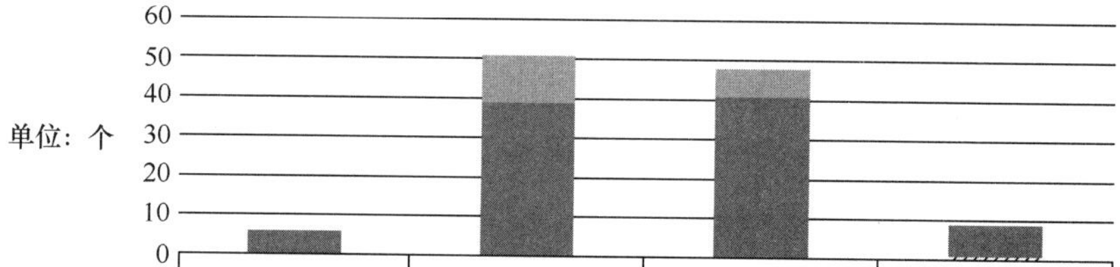

	小于 100 万元	100 万～1000万元	1000 万～1 亿元	1 亿元以上
未透露	0	12	7	0
线下企业	0	0	0	0
互联网企业	6	39	41	8
投资机构	0	0	0	1

投资机构　互联网企业　线下企业　未透露

图 16　福建省互联网企业单笔融资规模的案例数量分布

2．种子天使轮投资呈现扩张态势

在目前国内宏观经济不景气的大背景下，互联网行业依然保持快速发展势头，成为为数不多的亮点之一，互联网领域创业机会较多，促使互联网领域的投融资活动势头不减。在 114 件融资事件中，有高达 49.2% 的企业处于种子天使轮投资阶段，23.2% 的企业处于 A 轮投资阶段。总体来看，2016 年福建省种子天使轮投资呈现扩张态势，投资轮次前移趋势明显，投资者重视高收益风险的种子天使轮投资，与全国趋势基本吻合，如图 17 所示。

3．投资领域业务集中，电子商务、O2O 领域占据主导

截至 2016 年 12 月底，融资重点关注的领域主要集中在游戏、电子商务、本地生活、企业服务、文化娱乐、汽车交通、教育等细分领域。除美图、吉比特通过 IPO 上市获得较大融资外，厦门神州鹰也获得 2 亿元 C 轮融资。从融资数量来看，电子商务、本地生活、文化娱乐领域位列前三位。三个领域的投资笔数占比将近 43.5%，其中电子商务以 14 笔位居第一，业务领域分布见表 2。

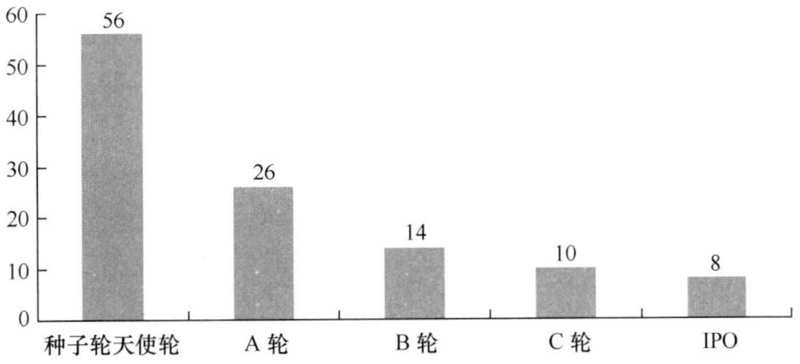

图 17 2016 年福建省互联网企业融资轮次案例数量分布

表 2 福建省互联网企业融资业务领域分布

类别	笔数	笔数占比
电子商务	20	17.5%
文化娱乐	17	14.9%
本地生活	14	12.3%
企业服务	10	8.8%
教育	9	7.9%
硬件	8	7.0%
网络营销	5	4.4%
医疗健康	5	4.4%
网络游戏	5	4.4%
汽车交通	5	4.4%
工具软件	4	3.5%
体育运动	4	3.5%
房产服务	2	1.8%
旅游	2	1.8%
物流	2	1.8%
金融	1	0.9%
社交网络	1	0.9%

电子商务依然是第一大热门领域，农村电商、跨境电商等领域孕育着许多创业机会，也吸引了资本的眼球与关注。与人们日常生活休戚相关的文化娱乐、本地生活领域涉及范围广、市场潜力巨大。此外，企业服务、教育等领域成为投资的新热点，预计未来人工智能领域投资也越来越多。

二、福建省互联网行业发展指数分析

（一）发展指数指标体系

1. 发展指数介绍

本报告借鉴国际电信联盟发布的IDI指数的思路，研究构建了一套用于衡量福建省互联网发展指数。该指标体系可以全面、整体地反映福建省在一段时间内互联网行业发展进步的幅度，还可以细化反映福建省内不同地市互联网行业发展水平的差异，可以综合评价福建省与全国其他省份互联网行业发展水平的差异。

互联网行业发展指数包括三个部分：**互联网设施、互联网消费、互联网服务**。

互联网设施是指互联网行业的基础设施，是各项互联网业务发展的基础和保障，主要包括从固定和移动互联网两个维度反映福建省互联网发展的基础设施情况。

互联网消费是指基于互联网渠道的用户消费行为，侧重于互联网需求侧，从互联网用户规模、消费量等反映福建省互联网消费情况。通过对互联网消费行为的研究，可以直观反映福建省互联网发展水平。

互联网服务侧重于互联网供给侧，从企业规模、效益、投融资、发展贡献等反映互联网服务发展水平。

按照满分100分的标准进行衡量，互联网行业发展指数得分越高，说明福建省互联网行业发展水平越高。

2. 指标体系建立

基于指标选择的科学性、全面性、可获取性、时效性四大原则，选取了与互联网行业发展紧密相关、又能很有代表性的反映互联网设施、互联网消费及互联网服务三大领域，由3个一级指标、9个二级指标和18个三级指标构成。

各项指标的参考值取自2016年上半年东部11省平均值，并考虑未来三年增长情况而设定。

（二）发展指数总体情况

2016年，福建省互联网行业发展总体指数为73.9，相比于第三季度末上升0.7个百分点，比2015年提升了13.5个百分点。总体来看，福建省互联网行业基础设施水平较高，互联网消费水平也在稳步提升，但互联网服务发展滞后，制约了福建省互联网行业的发展，表3为福建省互联网发展指数及分项指数。

互联网设施指数最高，达到81.8。在互联网设施中，固网互联网设施指数较高，其中每千人互联网接入宽带端口数量2016年提升25.5%，从2015年年底的494个提升到2016年12月的620个。固网宽带用户平均接入速率及全国的排名稳步提升。固网宽带用户平均接入速率从 2015 年年底 8.62Mbit/s，提升到 2016 年 9 月 11.36Mbit/s，在全国的排名实现“两连升”，从 2015 年年底的全国排名第 12 位，提升到 2016 年 9 月的全国排名第 8 位。每千人移动宽带（3G/4G）基站数稳步提升从 2015 年 12 月的 3.35 个提升到 2016 年 12 月的 4.10 个，提升了 24.2%。在“宽带福建”和 4G 发展带动下，福建省互联网基础设施建设持续、快速推动，有力地支撑了互联网行业的发展。

互联网消费指数为 64.9，相对较低。在反映互联网消费指数三项指标中，移动宽带（3G/4G）用户普及率从 2015 年 12 月的 67.7%，提升到 2016 年 12 月 72.5%，提升了近 5 个百分点。光纤接入（FTTH/O）用户普及率提升了 8.4 个百分点，改善幅度较大，但距离先进省份依然有较大差距。户均流量从 2015 年 12 月的 0.4GB 提升到 2016 年 9 月的 1.1GB，提升幅度较大，全国第 14 名。千人移动宽带基站数指标表现较好，光纤接入用户普及率提升较大，但距离先进省份差距较大。移动互联网户均流量提升幅度较大，但全国排名依然处于中游水平，还有进一步提升的空间。

互联网服务指数为 76.6。福建省互联网企业数量低于北京、上海、广东、江苏和浙江等省市，占全国比重为 4.4%，且企业规模偏小、研发投入较少、互联网收入增速较慢。福建省互联网企业研发投入占运营收入的比重为 2.9%，低于 2016 年全国互联网企业百强 9% 的研发投入水平。

表 3　福建省互联网发展指数及分项指数

	互联网发展指数	互联网设施分指数	互联网消费分指数	互联网服务分指数
2015年	60.4	70.2	34.6	72.4
2016年第一季度	64.0	78.7	52.6	61.6
2016年第二季度	72.4	79.1	59.0	76.5
2016年第三季度	73.2	80.3	61.7	76.4
2016年	73.9	81.8	64.9	76.6

三、福建省互联网行业经济贡献分析

2016 年 12 月举行的中央经济工作会议强调，以推进供给侧结构性改革为主线，着力振兴实体经济。互联网与传统产业的融合，将在培育壮大新动能、提振产业发展方面发挥不可替代的作用。互联网行业将成为新常态下拉动经济增长和带动经济全面转型的重要引擎。本报告利用投入产出表法，测算出互联网产业每增加 1 元收入，大约能增加相关行业收入 2.2 元，设定互联网行业拉动相关行业系数为 2.2。

（一）互联网经济规模的测算

互联网经济规模为 1 730.8 亿元：2016 年福建省互联网重点企业实现互联网收入 432.7 亿

元，按照全省互联网重点企业收入占比 80% 来核算[1]，互联网行业直接收入为 540.8 亿元，带动其他产业收入增长 1 190 亿元，据此，测算出 2016 年福建省互联网经济总规模为 1 730.8 亿元。

说明：此次提取的重点互联网为 111 家，与福建省统计局企业名录 464 家相比，少了 353 家，实际少了 321 家（统计局企业名录将移动、电信、联通、铁通等基础运营商每个分公司算一个企业增加 32 家企业），且重点互联网企业中，有 58 家没有在统计局企业名录里面。

（二）互联网行业对 GDP 贡献分析

带动 GDP 增长 1 219 亿元：2016 年福建省互联网重点企业实现增加值 305 亿元，按照全省互联网重点企业增加值占比 80% 来核算[2]，互联网行业直接带动 GDP 约为 381 亿元。带动其他行业增加值为 838 亿元，带动 GDP 增长总计为 1 219 亿元。

（三）互联网行业对投资贡献分析

拉动投资 378 亿元：2016 年福建省互联网重点企业完成互联网业务投资 94 亿元，按照全省互联网重点企业投资占比 80% 来核算[3]，直接带动投资约为 118 亿元，间接带动投资 260 亿元，合计拉动投资 378 元。

（四）互联网行业对税收贡献分析

带动税收 199 亿元：2016 年福建省互联网重点企业实现税收 56 亿元，按照全省互联网重点企业税收占比 90% 来核算[4]，直接带动税收约为 62 亿元，间接带动税收 137 亿元，合计带动税收 199 亿元。

（五）互联网经济拉动社会就业

带动就业 21.0 万人：2016 年福建省互联网重点企业的互联网业务从业人员数合计为 3.9 万人，按照全省互联网重点联系企业的互联网从业人数占全部互联网企业从业人数 60% 来核算[5]，直接带动就业约为 6.6 万人，间接带动就业 13.8 万人。合计带动就业 21.0 万人。

1. 根据福建省 2015 年增值电信企业年检数据（含省内和跨地区），2015 年福建省互联网信息服务收入 79.6 亿元，规模以上企业 68.6 亿元，占比约 86.2%，考虑季度数据报送比例较低，因此将推算比例下调至 80%。
2. 由于 2015 年福建省增值电信企业年检数据未统计增加值，因此推算比例采用互联网信息服务收入替代。
3. 根据福建省 2015 年增值电信企业年检数据（含省内和跨地区），2015 年福建省互联网信息服务收入 1.9 亿元，规模以上企业 1.6 亿元，占比约 84.2%，考虑季度数据报送比例较低，因此将推算比例下调至 80%。
4. 根据福建省 2015 年增值电信企业年检数据（含省内和跨地区），2015 年福建省税收约 24.1 亿元，规模以上企业 22.1 亿元，占比约 91.7%，考虑季度数据报送比例较低，因此将推算比例下调至 90%。
5. 根据福建省 2015 年增值电信企业年检数据（含省内和跨地区），2015 年福建省增值电信业务从业人员约 3.9 万人，规模以上企业从业人员 2.8 万人，占比约 71.8%，考虑季度数据报送比例较低，因此将推算比例下调至 60%。

四、福建省互联网行业发展趋势展望

（一）互联网发展环境不断优化，保障行业持续发展

近日，我国出台了首个互联网发展系统规划《关于促进移动互联网健康有序发展的意见》出台，标志着国家从顶层设计角度为我国移动互联网发展提出了要求。

未来国家及福建省关于促进互联网行业发展的配套措施陆续，进一步优化互联网发展环境，如《福建省关于深化制造业与互联网融合发展的实施意见》，进一步推动“互联网＋制造”领域发展。此外，福建省各级政府为互联网发展提供的各类平台、创业园、产业园等不断完善，也为互联网发展创造了更好的环境，有力地保障了互联网行业持续健康发展。

（二）光纤用户普及 20MB，手机上网步入“G”时代

近年来，在“宽带中国”及 4G 发展政策指引下，福建省信息通信业“十三五”规划的出台，提出了 4G 网络全覆盖及光网建设目标，并重点实施十大工程，促进“宽带福建”和 4G 建设提速，互联网基础设施水平日益提高。提速降费政策的落实推动了流量资费的下滑，很大程度上带动了流量的消费。

随着视频节目内容不断丰富、视频直播等业务的发展，视频流量占总流量比重不断提升，这些大流量业务的普及带动福建省光纤宽带用户全面步入 20MB 时代（2016 年年底 20MB 及以上光纤宽带用户占比超过 85%），并向 50MB 乃至 100MB 时代迈进，手机上网用户的月均流量全面突破 1GB（2016 年 12 月，手机上网用户月均流量超过 1GB），并向 2GB、3GB 转移。

（三）互联网移动化趋势明显，迎接智能化时代到来

目前福建省传统优势的互联网细分行业，如游戏、电商等移动化趋势明显。例如吉比特通过大力向移动端转型，取得了初步成效。由《问道》端游 IP 改编的《问道手游》2016 年 4 月一经上线，便登上了 IOS 畅销榜前三，月均流水在 2 亿以上。计划未来三年每年将推出 10 款新手游。4399、网龙等其他大型网游企业投入 VR 与教育等新兴人工智能领域，推动企业向人工智能化方向转型，也取得了较大成效。

未来随着移动互联网发展的逐渐成熟，在技术及市场需求共同推动下，人工智能时代逐渐来临。2016 年下半年以来，围绕教育、汽车等领域的融资数量明显增加，未来围绕人工智能领域的创业、融资、并购等活动成为互联网领域的热点。

附：福建省互联网行业统计主要指标及名词解释

1. **互联网行业**：以互联网为依托，以信息技术为主要支撑的现代服务业，包括互联网基础服务业和互联网应用服务业。其中：互联网基础服务主要包括互联网接入服务（ISP）、互联网数据中心（IDC）、内容分发网络（CDN）等，互联网应用服务主要包括互联网信息获取、网络娱乐、在线数据处理与交易处理、云服务、物联网、互联网金融等。

2. **“互联网 +”**：把互联网的创新成果与经济社会各领域深度融合，推动技术进步、效率提升和组织变革，提升实体经济创新力和生产力，形成更广泛的以互联网为基础设施和创新要素的经济社会发展新形态，是现有互联网行业统计范畴的延伸。

3. **互联网企业**：是指在福建省注册，主要从事互联网基础服务和应用服务业务，且该收入占本企业营业收入 50% 以上。包括基础电信企业和从事互联网业务的增值电信企业。

4. **营业收入**：报告期内福建省纳入互联网统计的企业经营所有业务取得的收入总额。

5. **互联网业务收入**：报告期内福建省互联网企业经营互联网业务取得的收入，包括互联网基础服务业务收入和互联网应用服务业务收入。其中，基础电信企业的互联网业务收入包括数据业务收入（含固定数据及互联网和移动数据及互联网）、新兴增值及其他业务（含数据中心、信息化服务、互联网产品等业务，不含短彩信、话音等传统增值业务）。

6. **互联网基础服务业务收入**：互联网基础服务业务收入包括互联网接入服务业务（分固定互联网接入服务业务和移动互联网接入服务业务）收入、互联网数据中心服务业务收入、内容分发网络服务业务及其他基础业务收入等。

7. **互联网应用服务业务收入**：互联网应用服务业务收入包括信息获取类应用服务业务收入、网络娱乐类应用服务业务收入、商务交易类应用服务业务收入和新兴应用及其他服务业务收入等。

第二部分　统计数据

公用通信网统计信息

2012—2016年电信业主要指标发展情况（一）

指标名称	单位	2012年	2013年	2014年	2015年	2016年	5年平均增长率（%）
电信综合价格下降水平	%	1.6	6.0	11.6	24.0	23.2	
电信业务总量	亿元	12 982.4	15 707.2	18 138.3	23 346.3	15 616.9	
电信业务收入	亿元	10 758.3	11 668.7	11 908.0	11 665.2	12 001.5	2.2
非话音收入所占比重	%	48.81	52.95	60.23	69.5	75.2	
电信固定资产投资	亿元	3 616.2	3 742.6	4 006.2	4 524.8	3 739.1	
占全社会投资比重	%	0.97	0.84	0.78	0.8	0.6	
全社会固定资产投资	亿元	374 694.7	447 074.4	512 761.0	562 000.0	606 466.0	
电信增加值	亿元	5 709.1	6 108.2	6 661.3	6 682.5	6 414.1	2.4
占GDP比重	%	1.10	1.07	1.05	0.99	0.86	
GDP	亿元	519 470.1	568 845.2	636 463.0	676 708.0	744 127.0	
固定电话用户	万户	27 815.3	26 698.5	24 943.0	23 099.6	20 662.4	−5.8
移动电话用户	万户	111 215.5	122 911.3	128 609.3	127 139.7	132 193.4	3.5
互联网宽带接入用户	万户	17 518.3	18 890.9	20 048.3	25 946.6	29 720.7	11.2
互联网网民人数	万人	56 400.0	61 758.0	64 875.0	68 826.0	73 125.0	5.3
女性网民所占比重	%	44.2	44.0	43.6	46.4	47.6	
固定本地电话通话时长	亿分钟	3 577.7	3 023.1	2 613.9	2 251.1	1 876.4	
固定长途电话通话时长	亿分钟	700.7	590.6	530.1	472.6	400.8	−10.6
移动电话通话时长	亿分钟	55 444.9	58 229.7	59 012.7	57 648.9	56 599.0	0.4
移动短信业务量	亿条	8 973.1	8 921.0	7 674.2	6 991.8	6 670.9	−5.8
移动互联网接入流量	万GB	87 926.1	126 715.7	206 193.6	418 753.3	937 863.5	60.5
网页长度（总字节数）	GB	4 902 328	7 133 363	8 879 006	14 129 575	12 912 603	21.4

注：1. 2015年之前（含2015年）的电信业务总量按照2010年不变单价测算，2016年及以后的电信业务总量按照2015年不变单价测算。

2. 根据国家统计局编制的《中国统计摘要（2015）》，调整以前年度的全社会固定资产投资和GDP，并重新计算相应的比重。

3. 固定长途电话通话时长和移动电话通话时长中分别包括从固定和移动电话发起的IP电话通话时长。

2012—2016年电信业主要指标发展情况（二）

指标名称	单位	2012年	2013年	2014年	2015年	2016年	5年平均增长率（%）
光缆线路长度	万公里	1 479.3	1 745.4	2 061.3	2 486.3	3 042.1	15.5
长途光缆线路长度	万公里	86.8	89.0	92.8	96.5	99.4	2.7
本地网中继光缆线路长度	万公里	723.4	834.4	997.7	1 160.9	1 043.8	7.6
接入网光缆线路长度	万公里	669.2	821.9	970.7	1 228.9	1 898.9	23.2
局用交换机容量	万门	43 749.3	41 089.3	40 517.1	26 446.5	22 441.6	-12.5
移动电话基站数	万个	206.6	241.0	350.8	465.6	559.4	22.0
移动短消息中心容量	万条	622 055.7	696 593.4	713 067.8	722 682.2	704 370.1	2.5
互联网宽带接入端口	万个	32 108.4	35 945.3	40 546.1	57 709.4	71 276.9	17.3
IPv4地址数	万个	33 053.5	33 030.8	33 199.0	24 698.3	28 229.8	-3.1
域名数	万个	1 341.2	1 844.1	2 060.1	3 102.1	4 227.6	25.8
其中：CN域名数	万个	750.8	1 082.9	1 108.9	1 636.4	2 060.8	22.4
网站数	万个	268.1	320.2	335.0	423.0	482.4	12.5
互联网国际出口带宽	Mbit/s	1 899 792	3 406 824	4 118 663	5 392 116.0	7 860 091.0	32.8
固定电话普及率	部/百人	20.6	19.6	18.2	16.8	14.9	
移动电话普及率	部/百人	82.5	90.3	94.0	92.5	95.6	
互联网普及率	%	42.1	45.8	47.9	50.3	53.2	

注：1. IPv4地址数、域名数、网站数、互联网国际出口带宽和互联网普及率等数据均来源CNNIC发布的《第35次中国互联网络发展状况统计报告》。
2. 以前年度的互联网普及率根据最新发布的数据调整。

2016年电信业务总量、收入、投资、增加值分省情况

	电信业务总量	电信业务收入		电信固定资产投资		电信增加值	
	2016年（亿元）	2016年（亿元）	比2015年（%）	2016年（亿元）	比2015年（%）	2016年（亿元）	比2015年（%）
全　国	**15 616.9**	**12 001.5**	**5.4**	**3 739.1**	**-17.4**	**6 414.1**	**-3.5**
东　部	**8 314.3**	**6 664.2**	**5.6**	**1 785.9**	**-14.5**	**3 435.6**	**-2.2**
北　京	593.1	596.6	7.3	138.6	-16.9	301.7	6.7
天　津	183.1	165.3	4.3	52.1	-2.2	78.2	-7.8
河　北	623.2	483.3	6.1	172.6	-7.5	213.8	-14.0
辽　宁	512.7	391.5	5.6	127.4	-22.3	184.8	-2.9
上　海	510.0	554.1	5.3	136.6	9.8	281.2	-1.1
江　苏	1 206.6	875.9	4.9	231.9	-20.4	504.5	1.8
浙　江	1 116.5	791.0	5.2	204.2	-14.5	388.1	-1.9
福　建	588.5	438.7	3.5	121.8	-18.8	225.8	-3.6
山　东	863.4	668.2	5.8	184.4	-24.1	337.5	-12.0
广　东	1 991.3	1 600.3	6.1	386.3	-11.4	873.7	1.1
海　南	126.0	99.4	9.4	30.1	-12.0	46.2	-3.4
中　部	**3 618.1**	**2 838.2**	**6.2**	**865.3**	**-23.0**	**1 326.4**	**-5.7**
山　西	328.7	256.7	3.4	91.8	-31.6	118.0	-9.3
吉　林	264.3	186.8	6.4	59.5	-30.5	76.3	-12.2
黑龙江	320.3	248.8	4.6	87.9	-32.6	119.3	-8.5
安　徽	489.5	399.8	5.8	104.6	-23.7	195.3	-12.5
江　西	386.5	268.0	3.6	89.0	-13.6	189.7	1.2
河　南	757.7	602.9	8.5	193.1	-23.0	271.2	-9.7
湖　北	515.3	431.1	4.9	119.6	-13.4	199.2	0.6
湖　南	555.7	443.9	8.8	119.9	-17.5	157.4	4.7
西　部	**3 684.5**	**2 844.3**	**7.4**	**917.0**	**-20.6**	**1 386.1**	**-3.3**
内蒙古	249.6	224.4	5.3	83.5	-20.5	101.6	-7.2
广　西	389.0	320.0	9.4	87.2	-27.5	167.9	8.0
重　庆	349.0	244.2	10.3	82.7	-22.5	178.9	-1.1
四　川	714.9	566.7	6.2	178.3	-19.0	243.8	-4.1
贵　州	336.2	253.9	11.1	86.5	-19.8	112.4	3.3
云　南	501.0	336.4	8.2	90.4	-14.2	166.9	-8.2
西　藏	33.0	45.0	11.1	17.4	-11.0	10.1	16.2
陕　西	465.0	330.0	3.3	100.5	-18.6	163.4	-9.1
甘　肃	232.1	187.8	10.1	68.4	-12.6	95.4	-0.3
青　海	67.2	55.7	8.8	18.2	-31.1	24.0	-6.2
宁　夏	94.7	65.4	10.7	23.9	-26.2	30.0	2.4
新　疆	252.8	214.7	4.0	80.0	-27.4	91.9	-12.0
总部及直属		-345.3	39.8	170.9	8.9	266.1	-10.2

注：2016年电信业务总量按照2015年不变单价测算。

2012—2016年电信用户发展情况

指 标 名 称	单位	2012年	2013年	2014年	2015年	2016年
固定电话用户	万户	27 815.3	26 698.5	24 943.0	23 099.6	20 662.4
其中：无线市话用户	万户	1 224.9	870.9	154.3	102.7	93.6
占固定电话用户比重	%	4.4	3.3	0.6	0.4	0.5
城市电话用户	万户	18 893.4	18 456.8	17 627.9	17 320.8	15 619.2
城市住宅电话用户	万户	11 013.2	10 474.3	9 896.1	9 240.8	8 012.3
农村电话用户	万户	8 921.9	8 241.7	7 315.1	5 778.9	5 043.3
农村住宅电话用户	万户	7 315.8	6 643.4	5 769.2	4 659.0	3 982.7
移动电话用户	万户	111 215.5	122 911.3	128 609.3	127 139.7	132 193.4
其中：3G移动电话用户	万户	23 280.3	40 161.1	48 525.5	27 573.0	17 080.5
4G移动电话用户	万户			9 728.4	43 038.1	76 994.9
3G/4G移动电话用户占比	%	20.9	32.7	45.3	55.5	71.2
互联网拨号用户	万户	569.8	485.1	441.6	331.6	306.3
互联网宽带接入用户	万户	16 985.3	18 890.9	20 048.3	25 946.6	29 720.7
其中：*x*DSL用户	万户	11 464.9	10 716.5	8 938.6	5 238.1	1 977.0
LAN用户	万户	3 413.4	3 980.2	4 180.5	5 601.7	4 719.2
FTTH/O用户	万户	2 038.1	4 082.2	6 831.6	14 833.7	22 765.6
其中：城市宽带接入用户	万户	13 260.9	14 153.6	15 174.6	19 547.2	22 266.6
农村宽带接入用户	万户	3 724.4	4 737.3	4 873.7	6 398.4	7 454.0
卫星移动通信系统用户	户	19 933	29 117	40 651	51 010	54 345

注：互联网拨号、互联网宽带接入用户为基础电信企业合计数。

2016年固定电话用户分省情况

（单位：万户）

	固定电话用户		其中：无线市话用户			固定电话用户	
	2016年	比2015年	2016年	比2015年	所占比重（%）	城市用户	农村用户
全　国	**20 662.4**	**−2 437.2**	**93.6**	**−9.1**	**0.5**	**15 619.2**	**5 043.3**
东　部	**11 039.7**	**−1 329.1**	**37.7**	**−2.5**	**0.3**	**8 499.0**	**2 540.7**
北　京	695.0	−89.6	3.4	−0.1	0.5	561.3	133.7
天　津	311.3	−32.4	1.3	−0.2	0.4	309.1	2.3
河　北	850.6	−127.6	4.5	−0.8	0.5	694.2	156.5
辽　宁	890.6	−145.6	4.1	−0.4	0.5	771.9	118.7
上　海	731.6	−65.7	0.0	0.0	0.0	731.6	0.0
江　苏	1 708.3	−264.7	3.1	−1.4	0.2	1 097.0	611.4
浙　江	1 287.2	−183.7	0.0	0.0	0.0	1 036.1	251.1
福　建	815.7	−72.9	0.0	0.0	0.0	512.2	303.5
山　东	970.4	−147.6	21.2	0.3	2.2	678.2	292.2
广　东	2 609.7	−197.4	0.0	0.0	0.0	1 991.3	618.4
海　南	169.2	−1.9	0.0	0.0	0.0	116.2	53.0
中　部	**4 705.8**	**−884.0**	**29.8**	**−1.1**	**0.6**	**3 438.0**	**1 267.9**
山　西	343.7	−100.9	1.1	−0.5	0.3	287.7	55.9
吉　林	520.3	−52.0	22.7	0.1	4.4	404.9	115.4
黑龙江	497.4	−98.5	1.6	−0.4	0.3	430.7	66.8
安　徽	613.9	−125.5	0.0	0.0	0.0	432.0	181.9
江　西	517.5	−50.9	0.1	0.0	0.0	337.4	180.1
河　南	798.6	−211.1	4.0	−0.3	0.5	543.2	255.4
湖　北	731.7	−140.9	0.1	0.0	0.0	531.7	199.9
湖　南	682.7	−104.3	0.2	0.0	0.0	470.3	212.4
西　部	**4 917.0**	**−224.1**	**26.2**	**−5.4**	**0.5**	**3 682.3**	**1 234.7**
内蒙古	268.1	−56.4	5.2	−4.2	2.0	233.0	35.1
广　西	348.9	−90.7	0.0	0.0	0.0	244.4	104.6
重　庆	541.6	−17.9	0.1	0.0	0.0	420.2	121.4
四　川	1 490.1	136.6	20.5	−1.1	1.4	981.3	508.8
贵　州	258.7	−53.9	0.0	0.0	0.0	210.4	48.3
云　南	335.0	−42.5	0.1	−0.1	0.0	267.1	67.9
西　藏	38.9	4.0	0.0	0.0	0.0	38.8	0.1
陕　西	679.9	−43.4	0.1	0.0	0.0	524.2	155.7
甘　肃	312.3	−13.7	0.0	0.0	0.0	241.2	71.1
青　海	102.1	−2.1	0.2	0.0	0.2	89.2	12.9
宁　夏	70.5	−13.8	0.0	0.0	0.0	61.8	8.8
新　疆	471.0	−30.2	0.0	0.0	0.0	370.8	100.1

2016年移动电话用户分省情况

（单位：万户）

	移动电话用户		其中：3G移动电话用户			其中：4G移动电话用户	
	2016年	比2015年	2016年	比2015年	所占比重（%）	2016年	所占比重（%）
全　国	**132 193.4**	**5 053.7**	**17 080.5**	**−10 492.5**	**12.9**	**76 994.9**	**58.2**
东　部	**64 542.5**	**1 777.3**	**7 524.5**	**−5 716.4**	**11.7**	**38 478.6**	**59.6**
北　京	3 869.0	−75.4	502.9	−346.7	13.0	2 305.2	59.6
天　津	1 499.8	130.0	223.6	−125.8	14.9	848.2	56.6
河　北	7 121.0	985.5	775.4	−508.4	10.9	4 034.7	56.7
辽　宁	4 427.1	137.3	520.5	−384.1	11.8	2 455.8	55.5
上　海	3 156.1	23.7	512.5	−309.6	16.2	1 877.6	59.5
江　苏	8 198.8	205.7	897.8	−779.2	11.0	5 396.8	65.8
浙　江	7 225.9	−57.7	714.6	−656.3	9.9	4 666.3	64.6
福　建	4 159.0	5.1	448.7	−297.4	10.8	2 567.0	61.7
山　东	9 594.5	505.7	1 250.3	−719.7	13.0	4 647.5	48.4
广　东	14 349.0	−130.7	1 578.6	−1 510.5	11.0	9 085.3	63.3
海　南	942.3	48.3	99.6	−78.8	10.6	594.3	63.1
中　部	**34 516.2**	**1 454.8**	**4 032.9**	**−3 012.6**	**11.7**	**19 968.2**	**57.9**
山　西	3 365.7	124.4	374.2	−325.6	11.1	1 885.5	56.0
吉　林	2 654.8	143.3	338.6	−161.2	12.8	1 394.4	52.5
黑龙江	3 445.6	115.7	483.9	−221.7	14.0	1 691.8	49.1
安　徽	4 343.0	154.7	545.7	−341.1	12.6	2 547.8	58.7
江　西	3 140.7	110.3	307.1	−315.1	9.8	1 914.8	61.0
河　南	7 889.0	351.6	1 031.8	−542.8	13.1	4 403.5	55.8
湖　北	4 683.8	153.2	567.0	−381.5	12.1	2 770.0	59.1
湖　南	4 993.6	301.6	384.6	−723.7	7.7	3 360.4	67.3
西　部	**33 134.7**	**1 822.1**	**5 523.1**	**−1 763.5**	**16.7**	**18 548.0**	**56.0**
内蒙古	2 470.8	93.7	338.3	−163.0	13.7	1 317.9	53.3
广　西	3 774.2	179.3	442.9	−223.8	11.7	2 325.3	61.6
重　庆	2 880.1	142.4	338.4	−262.2	11.7	1 747.8	60.7
四　川	7 294.5	496.2	1 340.8	−347.9	18.4	4 124.8	56.5
贵　州	3 082.7	141.2	307.2	−226.8	10.0	1 807.0	58.6
云　南	3 942.8	202.7	448.1	−260.7	11.4	2 388.1	60.6
西　藏	284.4	15.7	162.7	32.4	57.2	11.4	4.0
陕　西	3 813.3	246.2	441.7	−187.9	11.6	2 496.7	65.5
甘　肃	2 203.8	98.5	334.6	−120.0	15.2	1 332.5	60.5
青　海	539.8	22.7	104.7	−48.1	19.4	279.3	51.7
宁　夏	716.4	79.8	83.3	−57.8	11.6	451.9	63.1
新　疆	2 132.1	103.7	1 180.5	102.0	55.4	265.4	12.4

注：移动电话用户、3G移动电话用户全国数大于分省数之和，是由于部分3G上网卡用户不能拆分到省所致。

2016年互联网宽带接入用户分省情况

（单位：万户）

	互联网宽带接入用户		其中：FTTH/O用户		互联网宽带接入用户	
	2016年	比2015年	2016年	比2015年	城市用户	农村用户
全　国	**29 720.7**	**3 774.1**	**22 765.6**	**7 932.0**	**22 266.6**	**7 454.0**
东　部	**15 301.1**	**1 702.0**	**11 676.0**	**3 808.2**	**11 212.3**	**4 088.8**
北　京	475.8	-16.1	382.0	52.3	398.0	77.7
天　津	283.9	34.1	263.6	48.9	276.1	7.8
河　北	1 612.0	294.8	1 429.4	518.5	1 040.0	572.1
辽　宁	971.7	111.3	816.6	217.0	751.1	220.6
上　海	635.7	67.0	502.1	34.2	635.7	0.0
江　苏	2 685.2	338.9	1 933.8	854.5	1 682.3	1 002.9
浙　江	2 159.7	252.9	1 785.5	508.6	1 664.5	495.2
福　建	1 144.6	99.8	766.7	255.2	788.0	356.6
山　东	2 366.5	385.7	1 812.1	576.4	1 637.3	729.3
广　东	2 779.4	96.7	1 843.6	676.6	2 213.1	566.3
海　南	186.5	37.0	140.8	65.9	126.3	60.2
中　部	**7 625.8**	**917.0**	**5 961.7**	**2 212.3**	**5 895.7**	**1 730.1**
山　西	747.2	23.3	632.6	193.1	626.5	120.7
吉　林	440.0	12.8	377.3	185.2	385.1	54.9
黑龙江	575.1	55.5	412.8	192.9	485.5	89.6
安　徽	1 075.0	161.7	871.0	306.0	774.4	300.7
江　西	822.5	111.6	469.4	-17.4	578.5	244.0
河　南	1 767.2	278.3	1 578.7	571.7	1 274.5	492.8
湖　北	1 131.9	117.5	778.6	365.0	950.6	181.3
湖　南	1 066.9	156.4	841.4	415.6	820.7	246.1
西　部	**6 793.8**	**1 155.1**	**5 128.0**	**1 911.5**	**5 158.6**	**1 635.2**
内蒙古	417.2	51.5	303.7	110.1	319.9	97.3
广　西	790.0	74.2	568.3	181.4	600.8	189.2
重　庆	704.7	102.0	539.6	204.0	567.6	137.1
四　川	1 851.2	427.2	1 476.8	321.4	1 271.4	579.9
贵　州	459.5	72.7	347.8	134.6	361.5	97.9
云　南	655.3	118.0	427.7	205.0	560.3	95.0
西　藏	40.2	10.6	25.6	10.0	35.8	4.3
陕　西	803.0	113.0	609.7	400.1	615.0	188.0
甘　肃	392.9	90.2	278.3	149.3	287.4	105.4
青　海	99.7	17.4	82.7	31.3	87.9	11.8
宁　夏	111.9	19.4	95.6	35.2	102.0	9.9
新　疆	468.4	58.9	372.1	129.2	349.0	119.4

注：互联网宽带接入用户为基础电信企业合计数。

2012—2016年固定电话用户分省情况

（单位：万户）

	2012年	2013年	2014年	2015年	2016年
全　国	**27 815.3**	**26 698.5**	**24 943.0**	**23 099.6**	**20 662.4**
东　部	**15 082.6**	**14 500.2**	**13 516.1**	**12 368.7**	**11 039.7**
北　京	883.2	867.6	831.3	784.6	695.0
天　津	353.7	352.8	360.6	343.8	311.3
河　北	1 207.7	1 152.4	1 085.1	978.2	850.6
辽　宁	1 285.1	1 222.4	1 151.2	1 036.2	890.6
上　海	902.9	869.2	840.2	797.3	731.6
江　苏	2 387.2	2 289.8	2 133.6	1 973.0	1 708.3
浙　江	1 882.5	1 781.3	1 641.9	1 471.0	1 287.2
福　建	1 017.3	983.5	933.3	888.5	815.7
山　东	1 854.2	1 707.6	1 418.3	1 118.0	970.4
广　东	3 135.8	3 099.9	2 950.6	2 807.1	2 609.7
海　南	173.0	173.6	170.0	171.0	169.2
中　部	**7 021.8**	**6 633.2**	**6 081.3**	**5 589.8**	**4 705.8**
山　西	685.2	584.4	554.2	444.6	343.7
吉　林	578.8	579.0	574.8	572.3	520.3
黑龙江	776.1	747.8	640.5	596.0	497.4
安　徽	1 091.4	976.7	839.8	739.4	613.9
江　西	644.2	622.4	577.4	568.4	517.5
河　南	1 288.7	1 224.4	1 143.0	1 009.7	798.6
湖　北	1 003.6	984.0	907.4	872.5	731.7
湖　南	953.9	914.4	844.1	787.0	682.7
西　部	**5 710.9**	**5 565.2**	**5 345.7**	**5 141.1**	**4 917.0**
内蒙古	368.3	377.2	359.1	324.5	268.1
广　西	599.3	546.3	499.9	439.7	348.9
重　庆	575.7	580.3	579.5	559.6	541.6
四　川	1 347.1	1 313.7	1 294.2	1 353.4	1 490.1
贵　州	380.4	363.0	339.1	312.5	258.7
云　南	524.3	485.4	429.8	377.5	335.0
西　藏	40.5	40.4	35.9	34.9	38.9
陕　西	772.1	769.3	750.8	723.3	679.9
甘　肃	377.8	364.3	341.3	326.0	312.3
青　海	102.5	101.8	100.2	104.2	102.1
宁　夏	105.0	104.7	102.7	84.4	70.5
新　疆	517.9	518.7	513.3	501.2	471.0

2012—2016年移动电话用户分省情况

（单位：万户）

	2012年	2013年	2014年	2015年	2016年
全　国	**111 215.5**	**122 911.3**	**128 609.3**	**127 139.7**	**132 193.4**
东　部	**56 101.6**	**61 702.2**	**63 718.1**	**62 765.2**	**64 542.5**
北　京	3 168.0	3 373.8	4 076.4	3 944.4	3 869.0
天　津	1 325.2	1 323.2	1 351.8	1 369.7	1 499.8
河　北	5 513.1	6 006.2	6 229.1	6 135.6	7 121.0
辽　宁	4 291.3	4 583.6	4 535.6	4 289.8	4 427.1
上　海	3 008.3	3 200.7	3 292.7	3 132.4	3 156.1
江　苏	7 471.4	7 942.0	8 070.4	7 993.1	8 198.8
浙　江	6 442.6	7 071.8	7 370.6	7 283.7	7 225.9
福　建	4 049.2	4 303.3	4 276.7	4 154.0	4 159.0
山　东	7 588.9	8 333.4	8 664.1	9 088.8	9 594.5
广　东	12 468.0	14 706.1	14 943.4	14 479.7	14 349.0
海　南	775.6	858.3	907.4	894.1	942.3
中　部	**28 472.3**	**31 450.8**	**33 602.6**	**33 061.4**	**34 516.2**
山　西	2 764.6	3 105.5	3 332.3	3 241.4	3 365.7
吉　林	2 257.0	2 372.1	2 612.3	2 511.5	2 654.8
黑龙江	2 663.9	3 020.4	3 457.8	3 329.8	3 445.6
安　徽	3 609.8	3 958.9	4 215.9	4 188.3	4 343.0
江　西	2 573.4	2 806.9	2 938.5	3 030.4	3 140.7
河　南	5 787.6	7 200.2	7 712.9	7 537.4	7 889.0
湖　北	4 554.1	4 416.8	4 606.8	4 530.5	4 683.8
湖　南	4 262.0	4 570.0	4 726.1	4 692.0	4 993.6
西　部	**26 621.8**	**29 756.4**	**31 287.9**	**31 312.6**	**33 134.7**
内蒙古	2 550.1	2 690.6	2 634.6	2 377.1	2 470.8
广　西	2 884.1	3 285.6	3 553.8	3 594.9	3 774.2
重　庆	2 069.6	2 380.8	2 589.9	2 737.7	2 880.1
四　川	5 498.2	6 283.3	6 608.5	6 798.3	7 294.5
贵　州	2 321.4	2 662.6	2 885.3	2 941.5	3 082.7
云　南	2 895.8	3 395.8	3 748.5	3 740.1	3 942.8
西　藏	235.5	265.6	291.8	268.7	284.4
陕　西	3 264.8	3 512.5	3 607.2	3 567.1	3 813.3
甘　肃	1 763.5	1 976.2	2 058.6	2 105.3	2 203.8
青　海	537.2	542.4	544.0	517.1	539.8
宁　夏	591.0	627.2	688.3	636.6	716.4
新　疆	2 010.6	2 133.9	2 077.4	2 028.4	2 132.1

注：全国数大于分省数之和，是由于部分3G上网卡用户不能拆分到省所致。

2012—2016年互联网宽带接入用户分省情况

（单位：万户）

	2012年	2013年	2014年	2015年	2016年
全　国	**17 518.3**	**18 890.9**	**20 048.3**	**25 946.6**	**29 720.7**
东　部	**9 495.9**	**10 105.8**	**10 640.0**	**13 599.1**	**15 301.1**
北　京	473.7	480.4	482.4	491.9	475.8
天　津	204.8	188.4	208.8	249.8	283.9
河　北	963.9	1 031.6	1 127.6	1 317.2	1 612.0
辽　宁	707.9	726.9	772.1	860.5	971.7
上　海	541.0	511.1	532.2	568.8	635.7
江　苏	1 350.7	1 431.3	1 523.4	2 346.3	2 685.2
浙　江	1 152.6	1 242.7	1 276.1	1 906.8	2 159.7
福　建	738.0	835.6	899.2	1 044.8	1 144.6
山　东	1 364.1	1 465.1	1 523.9	1 980.8	2 366.5
广　东	1 903.6	2 081.7	2 174.1	2 682.7	2 779.4
海　南	95.5	110.9	120.3	149.5	186.5
中　部	**4 424.2**	**4 833.5**	**5 171.3**	**6 708.8**	**7 625.8**
山　西	504.8	521.3	571.1	723.9	747.2
吉　林	364.6	379.6	414.9	427.3	440.0
黑龙江	435.8	459.6	484.6	519.5	575.1
安　徽	507.0	546.8	563.8	913.3	1 075.0
江　西	372.0	410.1	434.2	710.9	822.5
河　南	927.6	1 000.5	1 087.9	1 489.0	1 767.2
湖　北	708.0	813.3	869.7	1 014.4	1 131.9
湖　南	604.4	702.4	744.9	910.5	1 066.9
西　部	**3 598.2**	**3 951.6**	**4 237.1**	**5 638.7**	**6 793.8**
内蒙古	274.8	284.4	316.8	365.7	417.2
广　西	507.1	559.6	592.4	715.8	790.0
重　庆	388.1	438.8	475.4	602.7	704.7
四　川	823.0	835.2	883.1	1 424.0	1 851.2
贵　州	243.9	292.4	310.9	386.8	459.5
云　南	375.5	404.7	424.9	537.3	655.3
西　藏	17.1	19.1	22.1	29.6	40.2
陕　西	439.6	506.2	552.4	689.9	803.0
甘　肃	163.3	192.2	213.9	302.7	392.9
青　海	49.9	54.9	61.4	82.3	99.7
宁　夏	60.9	71.1	78.2	92.5	111.9
新　疆	255.0	293.0	305.7	409.5	468.4

注：1．互联网宽带接入用户为基础电信企业合计数。

2012—2016年电信业务使用量发展情况

指标名称	单位	2012年	2013年	2014年	2015年	2016年	2016年比2015年（%）
固定本地电话通话时长	亿分钟	3 577.7	3 023.1	2 613.9	2 251.1	1 876.4	−16.6
固定长途电话通话时长	亿分钟	700.7	590.6	530.1	472.6	400.8	−15.2
移动电话通话时长（来去话合计）	亿分钟	55 444.9	58 229.7	59 012.7	57 648.9	56 606.0	−1.8
移动电话去话通话时长	亿分钟	27 603.5	28 987.7	29 270.1	28 499.9	28 072.8	−1.5
非漫游去话通话时长	亿分钟	24 999.7	25 911.0	25 865.6	25 069.6	24 637.3	−1.7
国内漫游去话通话时长	亿分钟	2 597.1	3 068.7	3 396.1	3 422.9	3 429.3	0.2
国际漫游去话通话时长	亿分钟	3.4	4.6	4.8	4.2	3.5	−15.7
港澳台漫游去话通话时长	亿分钟	3.3	3.5	3.6	3.2	2.7	−16.3
移动电话来话通话时长	亿分钟	27 841.4	29 241.9	29 742.6	29 149.0	28 526.2	−2.1
移动短信业务量	亿条	8 973.1	8 921.0	7 674.2	6 991.8	6 670.9	−4.6
其中：点对点短信业务量	亿条	5 000.2	4 313.4	3 523.3	2 705.7	1 898.4	−29.8
移动彩信业务量	亿条	696.6	856.7	647.4	617.5	556.8	−9.8
其中：点对点彩信业务量	亿条	49.5	52.7	46.9	41.5	28.5	−31.3
移动互联网接入流量	万GB	87 926.1	126 715.7	206 193.6	418 753.3	937 863.5	124.0
其中：无线上网卡流量	万GB	42 861.8	33 827.0	25 875.6	40 378.2	90 017.1	122.9
手机上网流量	万GB	44 404.0	91 972.0	179 064.4	375 909.5	842 965.5	124.2
固定电话互联互通通话时长	亿分钟	2 151.2	1 912.4	1 751.4	1 665.5	1 303.7	−21.7
移动电话互联互通通话时长	亿分钟	7 756.3	8 722.8	9 076.6	8 905.9	8 916.7	0.1
短信互联互通业务量	亿条	1 505.0	1 419.7	1 223.7	946.1	689.1	−27.2

注：固定长途电话通话时长和移动电话通话时长中分别包括从固定和移动电话发起的IP电话通话时长。

2016年固定电话通话量分省情况

（单位：万分钟）

	固定本地电话通话时长		固定长途电话通话时长				
	2016年	比2015年（%）	2016年	比2015年（%）	其中		
					国内长途	国际	港澳台
全　国	**18 763 622.8**	**-16.7**	**4 008 413.9**	**-15.2**	**3 949 438.6**	**32 459.7**	**26 515.6**
东　部	**11 370 804.9**	**-15.4**	**2 770 482.9**	**-12.0**	**2 714 479.9**	**30 248.2**	**25 754.8**
北　京	982 480.7	-16.1	577 177.1	28.9	569 194.5	4 355.2	3 627.4
天　津	214 276.6	-16.6	40 524.0	-3.9	39 949.0	441.1	133.9
河　北	1 147 269.4	-0.1	145 186.3	-6.1	144 969.7	193.5	23.2
辽　宁	689 626.7	-28.7	131 236.4	-20.5	129 106.4	1 961.9	168.1
上　海	1 337 556.7	-12.9	383 881.5	-3.6	368 082.4	11 500.2	4 298.9
江　苏	1 470 826.1	-11.3	325 726.9	-6.7	322 268.1	2 386.0	1 072.9
浙　江	1 154 884.6	-12.1	224 953.5	-23.2	222 753.0	1 463.8	736.7
福　建	745 851.4	-15.8	110 005.4	-13.9	107 813.8	831.9	1 359.7
山　东	1 186 112.4	-19.9	153 906.8	-9.4	152 806.3	875.0	225.6
广　东	2 348 258.5	-19.0	662 092.4	-32.4	642 042.5	6 067.1	13 982.9
海　南	93 662.0	-27.7	15 792.6	-23.2	15 494.4	172.5	125.7
中　部	**3 567 252.4**	**-20.0**	**593 189.4**	**-31.8**	**591 532.7**	**1 247.2**	**409.5**
山　西	231 415.1	-23.6	32 864.0	-25.1	32 833.0	24.7	6.3
吉　林	177 721.4	-14.9	46 929.7	-20.7	46 405.5	508.0	16.3
黑龙江	367 881.5	-17.8	44 959.0	-23.3	44 851.0	98.6	9.5
安　徽	527 898.0	-20.5	111 552.1	-54.0	111 307.8	163.7	80.6
江　西	361 606.3	-8.2	68 913.5	-30.5	68 800.4	56.1	57.0
河　南	684 049.9	-23.7	90 399.7	-11.0	90 276.6	91.8	31.4
湖　北	577 238.1	-19.4	113 784.4	-28.1	113 499.7	201.5	83.1
湖　南	639 442.1	-22.7	83 787.0	-21.7	83 558.8	102.7	125.5
西　部	**3 825 565.6**	**-17.0**	**644 741.6**	**-8.9**	**643 426.0**	**964.3**	**351.3**
内蒙古	225 098.6	-16.4	42 314.7	-20.5	42 225.7	83.0	5.9
广　西	488 057.6	-30.2	40 291.2	-45.7	40 160.2	66.4	64.7
重　庆	429 717.8	-16.2	69 894.0	27.7	69 697.5	115.4	81.2
四　川	962 545.6	-10.6	197 505.6	9.1	197 129.6	274.4	101.6
贵　州	204 396.7	-14.0	32 211.9	-19.0	32 192.4	10.6	8.9
云　南	346 857.6	-13.7	43 878.2	-23.7	43 807.5	38.3	32.3
西　藏	10 455.8	-49.7	3 439.1	-34.2	3 434.9	3.9	0.3
陕　西	518 478.8	-14.3	108 061.9	18.2	107 899.2	121.4	41.3
甘　肃	127 488.8	-17.5	27 957.4	-21.0	27 917.7	33.7	6.0
青　海	52 216.9	-19.3	11 307.1	-34.9	11 303.8	1.8	1.6
宁　夏	44 295.5	-16.4	11 106.0	-35.3	11 094.8	8.4	2.8
新　疆	415 955.9	-19.1	56 774.7	-29.3	56 562.9	207.1	4.7

2016年移动电话通话量分省情况（一）

（单位：万分钟）

	移动电话通话时长		其中			
			去话通话时长		来话通话时长	
	2016年	比2015年（%）	2016年	比2015年（%）	2016年	比2015年（%）
全　国	**565 989 901.6**	**−1.8**	**280 728 175.6**	**−1.5**	**285 261 726.0**	**−2.1**
东　部	**266 858 011.5**	**−3.2**	**134 519 198.4**	**−3.1**	**132 338 813.1**	**−3.3**
北　京	15 293 210.7	−2.2	8 486 633.5	−1.4	6 806 577.2	−3.1
天　津	6 472 818.3	1.6	3 331 390.8	2.6	3 141 427.5	0.5
河　北	26 307 331.0	0.3	12 819 068.4	0.7	13 488 262.6	−0.1
辽　宁	19 681 300.6	−4.5	9 843 812.4	−4.7	9 837 488.2	−4.3
上　海	11 759 383.4	−5.0	6 017 690.6	−5.5	5 741 692.8	−4.5
江　苏	34 333 492.5	−2.6	17 105 854.0	−2.7	17 227 638.4	−2.4
浙　江	30 238 931.8	−3.2	15 296 970.3	−3.6	14 941 961.5	−2.7
福　建	18 295 305.7	−6.3	9 331 416.3	−6.6	8 963 889.4	−5.9
山　东	40 062 757.6	2.2	19 729 525.1	2.3	20 333 232.6	2.1
广　东	59 742 223.0	−7.5	30 207 211.7	−6.8	29 535 011.3	−8.1
海　南	4 671 257.0	−1.1	2 349 625.4	−1.9	2 321 631.7	−0.2
中　部	**144 100 594.4**	**−1.6**	**69 439 669.1**	**−0.7**	**74 660 925.4**	**−2.5**
山　西	14 390 930.1	−1.9	7 117 445.4	−0.9	7 273 484.7	−2.9
吉　林	11 109 820.9	−5.9	5 404 942.6	−5.6	5 704 878.3	−6.2
黑龙江	14 382 653.1	−5.2	6 971 138.6	−4.4	7 411 514.5	−5.8
安　徽	17 507 594.3	1.5	8 450 879.8	3.7	9 056 714.5	−0.5
江　西	13 435 384.8	−1.9	6 469 996.3	−1.8	6 965 388.4	−2.0
河　南	32 656 933.5	−0.7	15 483 936.9	0.8	17 172 996.7	−2.1
湖　北	18 257 032.8	−1.4	8 789 874.9	−1.2	9 467 157.9	−1.7
湖　南	22 360 245.0	−0.4	10 751 454.7	0.3	11 608 790.3	−1.1
西　部	**155 031 295.7**	**0.4**	**76 769 308.1**	**0.6**	**78 261 987.6**	**0.2**
内蒙古	12 212 982.3	−1.6	6 056 386.3	−1.0	6 156 596.0	−2.2
广　西	15 359 489.3	−1.3	7 438 849.4	−1.3	7 920 639.9	−1.4
重　庆	13 217 254.6	−1.2	6 506 442.3	−1.2	6 710 812.3	−1.3
四　川	31 678 261.8	−1.0	15 475 748.7	−0.5	16 202 513.1	−1.5
贵　州	16 425 523.0	5.8	8 133 860.3	6.0	8 291 662.7	5.7
云　南	18 387 852.4	2.8	9 183 078.2	2.7	9 204 774.2	2.9
西　藏	1 496 874.3	0.1	778 681.7	0.0	718 192.6	0.3
陕　西	16 431 457.8	−0.6	8 240 651.6	−0.4	8 190 806.1	−0.7
甘　肃	10 503 963.6	0.3	5 128 921.2	0.5	5 375 042.4	0.1
青　海	2 631 832.8	−0.9	1 324 404.2	−1.3	1 307 428.6	−0.6
宁　夏	3 165 444.9	−1.1	1 582 081.6	−0.9	1 583 363.3	−1.2
新　疆	13 520 359.0	1.9	6 920 202.7	1.8	6 600 156.3	2.0

2016年移动电话通话量分省情况（二）

（单位：万分钟）

	移动电话去话通话时长					
	按长途地区分		按漫游地区分			
	国内长途	国际长途	非漫游	国内漫游	国际漫游	港澳台漫游
全　国	**47 028 475.8**	**103 293.1**	**246 373 110.1**	**34 292 872.6**	**35 399.7**	**26 793.1**
东　部	**24 842 404.4**	**85 609.2**	**117 910 031.5**	**16 558 789.3**	**26 877.7**	**23 499.9**
北　京	2 441 467.4	8 809.4	7 585 258.2	895 700.8	4 068.0	1 606.5
天　津	522 771.0	1 860.8	3 113 799.3	216 533.0	813.4	245.1
河　北	833 461.8	1 243.6	12 267 341.4	551 012.6	525.6	188.7
辽　宁	1 254 488.2	2 871.7	9 089 658.4	752 460.9	1 464.4	228.8
上　海	1 524 251.4	15 542.6	5 127 338.6	883 131.2	6 693.3	527.5
江　苏	3 302 948.7	6 034.7	14 752 686.4	2 349 695.4	2 375.8	1 096.3
浙　江	3 035 992.5	6 991.6	13 113 683.2	2 179 244.9	3 203.6	838.6
福　建	1 699 043.0	4 738.7	8 261 388.2	1 067 669.5	1 122.1	1 236.5
山　东	2 745 450.1	2 926.3	17 913 018.5	1 814 935.6	1 252.3	318.6
广　东	7 213 071.4	34 004.2	24 438 090.4	5 747 075.6	5 054.5	16 991.2
海　南	269 459.0	585.8	2 247 768.9	101 329.7	304.6	222.1
中　部	**10 874 496.0**	**7 652.2**	**60 417 681.9**	**9 016 177.4**	**4 121.6**	**1 688.2**
山　西	895 497.9	341.2	6 353 685.6	763 439.1	176.7	144.0
吉　林	738 320.4	801.8	4 893 780.1	510 703.3	307.8	151.4
黑龙江	963 598.6	728.2	6 378 054.9	592 553.5	382.6	147.6
安　徽	1 337 869.3	751.0	7 107 115.7	1 343 314.3	304.3	145.4
江　西	1 016 666.5	758.5	5 667 231.7	802 119.8	504.4	140.4
河　南	2 593 663.3	1 480.3	13 054 956.2	2 427 638.8	965.8	376.2
湖　北	1 545 752.7	1 567.9	7 558 085.8	1 230 780.3	588.6	420.2
湖　南	1 783 127.2	1 223.3	9 404 771.8	1 345 628.4	891.5	163.1
西　部	**11 311 575.5**	**10 031.7**	**68 045 396.7**	**8 717 906.0**	**4 400.5**	**1 605.0**
内蒙古	846 816.8	820.2	5 513 374.2	542 020.9	656.2	334.9
广　西	1 036 404.7	2 459.1	6 589 244.4	848 782.9	509.8	312.3
重　庆	697 217.7	868.7	5 887 249.6	618 565.5	436.1	191.2
四　川	2 321 467.0	1 647.9	13 411 132.3	2 063 582.1	755.6	278.7
贵　州	1 156 896.4	202.8	7 068 974.4	1 064 372.3	303.9	209.7
云　南	1 088 857.7	1 581.7	8 433 594.8	748 887.3	568.8	27.3
西　藏	177 271.4	30.3	630 065.8	148 605.1	8.8	2.0
陕　西	1 217 838.7	1 023.7	7 319 293.8	920 599.2	586.2	172.4
甘　肃	850 422.1	185.9	4 542 807.3	585 902.4	153.6	57.9
青　海	297 944.6	100.6	1 113 676.4	210 642.0	81.6	4.2
宁　夏	354 086.6	79.4	1 345 168.0	236 862.7	47.1	3.8
新　疆	1 266 351.8	1 031.4	6 190 815.8	729 083.4	292.9	10.5

2016年移动短信和彩信业务量分省情况

（单位：万条）

	移动短信业务量			移动彩信业务量		
	2016年	比2015年（%）	点对点短信	2016年	比2015年（%）	点对点彩信
全　国	**66 708 636.4**	**-4.6**	**18 984 138.5**	**5 567 513.2**	**-9.8**	**285 231.6**
东　部	**42 813 787.8**	**0.9**	**8 381 667.1**	**2 532 619.9**	**-13.0**	**128 601.6**
北　京	5 417 145.0	4.7	651 678.1	196 765.4	-27.4	8 512.9
天　津	385 180.9	-18.8	172 610.2	21 027.7	-17.7	1 423.2
河　北	1 734 401.5	-21.3	799 216.6	86 959.9	-17.5	8 227.8
辽　宁	1 539 247.5	9.0	443 500.1	63 799.9	-18.0	3 721.0
上　海	2 204 016.7	4.0	499 132.1	259 415.1	-11.6	4 181.6
江　苏	6 196 910.8	21.0	1 170 940.7	826 006.4	-14.1	17 605.4
浙　江	9 020 359.4	23.3	836 186.8	346 312.6	-7.6	28 292.7
福　建	6 438 358.7	4.7	544 742.5	217 442.8	-4.6	11 865.3
山　东	3 063 768.0	-19.4	1 227 927.3	135 336.5	-25.6	9 122.2
广　东	6 393 416.9	-22.2	1 779 024.7	346 093.4	-3.1	32 905.9
海　南	420 982.3	-9.6	256 708.0	33 460.1	-1.8	2 743.6
中　部	**10 559 793.0**	**-17.3**	**5 016 540.4**	**1 699 685.5**	**-1.5**	**60 947.6**
山　西	2 012 574.0	2.1	517 007.7	326 962.4	11.1	8 738.1
吉　林	598 229.4	-41.1	259 228.6	37 124.9	-8.9	3 270.7
黑龙江	620 605.2	-18.8	384 812.9	13 525.5	-40.6	2 022.0
安　徽	1 349 770.4	-23.9	823 634.3	44 148.4	-31.7	7 683.1
江　西	1 108 666.4	-9.7	546 965.9	322 083.9	87.3	5 452.1
河　南	1 577 954.1	-25.6	1 025 056.4	115 983.1	-7.3	8 547.9
湖　北	1 273 493.9	-20.6	779 735.7	302 310.2	-16.0	9 248.7
湖　南	2 018 499.6	-12.1	680 098.8	537 547.0	-16.8	15 985.1
西　部	**13 335 055.5**	**-9.3**	**5 585 931.0**	**1 335 207.8**	**-13.1**	**95 682.4**
内蒙古	833 294.0	-21.5	409 241.2	117 880.9	-8.2	11 172.2
广　西	1 287 547.3	-11.4	460 630.3	138 679.5	28.6	9 832.2
重　庆	906 213.3	-13.1	470 534.4	248 532.2	-13.4	6 007.7
四　川	2 418 886.5	-10.8	1 410 121.0	291 963.3	-13.1	16 938.8
贵　州	972 341.7	-16.7	461 029.5	41 340.4	-10.1	7 666.8
云　南	1 458 878.3	-22.1	587 159.1	165 481.1	-22.8	16 319.7
西　藏	150 554.5	-14.5	93 734.2	8 783.8	-9.4	1 195.3
陕　西	2 334 826.5	26.6	512 813.4	135 616.2	-29.4	7 208.8
甘　肃	1 649 252.1	-13.2	477 836.3	34 929.6	14.2	7 799.8
青　海	200 551.3	-18.3	109 812.3	26 652.3	-21.1	3 925.2
宁　夏	326 725.0	-13.3	158 700.6	27 728.7	-24.5	1 551.1
新　疆	795 985.1	-6.4	434 318.6	97 619.8	-15.0	6 064.7

2016年移动互联网接入流量分省情况

（单位：万GB）

	移动互联网接入流量		其中：按上网方式		
	2016年	比2015年（%）	无线上网卡流量	手机上网流量	
				2016年	比2015年（%）
全　国	**937 863.5**	**124.0**	**90 017.1**	**842 965.5**	**124.3**
东　部	**483 305.8**	**117.2**	**36 722.6**	**443 938.2**	**121.1**
北　京	33 436.1	118.0	2 730.2	30 232.7	123.6
天　津	10 100.3	85.0	1 026.1	9 045.0	118.4
河　北	37 107.8	186.2	6 666.7	30 294.2	143.2
辽　宁	43 747.6	125.1	20 192.0	23 404.0	118.4
上　海	21 073.5	94.8	1 483.7	19 461.4	101.3
江　苏	70 636.0	106.9	1 069.5	69 281.3	111.5
浙　江	63 212.6	89.7	810.0	62 311.1	102.9
福　建	30 358.9	111.6	856.7	29 116.3	117.6
山　东	39 890.0	122.4	586.7	39 117.5	132.8
广　东	126 199.4	127.6	1 082.0	124 355.3	131.9
海　南	7 543.9	131.7	219.2	7 319.4	145.4
中　部	**236 645.6**	**140.3**	**40 896.8**	**194 245.6**	**132.8**
山　西	16 817.8	148.1	244.3	16 508.0	155.4
吉　林	35 625.1	166.2	24 071.3	11 486.1	147.3
黑龙江	20 813.3	204.0	2 990.8	17 801.7	177.7
安　徽	36 624.1	217.5	10 315.2	26 093.7	129.9
江　西	22 666.0	122.7	291.5	22 357.5	128.4
河　南	43 678.6	121.9	438.6	43 055.6	129.0
湖　北	30 269.7	95.8	1 268.0	28 363.1	109.0
湖　南	30 151.1	106.3	1 277.1	28 579.9	130.4
西　部	**217 809.6**	**122.8**	**12 295.2**	**204 781.7**	**123.3**
内蒙古	12 852.6	125.6	412.4	12 368.0	126.3
广　西	21 703.0	113.7	72.7	21 609.3	116.4
重　庆	21 221.4	147.9	665.6	20 318.3	151.5
四　川	36 177.6	105.1	358.2	35 685.6	106.9
贵　州	20 948.9	146.8	2 148.6	18 777.4	154.6
云　南	36 457.0	125.4	2 858.7	33 567.1	118.8
西　藏	1 149.2	55.7	111.4	1 037.6	72.5
陕　西	30 607.4	118.7	1 396.5	29 079.1	116.1
甘　肃	12 391.1	114.3	109.6	12 259.0	116.2
青　海	5 023.0	124.5	1 701.5	3 318.6	108.8
宁　夏	7 130.0	159.9	437.9	6 641.0	186.1
新　疆	12 148.5	118.3	2 022.2	10 120.9	121.0

2016年互联互通业务量分省情况

	固定电话互联互通通话时长		移动电话互联互通通话时长		短信互联互通业务量	
	2016年（万分钟）	比2015年（%）	2016年（万分钟）	比2015年（%）	2016年（万条）	比2015年（%）
全　国	**13 037 178.6**	**-21.7**	**89 166 628.8**	**0.1**	**6 890 653.9**	**-27.2**
东　部	**7 680 047.2**	**-21.2**	**40 646 841.6**	**-1.6**	**3 154 383.1**	**-29.2**
北　京	766 282.7	-9.9	2 828 914.4	0.4	244 962.1	-30.9
天　津	164 086.0	-22.1	1 286 043.3	3.9	75 927.5	-35.4
河　北	782 564.8	-3.7	4 741 482.6	5.5	275 412.4	-20.7
辽　宁	479 949.9	-23.9	2 992 583.0	-3.1	143 899.5	-34.3
上　海	722 766.4	-16.2	2 227 550.3	-0.9	203 590.9	-32.2
江　苏	742 857.8	-17.4	5 227 518.9	-1.1	502 002.8	-26.1
浙　江	856 408.3	-37.3	3 868 522.0	-10.5	323 884.1	-30.9
福　建	445 788.4	-16.9	3 249 176.5	-5.9	244 331.4	-34.8
山　东	881 970.0	-19.3	6 037 697.6	4.2	411 542.3	-23.5
广　东	1 765 698.5	-26.3	7 484 728.7	-5.0	647 056.1	-32.4
海　南	71 674.5	-22.2	702 624.4	-0.8	81 774.2	-20.2
中　部	**2 980 245.4**	**-23.0**	**24 036 179.3**	**0.4**	**1 844 477.3**	**-27.8**
山　西	206 540.4	-33.2	2 177 746.3	-0.3	175 533.7	-26.8
吉　林	243 238.5	-15.6	1 938 581.0	-1.8	108 754.2	-34.0
黑龙江	307 588.3	-21.2	2 318 574.4	-1.7	122 399.0	-32.7
安　徽	335 580.7	-20.0	3 010 772.6	1.7	303 719.7	-31.1
江　西	224 480.4	-23.0	1 837 439.1	-3.5	140 771.5	-29.5
河　南	808 322.2	-23.6	5 591 047.5	3.2	364 037.7	-25.2
湖　北	445 341.5	-19.4	3 277 178.5	-0.5	336 102.6	-25.9
湖　南	409 153.4	-26.9	3 884 840.0	1.2	293 158.9	-24.6
西　部	**2 376 886.0**	**-21.8**	**24 483 607.8**	**2.9**	**1 891 793.6**	**-22.7**
内蒙古	159 263.2	-26.1	1 819 340.4	3.0	146 520.5	-28.3
广　西	301 828.6	-25.6	2 387 162.3	-1.1	166 447.8	-22.9
重　庆	280 397.9	-17.4	2 417 431.3	-1.4	143 339.2	-28.3
四　川	456 032.5	-23.6	4 999 971.4	4.3	443 940.8	-20.5
贵　州	131 071.8	-25.2	2 088 895.3	4.9	163 533.3	-18.5
云　南	171 556.2	-22.6	1 774 348.4	2.5	132 267.2	-22.9
西　藏	34 584.1	14.4	287 701.9	6.1	27 547.8	-14.4
陕　西	355 342.2	-14.5	2 977 911.6	2.3	208 888.8	-29.9
甘　肃	110 236.8	-30.1	1 890 840.6	4.8	168 160.9	-20.5
青　海	36 601.3	-21.4	536 365.4	0.3	49 569.4	-25.7
宁　夏	37 686.5	-29.9	585 510.6	4.6	59 598.7	-26.3
新　疆	302 285.1	-20.5	2 718 128.8	5.7	181 979.2	-12.2

2012—2016年电信通信能力发展情况

指 标 名 称	单位	2012年	2013年	2014年	2015年	2016年	2016年比2015年（%）
光缆线路长度	万公里	1 479.3	1 745.4	2 061.3	2 486	3 042	22.4
长途光缆线路长度	万公里	86.8	89.0	92.8	97	99	3.0
本地网中继光缆线路长度	万公里	723.4	834.4	997.7	1 161	1 044	-10.1
接入网光缆线路长度	万公里	669.2	821.9	970.7	1 229	1 899	54.5
固定长途电话交换机容量	万路端	1 579.7	1 280.5	982.9	811.1	681.1	-16.0
局用交换机容量	万门	43 749.3	41 089.3	40 517.1	26 446.5	22 441.6	-15.1
接入网设备容量	万门	23 371.5	22 572.4	25 882.2	17 541.1	18 547.0	5.7
移动电话交换机容量	万户	184 023.8	196 557.3	205 024.9	218 150.0	218 540.0	0.2
移动电话基站	万个	206.6	241.0	350.8	465.6	559.4	20.1
其中：3G基站	万个	82.0	109.3	127.8	142.8	141.4	-1.0
4G基站	万个			84.9	177.4	263.2	48.4
移动电话话音信道	万个	9 284.8	9 733.2	9 947.0	10 263.3	10 415.0	1.5
移动短消息中心容量	万条	622 055.7	696 593.4	713 067.8	722 682.2	704 370.1	-2.5
互联网宽带接入端口	万个	32 108.4	35 945.3	40 546.1	57 709.4	71 276.9	23.5
其中：*x*DSL端口	万个	15 858.3	14 742.8	13 833.3	10 034.0	3 886.8	-61.3
FTTH/O端口	万个	7 289.5	11 505.0	16 384.6	34 197.4	53 781.1	57.3

注：互联网宽带端口为基础电信企业合计数。

2016年光缆线路长度分省情况

（单位：公里）

	光缆线路长度				
	2016年	比2015年（%）	长途光缆	本地网中继光缆	接入网光缆
全　国	**30 420 755**	**22.4**	**994 092**	**10 437 744**	**18 988 920**
东　部	**13 559 964**	**20.0**	**265 117**	**4 115 498**	**9 179 349**
北　京	306 658	11.3	4 465	134 435	167 758
天　津	183 854	12.1	3 776	61 511	118 567
河　北	1 179 976	14.4	36 970	471 405	671 601
辽　宁	1 035 314	34.3	24 114	446 569	564 631
上　海	532 551	12.1	5 565	151 175	375 812
江　苏	2 939 498	17.0	39 083	915 808	1 984 607
浙　江	2 287 947	10.4	26 273	212 436	2 049 238
福　建	1 025 648	23.3	24 282	203 695	797 671
山　东	1 766 638	28.8	39 093	840 501	887 044
广　东	2 101 665	27.7	58 120	606 124	1 437 421
海　南	200 215	31.1	3 376	71 839	125 000
中　部	**8 222 921**	**26.2**	**265 397**	**3 280 378**	**4 677 145**
山　西	904 758	18.2	31 629	419 196	453 933
吉　林	411 279	4.4	23 397	137 798	250 084
黑龙江	615 654	11.8	50 222	340 613	224 819
安　徽	1 360 127	39.8	32 222	382 804	945 102
江　西	683 454	15.2	21 496	544 604	117 353
河　南	1 738 627	41.2	32 533	333 102	1 372 992
湖　北	1 223 700	31.5	32 372	570 214	621 113
湖　南	1 285 323	19.4	41 526	552 048	691 749
西　部	**8 637 872**	**22.6**	**463 578**	**3 041 866**	**5 132 427**
内蒙古	586 203	25.8	77 483	264 117	244 603
广　西	889 400	36.2	38 877	309 507	541 015
重　庆	817 013	24.8	8 309	314 888	493 816
四　川	1 897 078	17.3	61 204	641 978	1 193 896
贵　州	792 205	20.6	36 500	394 043	361 662
云　南	914 164	15.0	51 175	286 574	576 415
西　藏	135 365	12.4	35 713	29 966	69 686
陕　西	895 886	26.5	29 949	389 124	476 812
甘　肃	598 208	24.2	33 409	138 632	426 167
青　海	179 708	23.0	42 470	77 438	59 800
宁　夏	161 376	39.5	10 910	20 440	130 026
新　疆	771 264	22.2	37 579	175 157	558 528

2016年固定通信能力分省情况

	固定长途电话交换机容量		局用交换机容量		其中 接入网设备容量	
	2016年（万路端）	比2015年（万路端）	2016年（万门）	比2015年（万门）	2016年（万门）	比2015年（万门）
全　国	**681.1**	**-130.0**	**22 441.6**	**-4 004.9**	**18 547.0**	**1 006.0**
东　部	**370.4**	**-71.6**	**9 690.6**	**-4 762.9**	**7 571.8**	**-1 945.6**
北　京	45.8	-5.6	1 233.3	-359.2	1 117.1	193.8
天　津	11.8	0.0	476.1	-55.7	441.1	-55.7
河　北	25.4	-1.5	1 219.4	93.7	1 149.7	116.1
辽　宁	23.4	-25.2	1 311.0	-316.4	1 159.8	-163.4
上　海	46.4	-25.3	991.0	-209.5	517.0	5.7
江　苏	37.6	0.0	698.1	-1 060.7	517.1	-362.0
浙　江	85.2	0.0	504.3	-706.7	435.7	-134.7
福　建	9.5	0.0	399.7	-522.7	292.7	-311.6
山　东	23.2	-8.0	1 138.3	-385.3	1 080.2	-377.0
广　东	58.1	-5.9	1 656.8	-1 187.9	809.9	-820.7
海　南	4.1	0.0	62.8	-52.6	51.6	-36.2
中　部	**151.3**	**-55.0**	**8 396.7**	**2 095.0**	**7 583.7**	**3 394.4**
山　西	21.5	-8.7	470.8	-71.8	383.9	-66.3
吉　林	8.6	0.0	485.2	-69.6	366.9	4.2
黑龙江	27.9	-8.2	4 899.9	3 829.9	4 779.2	3 993.6
安　徽	5.4	-9.0	203.1	-430.9	115.8	-188.3
江　西	20.8	0.0	467.5	-252.9	424.6	-97.9
河　南	18.8	-14.1	901.1	-142.9	804.7	-108.1
湖　北	7.4	-9.6	491.7	-428.8	360.6	-104.9
湖　南	41.0	-5.4	477.6	-338.1	348.0	-37.9
西　部	**154.8**	**-3.5**	**4 352.3**	**-1 337.0**	**3 391.5**	**-442.9**
内蒙古	10.1	-2.7	327.4	-58.3	271.3	-51.4
广　西	28.0	-0.8	1 158.1	-160.7	1 047.8	-109.1
重　庆	6.5	0.0	241.5	-210.2	181.6	-81.5
四　川	37.4	0.0	751.7	-31.9	634.3	13.1
贵　州	2.7	-3.6	373.6	-216.8	324.2	-74.0
云　南	19.9	0.0	653.6	-13.6	398.5	-22.6
西　藏	1.3	0.0	10.5	-1.0	10.5	-0.3
陕　西	19.8	-0.1	402.4	-179.3	279.7	-55.0
甘　肃	7.2	0.0	116.5	-159.9	48.7	-18.2
青　海	13.1	3.9	22.2	-22.4	6.2	-1.5
宁　夏	6.0	-0.2	90.6	-33.4	69.9	-1.7
新　疆	2.8	0.0	204.5	-249.4	118.8	-40.8
总部及直属	4.6	0.0	2.0	0.0	0.0	0.0

2016年移动通信能力分省情况

	移动电话交换机容量		移动电话基站		其中		移动电话话音信道	移动短消息中心容量
					3G基站	4G基站		
	2016年（万户）	比2015年（万户）	2016年（万个）	比2015年（万个）	2016年（万个）	2016年（万个）	2016年（万个）	2016年（万条）
全　国	**218 540.0**	**6 726.1**	**559.4**	**93.8**	**141.4**	**263.2**	**10 415.0**	**704 370.1**
东　部	**97 732.8**	**1 386.0**	**259.5**	**39.7**	**64.8**	**122.9**	**4 894.9**	**334 844.7**
北　京	5 230.0	128.0	14.6	2.2	4.4	6.4	285.6	17 377.2
天　津	2 585.0	150.0	5.7	1.0	1.6	2.6	162.4	5 695.2
河　北	11 930.7	149.0	25.6	6.4	6.2	12.6	499.0	26 640.0
辽　宁	6 775.2	0.0	17.6	0.9	4.0	8.1	328.8	26 928.0
上　海	4 424.0	0.0	9.7	1.2	2.8	4.9	224.5	11 353.7
江　苏	10 863.1	230.0	38.1	5.6	6.1	20.9	702.2	39 420.0
浙　江	11 698.7	275.0	38.4	5.8	10.7	17.6	695.9	23 084.0
福　建	7 963.6	−240.0	21.9	3.2	5.8	10.1	333.4	30 960.0
山　东	12 667.9	697.5	34.1	5.7	9.2	15.4	551.8	79 074.0
广　东	21 982.3	−43.5	48.9	6.7	12.6	22.1	1 023.8	69 416.6
海　南	1 612.4	40.0	4.8	0.9	1.4	2.1	87.4	4 896.0
中　部	**58 449.8**	**2 142.5**	**144.5**	**22.8**	**36.5**	**69.1**	**2 511.0**	**168 504.6**
山　西	5 096.5	75.3	16.4	3.1	4.4	7.0	259.6	9 894.2
吉　林	3 851.5	120.5	9.2	1.4	2.3	4.1	181.3	16 632.0
黑龙江	8 546.9	1 228.2	11.4	1.4	2.5	5.6	218.9	17 596.8
安　徽	8 407.8	0.0	19.8	3.2	5.5	9.2	370.0	30 096.0
江　西	4 183.9	98.0	18.3	4.5	4.4	9.0	263.7	34 518.0
河　南	12 357.0	644.0	30.1	5.2	7.9	14.7	509.0	26 137.4
湖　北	8 748.7	−4.6	19.2	1.7	4.9	9.1	326.1	15 336.0
湖　南	7 257.5	−18.9	20.1	2.5	4.4	10.5	382.4	18 294.1
西　部	**62 357.5**	**3 197.6**	**155.4**	**31.3**	**40.1**	**71.2**	**3 009.2**	**201 020.8**
内蒙古	6 294.1	36.8	11.6	2.3	3.4	4.7	284.5	17 064.0
广　西	5 191.1	10.0	15.6	1.8	4.1	6.9	297.6	16 560.0
重　庆	4 037.0	149.4	11.9	2.4	2.2	6.5	204.9	12 100.0
四　川	16 408.3	717.0	29.3	4.4	5.9	14.7	637.0	36 216.8
贵　州	4 908.0	0.0	16.6	4.7	4.0	7.4	254.8	15 066.0
云　南	5 759.5	−134.7	19.4	3.1	4.5	9.1	282.1	21 312.0
西　藏	2 423.0	1 975.0	2.2	0.5	0.9	0.7	40.2	1 008.0
陕　西	5 111.5	6.0	16.6	2.9	5.3	7.3	287.9	37 872.0
甘　肃	3 128.0	131.0	11.4	3.6	3.4	4.8	232.5	20 854.0
青　海	1 308.0	0.0	3.5	0.6	1.0	1.5	79.9	3 780.0
宁　夏	1 414.0	190.0	3.0	0.5	0.8	1.5	71.0	5 004.0
新　疆	6 375.0	117.0	14.2	4.4	4.6	6.3	336.8	14 184.0

2016年互联网宽带接入端口分省情况

（单位：万个）

	互联网宽带接入端口		其中				FTTH/O端口
			xDSL端口		LAN端口		
	2016年	比2015年	2016年	比2015年	2016年	比2015年	2016年
全　国	**71 276.9**	**13 567.5**	**3 886.8**	**-6 147.1**	**8 664.4**	**134.5**	**53 781.1**
东　部	**35 783.0**	**5 639.5**	**1 985.4**	**-3 151.9**	**3 959.5**	**-349.2**	**27 305.7**
北　京	1 784.0	203.5	119.8	-120.8	49.9	-2.6	1 412.2
天　津	724.3	254.1	18.7	-9.2	22.5	2.6	621.0
河　北	3 841.1	892.6	59.7	-103.7	63.8	26.0	3 225.8
辽　宁	3 239.5	528.8	114.0	-165.2	162.0	-30.8	2 400.6
上　海	1 595.7	130.9	47.6	-129.6	199.9	-69.8	1 268.3
江　苏	5 676.8	979.6	164.2	-450.9	1 125.0	-358.4	4 201.6
浙　江	4 720.6	-48.3	254.5	-604.6	653.8	95.4	3 704.5
福　建	2 482.3	147.0	147.5	-330.0	546.9	29.7	1 678.6
山　东	4 680.0	676.7	26.3	-32.4	473.2	-241.5	3 659.1
广　东	6 515.6	1 750.2	963.4	-1 160.4	618.0	206.7	4 739.0
海　南	522.9	124.5	69.7	-45.4	44.5	-6.5	395.1
中　部	**19 027.2**	**4 245.8**	**665.4**	**-1 485.9**	**2 486.8**	**119.8**	**14 451.7**
山　西	1 582.9	237.0	26.0	-24.2	189.5	-63.5	1 268.4
吉　林	1 560.7	573.5	17.8	-141.0	196.8	27.8	1 069.0
黑龙江	1 964.9	656.1	41.7	-142.9	100.9	-40.8	1 394.4
安　徽	2 527.3	315.8	67.5	-102.6	307.6	-41.9	2 082.0
江　西	2 055.6	362.4	158.5	-313.6	681.1	279.8	1 143.4
河　南	4 345.8	1 103.9	87.5	-77.4	171.0	1.8	3 861.6
湖　北	2 594.7	533.5	130.8	-273.9	498.8	201.5	1 892.4
湖　南	2 395.3	463.5	135.6	-410.5	341.2	-245.0	1 740.4
西　部	**16 466.7**	**3 682.2**	**1 236.0**	**-1 509.3**	**2 218.1**	**363.9**	**12 023.8**
内蒙古	1 200.7	284.8	14.6	-30.3	174.6	19.7	839.2
广　西	2 094.9	564.0	159.7	-155.2	508.1	178.7	1 305.6
重　庆	1 643.6	294.3	149.0	-202.3	112.7	8.6	1 250.4
四　川	3 709.6	591.7	186.1	-195.9	505.5	54.1	2 851.6
贵　州	1 113.9	238.2	32.7	-155.9	281.7	71.5	679.8
云　南	1 674.4	523.4	118.1	-161.7	162.5	26.4	1 291.0
西　藏	107.2	56.1	0.4	-8.8	3.7	-11.4	101.1
陕　西	2 083.1	543.7	120.9	-401.3	228.0	-16.9	1 628.7
甘　肃	946.0	125.6	181.7	-80.6	130.1	4.7	617.1
青　海	262.2	54.1	22.6	-31.1	10.7	3.7	222.3
宁　夏	307.1	106.4	22.8	-12.9	0.8	-0.2	278.4
新　疆	1 323.9	300.1	227.4	-73.4	99.7	24.9	958.5

2012—2016年电信财务、投资、服务水平发展情况

指 标 名 称	单位	2012年	2013年	2014年	2015年	2016年	2016年比2015年（%）
电信业务收入	万元	107 582 895	116 686 662	119 079 749	116 651 582	120 014 944	5.4
其中：增值电信业务收入	万元	21 639 505	23 294 534	20 022 400	19 087 526	15 413 611	−8.6
固定通信业务收入	万元	28 024 632	29 841 735	33 786 638	34 557 632	34 179 504	6.1
移动通信业务收入	万元	79 558 264	86 844 928	85 939 775	82 093 950	85 835 439	5.2
电信业务成本	万元	52 403 387	57 806 485	65 548 541	76 988 874	86 129 129	6.4
电信利润总额	万元	17 973 112	12 131 168	16 515 595	16 454 772	15 448 615	−7.5
电信增加值	万元	57 091 147	61 082 349	66 613 289	66 825 088	64 141 245	−3.5
电信资产总额	万元	251 773 375	265 199 411	282 283 475	306 411 906	318 038 706	3.8
电信固定资产原值	万元	314 555 154	331 894 471	353 482 243	346 653 245	366 967 620	5.9
电信固定资产净值	万元	141 195 578	146 481 990	153 441 148	147 050 412	153 058 285	4.1
电信固定资产投资完成额	万元	36 162 164	37 425 689	40 062 002	45 248 447	37 391 401	−17.4
固定通信投资	万元	2 286 540	437 747	374 953	98 819	68 682	−30.5
移动通信投资	万元	13 754 525	13 317 547	18 084 371	20 570 253	15 921 783	−22.6
互联网及数据通信投资	万元	4 179 085	5 111 215	4 002 364	7 163 219	8 093 120	13.0
创新及增值平台投资	万元	1 560 395	1 657 183	1 414 104	1 419 552	1 727 915	21.7
业务支撑系统投资	万元	15 46 884	1 661 670	1 486 113	1 642 740	1 577 364	−4.0
传输投资	万元	8 301 250	9 428 384	9 612 320	10 060 742	5 934 226	−41.0
局房及营业场所投资	万元	2 014 550	2 740 405	2 568 707	3 027 202	2 814 346	−7.0
电信其他投资	万元	2 518 937	3 071 538	2 519 069	1 265 919	1 253 965	−0.9
移动电话漫游国家和地区							
中国电信	个	258	258	258	245	245	
中国移动	个	237	242	251	255	255	
中国联通	个	247	250	251	251	258	
固定电话普及率	部/百人	20.7	19.6	18.2	16.8	14.9	
城市固定电话普及率	部/百人	27.4	25.2	24.0	22.5	19.7	
移动电话普及率	部/百人	82.6	90.3	94.0	92.5	95.6	
互联网宽带接入普及率	%	13.0	13.9	14.7	18.9	21.5	
开通互联网宽带业务的行政村比重	%	87.9	91.0	93.5	94.8	96.7	

2016年电信主要经济效益分省情况（一）

（单位：万元）

	电信业务收入	其中：增值业务收入	电信业务收入		电信业务成本
			固定通信	移动通信	
全　国	**120 014 943.9**	**15 413 611.1**	**34 179 504.5**	**85 835 439.4**	**86 129 129.0**
东　部	**66 642 490.4**	**8 593 964.8**	**19 952 261.3**	**46 690 226.1**	**43 895 169.7**
北　京	5 965 922.1	1 298 322.7	2 145 006.8	3 820 915.3	4 044 653.8
天　津	1 652 502.9	241 310.9	506 012.8	1 146 490.1	1 223 997.1
河　北	4 832 604.9	539 627.7	1 132 747.0	3 699 856.9	3 396 910.3
辽　宁	3 915 028.6	599 387.3	1 146 818.1	2 768 209.4	2 797 015.0
上　海	5 541 361.0	701 874.3	2 384 027.2	3 157 333.7	3 580 836.9
江　苏	8 759 187.8	1 078 518.1	2 476 400.5	6 282 787.3	5 621 696.3
浙　江	7 910 017.4	971 756.0	2 360 483.2	5 549 535.2	5 358 320.6
福　建	4 387 402.8	568 568.0	1 083 789.8	3 303 613.0	2 860 652.6
山　东	6 682 067.8	928 525.1	1 708 927.9	4 973 139.9	4 283 064.9
广　东	16 002 813.9	1 545 169.2	4 808 210.9	11 194 602.0	10 020 590.0
海　南	993 581.2	120 905.3	199 837.1	793 743.1	707 432.2
中　部	**28 382 413.9**	**3 107 412.9**	**6 191 510.7**	**22 190 903.2**	**19 662 822.8**
山　西	2 567 346.9	343 461.1	603 324.9	1 964 022.0	1 965 943.4
吉　林	1 868 345.3	169 621.2	498 128.8	1 370 216.5	1 537 813.9
黑龙江	2 488 407.1	318 300.2	650 421.9	1 837 985.3	1 906 202.1
安　徽	3 998 093.3	394 815.8	844 770.0	3 153 323.3	2 626 504.6
江　西	2 680 431.4	316 106.3	592 476.8	2 087 954.6	1 873 942.5
河　南	6 029 219.1	634 694.9	1 142 340.7	4 886 878.4	4 092 441.4
湖　北	4 311 451.7	438 951.4	1 009 182.7	3 302 269.0	2 841 104.3
湖　南	4 439 119.1	491 462.0	850 865.0	3 588 254.1	2 818 870.6
西　部	**28 442 704.2**	**2 995 907.7**	**6 013 811.8**	**22 428 892.5**	**20 681 278.8**
内蒙古	2 244 278.1	211 119.1	500 905.0	1 743 373.0	1 736 257.2
广　西	3 199 910.1	324 526.5	717 385.4	2 482 524.7	2 174 408.3
重　庆	2 441 947.3	245 596.0	568 417.1	1 873 530.1	1 719 574.3
四　川	5 666 994.0	609 417.8	1 289 836.2	4 377 157.8	4 181 578.9
贵　州	2 539 048.5	231 193.0	446 480.4	2 092 568.1	1 828 909.7
云　南	3 364 198.0	372 314.1	646 629.7	2 717 568.2	2 205 655.5
西　藏	449 661.0	54 403.4	81 394.8	368 266.1	412 101.2
陕　西	3 300 355.6	352 346.5	707 822.8	2 592 532.8	2 354 669.0
甘　肃	1 878 408.9	236 922.2	315 671.5	1 562 737.4	1 393 199.2
青　海	557 158.5	72 358.0	138 082.1	419 076.4	462 959.4
宁　夏	653 841.9	62 193.8	129 899.6	523 942.4	463 422.1
新　疆	2 146 902.5	223 517.4	471 287.2	1 675 615.3	1 748 544.1
总部及直属	−3 452 665.5	716 327.8	2 021 919.8	−5 474 585.3	1 889 856.7

2016年电信主要经济效益分省情况（二）

（单位：万元）

	电信利润总额	增加值	资产总额	固定资产原值	固定资产净值
全　国	**15 448 615.2**	**64 141 244.6**	**318 038 706.3**	**366 967 620.1**	**153 058 285.3**
东　部	**12 017 952.0**	**34 355 637.2**	**149 991 071.8**	**182 786 211.7**	**72 350 258.0**
北　京	1 146 175.5	3 017 403.6	12 052 379.3	15 152 794.0	5 750 811.7
天　津	146 409.8	781 971.1	3 497 767.6	4 900 162.1	2 070 927.7
河　北	430 397.0	2 138 300.6	10 286 719.3	15 247 200.1	6 065 673.8
辽　宁	290 532.8	1 848 359.5	8 789 935.9	13 359 290.6	5 438 582.7
上　海	1 046 527.0	2 811 811.8	11 825 194.3	14 867 256.6	5 355 938.8
江　苏	1 516 137.9	5 045 488.9	17 536 157.6	23 220 341.4	9 786 980.0
浙　江	1 374 751.8	3 881 056.2	17 722 716.2	19 983 382.6	8 124 145.4
福　建	670 468.0	2 257 893.0	9 864 606.9	12 639 723.6	5 069 178.2
山　东	1 139 891.0	3 374 655.1	14 024 796.1	19 630 558.5	7 786 654.7
广　东	4 159 072.9	8 736 629.3	42 231 143.3	41 103 179.0	15 736 496.9
海　南	97 588.4	462 067.9	2 159 655.4	2 682 323.2	1 164 868.2
中　部	**3 093 893.0**	**13 264 093.4**	**59 416 647.7**	**80 244 258.2**	**34 325 454.9**
山　西	98 816.7	1 179 994.4	5 814 301.9	8 562 911.0	3 773 399.7
吉　林	−105 964.0	763 101.3	4 080 888.9	7 368 544.3	2 886 079.2
黑龙江	23 307.3	1 193 437.2	5 680 301.2	9 553 374.9	4 052 769.2
安　徽	621 964.9	1 952 983.0	7 900 112.3	10 101 409.8	4 368 330.9
江　西	294 596.8	1 896 741.8	5 434 066.8	7 308 623.6	3 222 132.6
河　南	819 357.7	2 711 901.3	12 514 675.2	15 786 983.5	6 777 287.6
湖　北	705 519.2	1 991 575.3	8 403 151.0	11 340 970.8	4 647 280.0
湖　南	636 294.5	1 574 359.1	9 589 150.3	10 221 440.4	4 598 175.6
西　部	**2 330 778.4**	**13 860 757.6**	**58 339 031.8**	**80 443 588.0**	**36 587 799.6**
内蒙古	23 939.9	1 015 553.9	4 877 401.1	7 874 093.4	3 484 251.5
广　西	499 391.7	1 678 527.4	6 103 944.5	8 173 848.5	3 586 680.9
重　庆	281 132.9	1 788 502.4	4 745 802.0	7 340 321.2	3 215 004.5
四　川	507 294.4	2 438 470.8	11 496 839.0	14 109 619.0	6 394 851.8
贵　州	286 757.2	1 123 680.1	5 038 276.6	6 445 099.0	3 218 607.7
云　南	501 106.8	1 668 631.6	6 763 665.3	8 940 852.5	3 838 114.1
西　藏	−121 623.8	100 543.5	993 394.2	1 325 330.2	679 075.9
陕　西	251 224.3	1 634 349.8	6 669 033.5	9 612 285.2	4 229 853.9
甘　肃	178 282.9	954 210.8	4 046 538.6	5 444 240.4	2 622 378.4
青　海	−55 306.5	239 502.8	1 348 970.7	1 851 844.9	911 487.4
宁　夏	19 861.9	299 537.1	1 342 139.8	1 967 679.1	896 692.7
新　疆	−41 283.3	919 247.4	4 913 026.7	7 358 374.5	3 510 800.8
总部及直属	−1 994 008.1	2 660 756.4	50 291 956.0	23 493 559.4	9 794 772.9

2016年电信固定资产投资分省情况

（单位：万元）

	电信固定资产投资	其中							
		固定通信	移动通信	互联网及数据	创新及增值平台	业务支撑系统	传输投资	局房及营业场所	其他投资
全　国	37 391 400.5	68 682.1	15 921 783.1	8 093 120.0	1 727 914.9	1 577 363.6	5 934 225.7	2 814 346.2	1 253 964.9
东　部	17 859 351.6	51 429.2	7 706 004.0	4 053 484.7	856 106.6	646 860.9	2 859 417.5	1 385 881.4	300 167.5
北　京	1 385 626.4	14 276.7	632 911.4	290 458.6	41 086.9	66 040.4	230 094.6	102 168.2	8 589.7
天　津	521 118.5	516.5	242 989.6	99 827.0	13 276.6	31 147.3	97 789.2	31 372.8	4 199.5
河　北	1 725 969.7	4 463.4	786 658.8	447 489.4	30 104.3	41 679.5	269 733.1	111 323.5	34 517.7
辽　宁	1 273 826.9	960.0	544 938.1	287 108.5	37 825.9	32 584.3	306 333.1	59 346.7	4 730.4
上　海	1 365 904.9	13 158.8	487 273.3	205 185.7	100 347.7	73 516.6	231 051.3	218 323.1	37 048.4
江　苏	2 318 711.2	3 054.7	993 760.1	550 720.8	183 900.3	76 240.9	239 460.3	214 502.0	57 072.3
浙　江	2 041 614.3	2 129.3	917 374.2	440 725.5	128 220.5	57 089.5	311 659.1	148 073.3	36 343.1
福　建	1 218 390.9	997.8	583 466.4	257 620.6	67 059.2	38 704.3	174 906.7	69 542.1	26 093.8
山　东	1 844 023.9	6 426.7	780 520.0	424 369.0	80 842.5	57 638.8	300 907.9	173 094.3	20 224.8
广　东	3 862 785.7	4 396.8	1 595 812.1	987 748.7	162 119.0	157 495.1	662 124.8	229 575.0	63 514.1
海　南	301 379.3	1 048.7	140 300.1	62 231.1	11 323.6	14 724.3	35 357.4	28 560.5	7 833.7
中　部	8 653 303.2	9 586.4	3 991 201.6	2 051 298.3	234 781.6	283 643.5	1 367 968.7	580 344.1	134 478.9
山　西	918 428.4	1 246.9	427 529.3	126 443.2	19 919.6	28 909.4	209 436.9	95 070.9	9 872.2
吉　林	594 973.1	2 483.6	279 841.0	114 355.1	21 700.1	36 246.0	106 103.9	35 930.4	−1 687.1
黑龙江	879 125.5	−891.9	385 031.2	200 845.3	31 874.8	26 270.3	134 752.8	19 667.2	81 575.8
安　徽	1 045 540.7	1 094.5	480 788.0	251 859.4	39 981.5	49 854.6	169 815.8	54 393.8	−2 246.9
江　西	889 627.0	313.0	489 998.8	164 150.6	28 609.9	50 983.6	94 698.1	48 799.0	12 074.0
河　南	1 930 516.4	1 329.7	777 592.9	604 144.3	30 408.7	31 254.2	314 114.4	162 598.1	9 074.2
湖　北	1 196 133.9	2 051.3	564 997.2	282 900.2	32 045.5	32 906.7	198 954.7	73 898.4	8 380.0
湖　南	1 198 958.4	1 959.4	585 423.4	306 600.3	30 241.5	27 218.7	140 092.2	89 986.2	17 436.7
西　部	9 169 665.2	4 968.8	4 155 562.5	1 980 821.9	362 475.5	353 065.1	1 567 642.7	584 154.6	160 974.2
内蒙古	835 366.6	459.5	294 173.2	191 609.3	32 185.9	38 886.9	210 015.7	57 564.7	10 471.4
广　西	872 316.2	−14.7	407 910.7	191 717.5	21 704.1	34 074.5	134 667.2	58 165.0	24 092.0
重　庆	826 566.1	622.1	426 558.9	188 979.6	20 546.4	20 651.9	97 097.7	63 364.0	8 745.6
四　川	1 782 518.6	577.0	853 601.9	420 656.9	88 737.3	50 812.0	255 618.7	97 133.6	15 381.3
贵　州	864 775.8	650.6	427 297.9	142 173.6	28 547.2	43 637.1	131 101.3	54 495.9	36 872.4
云　南	903 763.3	65.0	455 375.1	193 332.5	20 941.1	26 525.1	187 577.1	32 213.9	−12 266.5
西　藏	174 444.8	615.8	55 706.8	41 001.4	19 303.0	7 789.0	52 358.5	21 246.8	−23 576.5
陕　西	1 005 325.7	1 125.7	456 104.9	233 588.7	16 361.4	29 328.4	223 342.1	60 941.3	−15 466.8
甘　肃	683 643.1	522.8	258 324.7	138 732.2	46 258.2	34 335.5	90 629.9	40 640.5	74 199.4
青　海	182 458.4	103.4	52 412.3	38 100.2	18 372.7	13 799.6	25 746.9	24 819.6	9 103.9
宁　夏	238 958.1	175.8	79 385.3	44 566.3	14 950.5	16 641.4	37 654.0	32 011.8	13 572.9
新　疆	799 528.4	65.8	388 710.9	156 363.8	34 567.8	36 583.7	121 833.7	41 557.7	19 845.1
总部及直属	1 709 080.5	2 697.7	69 015.0	7 515.3	274 551.3	293 794.2	139 196.8	263 966.1	658 344.3

2016年电信通信水平分省情况

	固定电话普及率（部/百人）	城市固定电话普及率（部/百人）	移动电话普及率（部/百人）	互联网宽带接入普及率（%）	城市互联网宽带接入普及率（%）	农村互联网宽带接入普及率（%）	家庭互联网宽带接入普及率（%）
全　国	**14.9**	**19.7**	**95.6**	**21.5**	**28.1**	**12.6**	**62.1**
东　部	**19.3**	**22.4**	**112.6**	**26.7**	**29.6**	**21.0**	**76.1**
北　京	32.0	29.9	178.1	21.9	21.2	26.5	66.0
天　津	19.9	23.9	96.0	18.2	21.3	2.9	57.8
河　北	11.4	17.4	95.3	21.6	26.1	16.4	69.6
辽　宁	20.3	26.2	101.1	22.2	25.5	15.4	58.8
上　海	30.2	34.4	130.4	26.3	29.9	0.0	66.7
江　苏	21.4	20.3	102.5	33.6	31.1	38.8	91.8
浙　江	23.0	27.7	129.3	38.6	44.4	26.8	94.3
福　建	21.1	20.8	107.4	29.5	32.0	25.3	81.1
山　东	9.8	11.6	96.5	23.8	27.9	17.9	67.5
广　东	23.7	26.2	130.5	25.3	29.1	16.7	79.5
海　南	18.4	22.3	102.7	20.3	24.3	15.2	68.3
中　部	**10.9**	**14.9**	**79.8**	**17.6**	**25.5**	**8.6**	**52.1**
山　西	9.3	13.9	91.4	20.3	30.3	7.5	66.4
吉　林	19.0	26.5	97.1	16.1	25.2	4.6	45.5
黑龙江	13.1	19.1	90.7	15.1	21.6	5.8	41.7
安　徽	9.9	13.4	70.1	17.4	24.0	10.1	50.2
江　西	11.3	13.8	68.4	17.9	23.7	11.3	63.1
河　南	8.4	11.8	82.8	18.5	27.6	10.0	57.1
湖　北	12.4	15.6	79.6	19.2	27.8	7.4	54.4
湖　南	10.0	13.1	73.2	15.6	22.8	7.6	40.9
西　部	**13.1**	**19.6**	**88.6**	**18.2**	**27.5**	**8.8**	**52.8**
内蒙古	10.6	15.1	98.0	16.6	20.7	9.9	43.6
广　西	7.2	10.5	78.0	16.3	25.8	7.5	50.2
重　庆	17.8	22.0	94.5	23.1	29.7	12.0	61.8
四　川	18.0	24.1	88.3	22.4	31.3	13.8	63.4
贵　州	7.3	13.4	86.7	12.9	23.0	4.9	39.8
云　南	7.0	12.4	82.6	13.7	26.1	3.6	40.1
西　藏	11.7	39.7	85.9	12.1	36.7	1.9	48.2
陕　西	17.8	24.8	100.0	21.1	29.1	11.0	57.7
甘　肃	12.0	20.7	84.4	15.1	24.6	7.3	49.5
青　海	17.2	29.1	91.0	16.8	28.7	4.1	52.0
宁　夏	10.5	16.3	106.2	16.6	26.8	3.4	51.0
新　疆	19.6	32.0	88.9	19.5	30.1	9.6	54.2

注：普及率采用2016年年底常住人口数和2010年人口普查的家庭数。

2012—2016年固定电话普及率分省情况

（单位：部/百人）

	2012年	2013年	2014年	2015年	2016年
全　国	**20.6**	**19.6**	**18.2**	**16.8**	**14.9**
东　部	**27.2**	**25.8**	**23.9**	**21.7**	**19.3**
北　京	43.7	41.0	38.6	36.1	32.0
天　津	26.1	24.0	23.8	22.2	19.9
河　北	16.7	15.7	14.7	13.2	11.4
辽　宁	29.3	27.8	26.2	23.6	20.3
上　海	38.5	36.0	34.6	33.0	30.2
江　苏	30.2	28.8	26.8	24.7	21.4
浙　江	34.5	32.4	29.8	26.6	23.0
福　建	27.3	26.1	24.5	23.1	21.1
山　东	19.2	17.5	14.5	11.4	9.8
广　东	29.9	29.1	27.5	25.9	23.7
海　南	19.7	19.4	18.8	18.8	18.4
中　部	**16.6**	**15.5**	**14.2**	**13.0**	**10.9**
山　西	19.1	16.1	15.2	12.1	9.3
吉　林	21.1	21.0	20.9	20.8	19.0
黑龙江	20.2	19.5	16.7	15.6	13.1
安　徽	18.3	16.2	13.8	12.0	9.9
江　西	14.4	13.8	12.7	12.4	11.3
河　南	13.7	13.0	12.1	10.7	8.4
湖　北	17.4	17.0	15.6	14.9	12.4
湖　南	14.5	13.7	12.5	11.6	10.0
西　部	**15.8**	**15.0**	**14.5**	**13.8**	**13.1**
内蒙古	14.8	15.1	14.3	12.9	10.6
广　西	12.9	10.3	10.5	9.2	7.2
重　庆	19.7	19.5	19.4	18.5	17.8
四　川	16.7	16.2	15.9	16.5	18.0
贵　州	11.0	10.4	9.7	8.9	7.3
云　南	11.3	10.4	9.1	8.0	7.0
西　藏	13.4	12.9	11.3	10.8	11.7
陕　西	20.6	20.4	19.9	19.1	17.8
甘　肃	14.7	14.1	13.2	12.5	12.0
青　海	18.0	17.6	17.2	17.7	17.2
宁　夏	16.4	16.0	15.5	12.6	10.5
新　疆	23.4	22.9	22.3	21.2	19.6

2012—2016年移动电话普及率分省情况

（单位：部/百人）

	2012年	2013年	2014年	2015年	2016年
全 国	**82.5**	**90.3**	**94.0**	**92.5**	**95.6**
东 部	**101.2**	**109.8**	**112.7**	**110.3**	**112.6**
北 京	156.9	159.5	189.5	181.7	178.1
天 津	97.8	89.9	89.1	88.5	96.0
河 北	76.1	81.9	84.4	82.6	95.3
辽 宁	97.9	104.4	103.3	97.9	101.1
上 海	128.2	132.5	135.7	129.7	130.4
江 苏	94.6	100.0	101.4	100.2	102.5
浙 江	117.9	128.6	133.8	131.5	129.3
福 建	108.8	114.0	112.4	108.2	107.4
山 东	78.7	85.6	88.5	92.3	96.5
广 东	118.7	138.2	139.3	133.5	130.5
海 南	88.4	95.9	100.4	98.2	102.7
中 部	**67.2**	**73.7**	**78.4**	**76.8**	**79.8**
山 西	76.9	85.6	91.3	88.5	91.4
吉 林	82.1	86.2	94.9	91.2	97.1
黑龙江	69.5	78.8	90.2	87.4	90.7
安 徽	60.5	65.7	69.3	68.2	70.1
江 西	57.3	62.1	64.7	66.4	68.4
河 南	61.6	76.5	81.7	79.5	82.8
湖 北	79.1	76.2	79.2	77.4	79.6
湖 南	64.6	68.3	70.1	69.2	73.2
西 部	**73.5**	**80.0**	**84.9**	**84.3**	**88.6**
内蒙古	102.7	107.7	105.2	94.7	98.0
广 西	62.1	62.2	74.8	75.0	78.0
重 庆	70.9	80.2	86.6	90.8	94.5
四 川	68.3	77.5	81.2	82.9	88.3
贵 州	66.9	76.0	82.2	83.3	86.7
云 南	62.5	72.5	79.5	78.9	82.6
西 藏	77.7	85.1	91.9	82.9	85.9
陕 西	87.2	93.3	95.6	94.0	100.0
甘 肃	68.8	76.5	79.5	81.0	84.4
青 海	94.6	93.9	93.2	87.9	91.0
宁 夏	92.5	95.9	104.0	95.3	106.2
新 疆	91.0	94.2	90.4	86.0	88.9

2016年地（市）电信用户发展情况

	固定电话用户（户）	固定电话普及率（部/百人）	移动电话用户（户）	移动电话普及率（部/百人）	互联网宽带接入用户（户）	互联网宽带接入普及率（部/百人）
北京市	**6 949 837**	**31.98**	**38 690 007**	**178.06**	**4 757 614**	**21.90**
天津市	**3 113 428**	**19.93**	**14 997 631**	**96.01**	**2 839 271**	**18.18**
河北省	**8 506 229**	**11.39**	**71 210 425**	**95.33**	**16 120 245**	**21.58**
石家庄市	1 366 909	13.16	11 633 391	111.99	2 872 149	27.65
唐山市	1 205 145	15.72	8 538 361	111.40	1 778 679	23.21
秦皇岛市	503 015	16.64	3 316 918	109.75	899 360	29.76
邯郸市	592 359	6.38	8 053 814	86.69	1 481 973	15.95
邢台市	670 481	9.31	6 175 233	85.79	1 357 204	18.85
保定市	1 274 691	11.23	10 247 273	90.32	2 484 883	21.90
张家口市	373 579	8.49	3 863 393	87.85	828 404	18.84
承德市	281 097	8.02	3 190 282	91.03	669 752	19.11
沧州市	926 559	12.80	6 806 709	93.99	1 456 939	20.12
廊坊市	688 938	15.52	5 279 693	118.98	1 374 235	30.96
衡水市	623 456	14.20	4 105 355	93.49	916 667	20.87
山西省	**3 436 682**	**9.33**	**33 657 408**	**91.42**	**7 471 887**	**20.29**
太原市	950 668	22.34	6 520 030	153.22	1 345 127	31.62
大同市	239 278	7.12	2 998 873	89.25	632 937	18.83
阳泉市	126 854	9.20	1 404 992	101.88	383 808	27.82
长治市	295 978	8.80	2 961 981	88.01	694 161	20.63
晋城市	225 710	9.85	2 272 538	99.15	500 494	21.84
朔州市	122 768	7.08	1 482 475	85.49	262 793	15.15
晋中市	383 871	11.68	2 963 343	90.16	739 620	22.50
运城市	380 424	7.31	4 109 315	78.98	1 027 148	19.74
忻州市	189 219	6.10	2 461 363	79.29	498 259	16.06
临汾市	284 338	6.52	3 621 342	82.99	809 159	18.54
吕梁市	237 574	6.29	2 861 157	75.76	578 381	15.31
内蒙古自治区	**2 680 993**	**10.64**	**24 707 776**	**98.04**	**4 171 762**	**16.55**
呼和浩特市	650 165	22.06	3 732 055	126.63	598 672	20.32

（续表）

	固定电话用户（户）	固定电话普及率（部/百人）	移动电话用户（户）	移动电话普及率（部/百人）	互联网宽带接入用户（户）	互联网宽带接入普及率（部/百人）
包头市	293 696	10.76	2 994 623	109.70	440 256	16.12
乌海市	95 341	17.37	656 147	119.56	120 175	21.90
赤峰市	352 601	8.16	3 471 361	80.35	576 677	13.34
通辽市	199 943	6.39	2 756 626	88.22	353 645	11.32
鄂尔多斯市	183 677	9.17	2 167 084	108.13	251 638	12.56
呼伦贝尔市	347 754	13.73	2 541 838	100.33	448 162	17.69
巴彦淖尔市	205 496	12.30	1 609 970	96.35	217 671	13.02
乌兰察布市	139 059	6.52	1 654 249	77.53	236 159	11.07
兴安盟	83 733	5.21	1 582 293	98.55	172 111	10.72
锡林郭勒盟	93 689	9.01	1 253 886	120.58	170 677	16.41
阿拉善盟	35 839	15.00	287 643	120.39	47 475	19.87
辽宁省	**8 906 098**	**20.34**	**4 4270 630**	**101.13**	**9 717 279**	**22.20**
沈阳市	1 809 484	24.94	11 847 555	163.32	2 012 875	27.74
大连市	2 120 183	35.89	8 333 796	141.06	1 495 481	25.32
鞍山市	612 151	17.45	3 276 614	93.44	806 785	23.00
抚顺市	365 037	16.63	1 935 649	88.20	530 082	24.15
本溪市	235 715	15.38	1 437 299	93.79	442 647	28.88
丹东市	603 589	25.09	2 035 622	84.63	576 095	23.95
锦州市	619 418	20.11	2 525 991	82.00	684 697	22.22
营口市	407 874	17.37	2 110 803	89.92	554 847	23.64
阜新市	321 552	16.78	1 503 105	78.44	457 269	23.86
辽阳市	258 587	14.35	1 665 525	92.44	480 826	26.68
盘锦市	314 414	24.41	1 425 816	110.70	354 030	27.48
铁岭市	288 556	9.54	1 981 771	65.53	482 310	15.95
朝阳市	533 584	15.69	2 161 400	63.55	540 871	15.91
葫芦岛市	415 951	14.83	2 029 684	72.39	553 436	19.74
吉林省	**5 203 235**	**19.04**	**26 548 178**	**97.14**	**4 400 068**	**16.10**
长春市	1 646 026	21.74	9 021 382	119.17	1 428 964	18.88
吉林市	839 582	19.47	4 175 633	96.84	772 420	17.91
四平市	429 589	12.78	2 939 124	87.46	395 123	11.76

（续表）

	固定电话用户（户）	固定电话普及率（部/百人）	移动电话用户（户）	移动电话普及率（部/百人）	互联网宽带接入用户（户）	互联网宽带接入普及率（部/百人）
辽源市	236 352	19.38	1 107 780	90.85	171 515	14.06
通化市	471 151	21.00	1 955 199	87.14	347 807	15.50
白山市	338 518	26.50	1 154 480	90.38	210 420	16.47
松原市	340 911	11.75	2 466 317	85.03	284 589	9.81
白城市	335 088	16.77	1 770 334	88.63	297 084	14.87
延边朝鲜族自治州	566 018	26.56	1 957 928	91.87	492 145	23.10
黑龙江省	**4 974 426**	**13.09**	**34 455 635**	**90.69**	**5 750 466**	**15.14**
哈尔滨市	1 954 182	19.68	11 424 661	115.08	1 792 293	18.05
齐齐哈尔市	468 351	8.39	3 682 459	66.01	641 432	11.50
鸡西市	214 774	11.55	1 614 566	86.84	279 813	15.05
鹤岗市	81 738	7.54	1 068 351	98.48	173 504	16.00
双鸭山市	190 588	12.67	1 296 730	86.20	247 185	16.43
大庆市	265 377	9.42	3 171 911	112.59	434 779	15.44
伊春市	124 541	10.04	928 931	74.90	206 418	16.64
佳木斯市	332 348	13.37	2 507 649	100.87	457 947	18.43
七台河市	59 854	6.47	816 279	88.28	142 542	15.41
牡丹江市	348 092	13.06	2 393 528	89.83	496 631	18.64
黑河市	210 292	12.17	1 382 429	79.99	228 969	13.24
绥化市	651 114	11.35	3 779 166	65.87	535 094	9.33
大兴安岭地区	73 175	14.31	388 975	76.06	113 859	22.26
上海市	**7 316 248**	**30.24**	**31 561 427**	**130.44**	**6 357 144**	**26.27**
江苏省	**17 083 333**	**21.36**	**81 987 501**	**102.50**	**26 852 396**	**33.57**
南京市	2 434 995	29.84	11 147 240	136.59	3 736 572	45.78
无锡市	1 680 864	26.02	7 998 561	123.82	2 699 499	41.78
徐州市	1 157 821	13.52	7 620 135	88.96	2 236 142	26.11
常州市	1 234 946	26.34	5 399 398	115.14	1 951 523	41.62
苏州市	3 142 016	29.82	14 475 913	137.37	4 717 957	44.77
南通市	1 799 843	24.64	6 786 875	92.94	2 253 439	30.87
连云港市	711 976	16.17	3 680 498	83.56	1 149 419	26.10
淮安市	570 624	11.89	3 833 421	79.90	1 111 515	23.17

（续表）

	固定电话用户（户）	固定电话普及率（部/百人）	移动电话用户（户）	移动电话普及率（部/百人）	互联网宽带接入用户（户）	互联网宽带接入普及率（部/百人）
盐城市	988 013	13.69	5 849 738	81.06	1 744 292	24.18
扬州市	1 085 886	24.34	4 373 632	98.02	1 469 522	32.92
镇江市	757 901	24.02	3 058 942	96.94	1 076 883	34.12
泰州市	1 048 484	22.64	4 047 579	87.39	1 347 529	29.10
宿迁市	469 964	9.81	3 715 569	77.57	1 057 168	22.06
浙江省	**12 872 295**	**23.03**	**72 259 240**	**129.27**	**21 597 062**	**38.64**
杭州市	2 619 977	29.78	14 528 244	165.12	4 123 739	46.87
宁波市	2 378 567	31.15	11 325 048	148.29	3 356 126	43.95
温州市	1 592 405	17.40	11 219 590	122.61	3 284 347	35.89
嘉兴市	958 619	21.12	5 397 184	118.87	1 796 487	39.58
湖州市	784 117	26.97	3 528 841	121.39	1 054 351	36.26
绍兴市	1 325 594	26.83	5 575 968	112.84	1 848 781	37.41
金华市	1 064 577	19.70	7 438 602	137.69	2 207 745	40.86
衢州市	368 294	17.35	2 172 634	102.38	660 242	31.11
舟山市	300 128	26.35	1 488 792	130.70	470 221	41.29
台州市	1 084 986	18.07	7 307 951	121.71	2 108 129	35.12
丽水市	395 031	18.62	2 276 386	107.30	686 894	32.38
安徽省	**6 138 996**	**9.91**	**43 429 789**	**70.10**	**10 750 344**	**17.35**
合肥市	1 345 875	17.74	7 989 278	105.35	2 174 717	28.67
芜湖市	465 742	13.01	2 970 950	82.98	847 814	23.67
蚌埠市	342 963	10.76	2 365 252	74.17	568 614	17.83
淮南市	293 417	12.54	2 161 416	92.36	584 258	24.97
马鞍山市	321 298	14.63	1 745 348	79.48	520 431	23.69
淮北市	205 126	9.64	1 515 022	71.19	415 002	19.50
铜陵市	201 383	27.45	1 033 697	140.91	312 529	42.59
安庆市	516 558	9.71	2 734 018	51.39	739 663	13.90
黄山市	242 013	17.90	1 045 985	77.37	286 454	21.19
滁州市	398 473	10.12	2 864 929	72.75	702 866	17.84
阜阳市	439 141	5.75	4 644 045	60.82	983 902	12.88
宿州市	306 169	5.69	3 560 494	66.16	693 996	12.90

（续表）

	固定电话用户（户）	固定电话普及率（部/百人）	移动电话用户（户）	移动电话普及率（部/百人）	互联网宽带接入用户（户）	互联网宽带接入普及率（部/百人）
六安市	339 372	6.01	2 785 114	49.30	575 357	10.18
亳州市	236 006	4.82	2 926 733	59.71	544 418	11.11
池州市	186 208	13.13	1 055 014	74.39	282 012	19.88
宣城市	298 235	11.69	2 032 494	79.67	518 311	20.33
福建省	**8 156 519**	**21.05**	**41 590 385**	**107.36**	**11 446 192**	**29.55**
福州市	1 695 295	23.31	8 683 807	119.43	2 451 367	33.71
厦门市	1 210 708	32.97	5 712 650	155.58	1 688 121	45.98
莆田市	622 617	22.14	2 892 197	102.87	837 754	29.79
三明市	455 259	18.23	2 379 848	95.28	621 501	24.88
泉州市	1 807 245	21.80	9 134 982	110.20	2 434 606	29.37
漳州市	848 209	17.31	4 653 687	95.01	1 177 750	24.05
南平市	433 431	16.48	2 496 243	94.88	676 487	25.72
龙岩市	557 183	21.68	2 472 599	96.20	731 743	28.47
平潭	67 695	16.65	311 205	76.52	71 277	17.52
宁德市	458 878	16.14	2 853 167	100.35	755 586	26.58
江西省	**5 175 037**	**11.27**	**31 406 774**	**68.39**	**8 224 974**	**17.91**
南昌市	1 020 550	19.90	5 547 939	108.18	1 557 114	30.37
景德镇市	179 618	11.15	1 190 815	73.95	379 224	23.55
萍乡市	260 654	13.92	1 356 733	72.42	377 732	20.16
九江市	735 089	15.39	3 324 981	69.58	929 315	19.45
新余市	128 207	11.14	1 016 277	88.27	285 547	24.81
鹰潭市	139 961	12.31	784 475	69.01	227 186	19.99
赣州市	902 200	10.66	5 888 180	69.60	1 349 976	15.96
吉安市	401 108	8.26	2 916 510	60.06	702 213	14.46
宜春市	535 366	9.81	3 470 777	63.62	921 264	16.88
抚州市	192 243	4.86	2 226 169	56.30	592 210	14.97
上饶市	680 041	10.26	3 683 917	55.56	903 192	13.62
山东省	**9 704 040**	**9.76**	**95 945 182**	**96.46**	**23 665 275**	**23.79**
济南市	1 496 596	21.54	9 316 832	134.08	2 623 209	37.75
青岛市	1 616 637	18.25	11 909 460	134.39	2 915 946	32.91

（续表）

	固定电话用户（户）	固定电话普及率（部/百人）	移动电话用户（户）	移动电话普及率（部/百人）	互联网宽带接入用户（户）	互联网宽带接入普及率（部/百人）
淄博市	695 660	15.19	4 977 574	108.68	1 191 868	26.02
枣庄市	286 765	7.61	3 167 182	84.03	863 207	22.91
东营市	384 959	18.60	2 568 110	124.11	722 691	34.92
烟台市	675 827	9.68	7 768 096	111.30	1 861 602	26.68
潍坊市	945 660	10.25	8 944 721	96.94	2 061 791	22.34
济宁市	356 852	4.37	7 092 452	86.91	1 620 864	19.86
泰安市	542 162	9.81	4 763 429	86.17	1 206 740	21.84
威海市	480 148	17.14	3 430 200	122.43	911 362	32.53
日照市	239 727	8.48	2 787 759	98.64	723 180	25.59
莱芜市	165 684	12.64	1 155 623	88.20	357 467	27.29
临沂市	564 064	5.58	8 786 710	86.94	2 047 177	20.26
德州市	359 402	6.40	4 454 851	79.30	1 170 850	20.84
聊城市	339 042	5.75	4 697 204	79.64	1 129 348	19.15
滨州市	373 818	9.85	3 697 904	97.48	1 113 281	29.34
菏泽市	181 037	2.17	6 427 075	77.13	1 144 691	13.74
河南省	**7 985 979**	**8.38**	**78 890 148**	**82.76**	**17 672 298**	**18.54**
郑州市	1 802 795	19.97	13 404 856	148.47	3 253 121	36.02
开封市	300 008	6.45	3 426 840	73.71	708 372	15.24
洛阳市	887 558	13.47	6 027 233	91.43	1 563 216	23.72
平顶山市	336 310	6.82	3 805 779	77.26	757 056	15.36
安阳市	588 507	11.59	4 656 357	91.67	1 120 809	22.06
鹤壁市	130 991	8.23	1 344 622	84.50	330 777	20.79
新乡市	612 599	10.80	4 965 428	87.52	1 285 320	22.65
焦作市	300 112	8.53	3 004 678	85.38	861 854	24.49
濮阳市	220 136	6.12	2 983 147	82.97	762 620	21.21
许昌市	406 281	9.46	3 457 048	80.48	754 935	17.57
漯河市	174 154	6.80	1 949 138	76.03	434 382	16.94
三门峡市	184 236	8.25	1 856 498	83.17	458 090	20.53
南阳市	603 828	5.93	6 797 576	66.80	1 262 408	12.41
商丘市	460 856	6.29	5 811 580	79.40	1 207 822	16.50

（续表）

	固定电话用户（户）	固定电话普及率（部/百人）	移动电话用户（户）	移动电话普及率（部/百人）	互联网宽带接入用户（户）	互联网宽带接入普及率（部/百人）
信阳市	382 014	5.97	4 182 977	65.40	820 513	12.83
周口市	208 733	2.37	5 564 008	63.16	1 021 442	11.59
驻马店市	305 842	4.40	4 933 123	71.02	876 831	12.62
济源市	81 060	11.60	719 259	102.89	192 731	27.57
湖北省	**7 316 524**	**12.43**	**46 837 509**	**79.59**	**11 318 800**	**19.23**
武汉市	2 185 214	21.59	13 298 331	131.36	3 364 540	33.24
黄石市	378 380	15.49	1 879 337	76.90	494 021	20.21
十堰市	349 655	10.43	2 515 363	75.08	532 758	15.90
宜昌市	542 589	13.26	3 440 555	84.11	827 401	20.23
襄阳市	578 832	10.45	4 150 369	74.89	968 749	17.47
鄂州市	150 638	14.28	779 442	73.91	259 980	24.65
荆门市	284 946	9.87	2 061 599	71.42	496 504	17.20
孝感市	494 440	10.24	2 973 816	61.61	685 757	14.21
荆州市	541 173	9.46	3 841 053	67.18	1 027 226	17.96
黄冈市	686 389	11.03	3 598 788	57.85	825 968	13.28
咸宁市	380 049	15.37	1 855 582	75.05	478 862	19.36
随州市	177 665	8.16	1 471 184	67.52	390 717	17.93
恩施土家族苗族自治区	254 876	7.73	2 767 492	83.94	448 001	13.59
仙桃市	135 317	11.42	841 978	71.07	212 276	17.92
潜江市	76 132	8.01	707 498	74.45	154 304	16.24
天门市	89 123	6.68	608 835	45.62	138 102	10.35
神农架林区	11 106	14.50	46 286	60.43	13 634	17.81
湖南省	**6 827 366**	**10.01**	**49 936 337**	**73.20**	**10 668 801**	**15.64**
长沙市	1 630 913	23.01	9 596 470	135.41	2 179 077	30.75
株洲市	518 411	13.38	3 323 458	85.73	757 597	19.54
湘潭市	251 967	9.12	2 344 117	84.84	527 429	19.09
衡阳市	761 347	10.63	4 539 970	63.42	938 620	13.12
邵阳市	518 290	7.28	3 987 027	56.06	802 888	11.30
岳阳市	686 444	12.50	3 803 167	69.26	855 170	15.57

（续表）

	固定电话用户（户）	固定电话普及率（部/百人）	移动电话用户（户）	移动电话普及率（部/百人）	互联网宽带接入用户（户）	互联网宽带接入普及率（部/百人）
常德市	515 744	8.98	4 139 978	72.13	948 582	16.52
张家界市	114 477	7.67	1 171 241	78.45	285 573	19.13
益阳市	312 719	7.24	2 999 175	69.48	513 207	11.89
郴州市	468 431	10.18	3 368 897	73.18	734 883	15.97
永州市	262 638	5.05	3 031 644	58.27	623 442	11.99
怀化市	340 838	7.16	3 241 764	68.11	594 333	12.49
娄底市	298 907	7.87	2 668 085	70.30	550 474	14.50
湘西土家族苗族自治区	146 240	5.71	1 721 344	67.24	357 526	13.96
广东省	**26 097 121**	**23.73**	**143 489 581**	**130.46**	**27 793 878**	**25.27**
广州市	4 624 816	36.01	27 826 767	216.65	4 942 018	38.48
韶关市	460 450	16.04	2 254 619	78.54	625 234	21.78
深圳市	5 145 215	48.77	28 463 498	269.79	4 195 239	39.77
珠海市	740 789	46.80	3 372 686	213.06	890 009	56.22
汕头市	1 172 990	21.54	5 782 614	106.21	1 144 662	21.02
佛山市	2 355 908	32.42	11 964 723	164.62	2 354 778	32.40
江门市	1 209 527	27.01	4 615 905	103.07	1 355 640	30.27
湛江市	615 917	8.66	4 676 240	65.80	1 217 405	17.12
茂名市	600 093	10.04	3 397 516	56.87	904 842	15.14
肇庆市	629 662	15.82	3 064 701	76.99	833 764	20.95
惠州市	1 064 759	22.78	5 371 265	114.93	1 505 722	32.22
梅州市	499 683	11.64	2 514 812	58.56	690 820	16.10
汕尾市	354 389	11.92	1 768 944	59.49	399 810	13.45
河源市	401 012	13.34	1 661 537	55.24	472 798	15.71
阳江市	437 595	17.70	1 951 674	78.97	536 116	21.69
清远市	367 251	9.77	2 853 773	75.94	632 071	16.83
东莞市	2 713 695	32.72	18 670 021	225.10	2 359 342	28.44
中山市	1 057 994	33.52	5 987 883	189.73	1 572 095	49.82
潮州市	514 096	19.03	2 282 685	84.51	566 127	20.96
揭阳市	773 573	12.99	3 533 821	59.33	884 591	14.86

（续表）

	固定电话用户（户）	固定电话普及率（部/百人）	移动电话用户（户）	移动电话普及率（部/百人）	互联网宽带接入用户（户）	互联网宽带接入普及率（部/百人）
云浮市	357 707	14.81	1 473 897	61.04	422 921	17.52
广西壮族自治区	**3 489 406**	**7.21**	**37 741 512**	**78.01**	**7 899 534**	**16.33**
南宁市	708 705	10.43	7 780 145	114.48	2 007 485	29.53
柳州市	303 253	7.94	3 658 542	95.81	912 193	23.90
桂林市	404 074	8.36	4 123 439	85.33	893 223	18.48
梧州市	157 584	5.38	1 924 863	65.70	388 433	13.25
北海市	189 445	12.07	1 736 893	110.62	371 838	23.68
防城港市	114 364	12.86	894 926	100.60	181 460	20.40
钦州市	235 771	7.54	2 100 760	67.19	379 530	12.14
贵港市	286 293	6.84	2 635 117	62.91	471 574	11.26
玉林市	441 262	7.91	3 578 468	64.12	697 099	12.49
百色市	188 135	5.35	2 528 215	71.97	422 192	12.02
贺州市	87 412	4.40	1 332 332	67.08	245 401	12.36
河池市	182 409	5.35	2 400 557	70.36	420 426	12.32
来宾市	85 899	4.01	1 418 331	66.27	262 445	12.27
崇左市	104 800	5.19	1 628 924	80.63	246 235	12.19
海南省	**1 691 466**	**18.44**	**9 423 212**	**102.75**	**1 864 764**	**20.33**
海口市	630 106	29.45	3 344 935	156.37	703 023	32.87
三亚市	256 624	35.54	1 210 309	167.63	258 886	35.86
三沙市	244	61.15	8 079	2 024.81	553	138.56
五指山市	13 239	12.69	101 764	97.55	23 112	22.15
琼海市	110 880	22.63	486 187	99.21	118 747	24.23
儋州市	115 900	12.20	710 336	74.75	130 159	13.70
文昌市	89 758	16.56	486 255	89.71	87 809	16.20
万宁市	93 064	16.85	429 765	77.83	88 515	16.03
东方市	53 177	12.93	344 768	83.79	65 037	15.80
定安县	33 975	11.91	208 021	72.91	37 542	13.15
屯昌县	25 448	9.86	183 244	70.98	29 344	11.37
澄迈县	43 798	9.26	374 492	79.21	64 140	13.57
临高县	40 978	9.46	280 122	64.66	42 687	9.85

（续表）

	固定电话用户（户）	固定电话普及率（部/百人）	移动电话用户（户）	移动电话普及率（部/百人）	互联网宽带接入用户（户）	互联网宽带接入普及率（部/百人）
白沙黎族自治县	18 590	11.05	125 941	74.83	20 883	12.41
昌江黎族自治县	32 291	14.34	191 125	84.90	35 668	15.85
乐东黎族自治县	41 500	8.99	354 572	76.78	50 904	11.03
陵水黎族自治县	52 016	16.17	311 939	96.99	59 910	18.62
保亭黎族苗族自治县	20 671	14.04	130 289	88.45	24 083	16.34
琼中黎族苗族自治区	19 207	11.02	141 070	81.00	23 763	13.64
重庆市	**5 416 153**	**17.77**	**28 801 006**	**94.48**	**7 047 263**	**23.12**
四川省	**14 900 500**	**18.03**	**72 944 660**	**88.29**	**18 512 312**	**22.41**
成都市	5 653 323	39.84	22 470 665	158.38	6 134 464	43.24
自贡市	488 511	18.03	2 124 857	78.44	558 356	20.61
攀枝花市	318 887	25.91	1 197 476	97.31	336 695	27.37
泸州市	590 670	13.91	3 514 730	82.78	882 542	20.79
德阳市	573 004	16.20	3 324 973	94.03	991 806	28.05
绵阳市	863 388	18.59	4 665 383	100.49	1 332 398	28.70
广元市	416 308	16.47	2 098 161	83.05	508 644	20.14
遂宁市	318 174	9.76	2 050 317	62.92	521 153	15.99
内江市	575 090	15.50	2 455 679	66.21	643 734	17.35
乐山市	599 101	18.41	2 983 876	91.73	742 512	22.83
南充市	871 984	13.83	4 264 839	67.64	947 587	15.02
眉山市	476 651	16.04	2 529 899	85.14	658 520	22.16
宜宾市	599 123	13.43	3 630 500	81.39	778 823	17.47
广安市	373 745	11.64	2 308 979	71.91	555 097	17.30
达州市	619 218	11.23	3 548 584	64.36	706 124	12.81
雅安市	251 856	16.48	1 416 336	92.67	375 139	24.56
巴中市	315 481	9.52	2 137 618	64.55	452 336	13.65
资阳市	262 030	7.28	1 627 052	45.24	404 095	11.23
阿坝藏族羌族自治州	170 639	18.78	735 531	80.95	201 087	22.14

（续表）

	固定电话用户（户）	固定电话普及率（部/百人）	移动电话用户（户）	移动电话普及率（部/百人）	互联网宽带接入用户（户）	互联网宽带接入普及率（部/百人）
甘孜藏族自治州	124 242	11.05	749 037	66.63	146 671	13.04
凉山彝族自治州	434 922	9.55	3 110 168	68.31	577 848	12.68
贵州省	**2 586 883**	**7.28**	**30 826 939**	**86.71**	**4 594 549**	**12.92**
贵阳市	875 175	20.24	5 692 178	131.64	1 233 658	28.53
六盘水市	191 784	6.70	2 580 995	90.21	305 139	10.66
遵义市	531 844	8.68	5 273 657	86.12	775 669	12.67
安顺市	153 329	6.67	1 798 585	78.23	281 330	12.23
毕节市	202 000	3.11	4 164 780	63.95	430 015	6.60
铜仁市	137 774	4.44	2 385 838	77.02	358 717	11.59
黔西南布依族苗族自治州	171 182	6.08	2 724 066	96.85	377 304	13.41
黔东南苗族侗族自治州	206 178	5.93	2 931 617	84.28	478 884	13.76
黔南布依族苗族自治州	117 628	3.64	2 277 950	70.41	330 988	10.22
云南省	**3 350 061**	**7.02**	**39 427 914**	**82.65**	**6 553 090**	**13.74**
昆明市	1 181 561	18.10	9 626 657	147.48	1 868 631	28.62
曲靖市	273 083	4.59	4 153 529	69.91	678 399	11.42
玉溪市	135 071	5.80	2 039 093	87.48	415 035	17.80
保山市	112 669	4.44	1 885 458	74.38	276 998	10.93
昭通市	139 197	2.62	3 093 836	58.17	343 802	6.46
丽江市	101 534	8.07	980 288	77.86	212 396	16.87
普洱市	143 488	5.57	2 100 112	81.59	282 361	10.98
临沧市	131 546	5.33	1 751 210	70.99	215 412	8.72
楚雄彝族自治州	146 215	5.39	1 877 722	69.22	373 562	13.77
红河哈尼族彝族自治州	253 975	5.57	3 342 953	73.32	566 003	12.41
文山壮族苗族自治州	167 226	4.70	2 352 140	66.18	289 086	8.14
西双版纳傣族自治州	108 021	9.39	1 445 956	125.68	248 659	21.61

（续表）

	固定电话用户（户）	固定电话普及率（部/百人）	移动电话用户（户）	移动电话普及率（部/百人）	互联网宽带接入用户（户）	互联网宽带接入普及率（部/百人）
大理白族自治州	250 696	7.18	2 643 606	75.67	453 497	12.98
德宏傣族景颇族自治州	133 123	10.84	1 253 349	102.07	213 916	17.43
怒江傈僳族自治州	39 041	7.28	409 258	76.31	62 098	11.58
迪庆藏族自治州	33 615	8.31	472 747	116.88	53 235	13.17
西藏自治区	**388 772**	**11.75**	**2 843 453**	**85.90**	**401 685**	**12.14**
拉萨市	195 242	38.41	1 062 095	208.96	187 304	36.84
昌都地区	35 562	17.96	390 501	197.19	42 101	21.26
山南地区	34 780	10.10	277 753	80.67	36 746	10.67
日喀则地区	46 888	6.40	495 103	67.51	50 584	6.90
那曲地区	24 296	26.17	320 203	344.82	28 920	31.15
阿里地区	13 985	2.07	84 728	12.57	19 724	2.93
林芝地区	38 020	7.93	213 069	44.41	36 307	7.57
陕西省	**6 798 596**	**17.83**	**38 132 907**	**100.02**	**8 029 617**	**21.06**
西安市	2 986 083	34.11	14 452 274	165.13	3 398 563	38.82
铜川市	127 261	15.15	673 844	80.21	152 677	18.18
宝鸡市	613 186	16.39	3 006 135	80.37	673 262	17.99
咸阳市	463 716	9.40	3 983 410	80.76	804 964	16.32
渭南市	744 434	14.00	4 138 440	77.83	930 121	17.49
延安市	331 015	15.05	2 281 481	103.78	372 659	16.95
汉中市	497 855	14.57	2 667 058	78.07	503 521	14.73
榆林市	476 855	14.23	3 484 333	104.00	526 969	15.72
安康市	330 260	12.56	1 999 155	76.02	403 242	15.34
商洛市	227 931	9.71	1 446 776	61.66	263 639	11.24
甘肃省	**3 122 598**	**11.96**	**22 038 378**	**84.44**	**3 928 604**	**15.05**
兰州市	771 946	21.25	4 672 783	128.62	1 045 787	28.78
嘉峪关市	112 169	47.89	359 408	153.43	100 273	42.81
金昌市	70 481	15.08	466 252	99.75	113 134	24.21
白银市	232 156	13.53	1 347 927	78.55	240 855	14.03
天水市	363 799	11.12	2 318 000	70.82	369 725	11.30

（续表）

	固定电话用户（户）	固定电话普及率（部/百人）	移动电话用户（户）	移动电话普及率（部/百人）	互联网宽带接入用户（户）	互联网宽带接入普及率（部/百人）
武威市	159 156	8.73	1 350 382	74.07	245 478	13.47
张掖市	246 323	20.42	1 149 768	95.32	268 953	22.30
平凉市	242 122	11.66	1 548 782	74.60	272 241	13.12
酒泉市	198 495	17.96	1 187 884	107.48	239 527	21.67
庆阳市	209 550	9.43	1 836 311	82.66	293 850	13.22
定西市	116 963	4.25	1 948 814	70.75	245 537	8.92
陇南市	201 156	7.81	1 879 181	73.04	256 877	9.99
临夏回族自治州	143 852	7.28	1 396 402	70.71	148 239	7.52
甘南藏族自治州	54 430	7.85	576 484	83.11	88 128	12.70
青海省	**1 020 741**	**17.20**	**5 397 577**	**90.95**	**996 633**	**16.79**
西宁市	621 906	31.31	2 396 341	120.64	569 078	28.64
海东地区	123 456	7.40	1 126 237	67.49	115 409	6.92
海北藏族自治州	35 485	12.22	267 117	91.95	44 596	15.36
黄南藏族自治州	19 747	7.53	219 849	83.94	33 101	12.65
海南藏族自治州	49 862	10.90	406 241	88.86	52 791	11.54
果洛藏族自治州	14 668	7.81	161 814	86.16	20 244	10.77
玉树藏族自治州	26 310	6.70	265 321	67.63	32 579	8.29
海西蒙古族藏族自治州	63 672	23.28	282 814	103.38	62 538	22.87
格尔木市	65 635	50.60	271 843	209.58	66 297	51.11
宁夏回族自治区	**705 277**	**10.45**	**7 164 271**	**106.15**	**1 118 755**	**16.58**
银川市	331 497	16.19	3 113 793	152.03	533 271	26.03
石嘴山市	73 448	9.91	821 293	110.78	161 119	21.73
吴忠市	126 542	9.62	1 272 363	96.71	176 113	13.38
固原市	59 044	4.66	990 280	78.26	110 229	8.70
中卫市	114 746	10.39	966 542	87.46	138 023	12.50
新疆维吾尔自治区	**4 709 527**	**19.64**	**21 320 514**	**88.91**	**4 683 986**	**19.53**
乌鲁木齐市	1 274 866	49.46	5 096 408	197.74	1 187 338	46.07
克拉玛依市	113 219	39.64	529 805	185.51	162 260	56.81
吐鲁番地区	180 698	28.88	632 287	101.05	127 004	20.30

（续表）

	固定电话用户（户）	固定电话普及率（部/百人）	移动电话用户（户）	移动电话普及率（部/百人）	互联网宽带接入用户（户）	互联网宽带接入普及率（部/百人）
哈密地区	192 997	32.58	724 824	122.34	204 182	34.46
昌吉回族自治州	417 181	29.76	1 578 560	112.61	397 905	28.39
博尔塔拉蒙古自治州	128 427	26.52	506 597	104.62	150 005	30.98
巴音郭楞蒙古自治州	388 684	28.26	1 399 075	101.74	383 829	27.91
阿克苏地区	312 615	13.02	1 889 653	78.66	347 921	14.48
克孜勒苏柯尔克孜自治州	49 166	8.78	417 134	74.48	61 280	10.95
喀什地区	290 982	7.00	2 472 607	59.43	287 093	6.91
和田地区	129 513	6.07	1 353 337	63.46	151 982	7.12
伊犁哈萨克自治州	565 659	19.38	2 518 660	86.26	579 362	19.84
塔城地区	231 804	22.14	664 475	63.46	223 293	21.33
阿勒泰地区	227 422	34.28	641 373	96.66	215 186	32.43
石河子市	206 294	33.27	895 719	144.47	205 346	33.12

注：部分省（区）的地市用户数之和不等于全省总数，是由于个别公司无法将用户数拆分到地市一级所致。

互联网和相关服务业统计信息

2012—2016年互联网和相关服务业主要指标发展情况

指标名称	单位	2012年	2013年	2014年	2015年	2016年
增值电信企业个数	个	20 815	22 099	24 001	26 388	30 547
其中：国有控股企业	个	1 455	1 901	1 967	2 186	1 721
民营控股企业	个	18 436	19 591	20 016	21 346	24 849
其中：互联网数据中心业务（IDC）企业	个	244	274	357	506	743
呼叫中心业务企业	个	1 099	1 138	1 138	1 356	1 517
互联网接入服务业务（ISP）企业	个	914	957	1 083	1 339	1 644
内容分发网络（CDN）业务企业	个					26
信息服务企业	个	9 238	9 823	10 599	11 988	16 291
增值电信业务收入	万元	25 107 201.4	33 169 995.4	42 293 542.9	54 435 838.2	66 506 142.1
其中：互联网数据中心业务（IDC）收入	万元	512 216.7	590 157.4	645 951.6	794 850.9	1 269 770.1
呼叫中心业务收入	万元	1 088 713.6	1 199 335.3	1 133 423.6	1 463 053.4	2 045 515.6
互联网接入服务业务（ISP）收入	万元	1 160 932.8	1 639 202.9	1 945 373.8	2 222 778.2	2 618 572.9
内容分发网络（CDN）业务收入	万元					15 724.6
信息服务收入	万元	15 649 342.4	21 863 039.5	30 263 166.0	39 381 492.4	45 591 223.2
其中：网络游戏业务收入	万元	6 741 159.5	6 088 308.5	7 228 460.3	8 966 283.7	11 964 187.9
电子商务平台收入	万元	3 369 045.3	5 987 391.1	10 786 179.7	15 698 148.5	19 923 372.6
网络生活服务平台收入	万元					3 178 645.2
网络公共服务平台收入	万元					396 141.9
其他平台收入	万元					1 264 056.4
增值电信企业从业人数	人	788 256	839 916	807 999	850 118	885 167

2016年全国互联网和相关服务业发展情况

指标名称	单位	2016年	比2015年	同比增长（%）
增值电信企业个数	个	30 547	4 159	15.8
其中：国有控股企业	个	1 721	-465	-21.3
民营控股企业	个	24 849	3 503	16.4
其中：互联网数据中心业务（IDC）企业	个	743	237	46.8
呼叫中心业务企业	个	1 517	161	11.9
互联网接入服务业务（ISP）企业	个	1 644	305	22.8
内容分发网络（CDN）业务企业	个	26	26	
信息服务企业	个	16 291	4 303	35.9
增值电信业务收入	万元	66 506 142.1	12 070 303.9	22.2
其中：互联网数据中心业务（IDC）收入	万元	1 269 770.1	474 919.2	59.7
呼叫中心业务收入	万元	2 045 515.6	582 462.2	39.8
互联网接入服务业务（ISP）收入	万元	2 618 572.9	395 794.8	17.8
内容分发网络（CDN）业务收入	万元	15 724.6		
信息服务收入	万元	45 591 223.2	6 209 730.8	15.8
其中：网络游戏业务收入	万元	11 964 187.9	2 997 904.2	33.4
电子商务平台收入	万元	19 923 372.6	4 225 224.0	26.9
网络生活服务平台收入	万元	3 178 645.2	3 178 645.2	
网络公共服务平台收入	万元	396 141.9	396 141.9	
其他平台收入	万元	1 264 056.4	1 264 056.4	
互联网接入服务业务宽带接入用户	万户	2 732	475	21.0
增值电信企业从业人数	人	885 167	35 049	4.1

2016年互联网和相关服务业主要指标分省情况

	增值电信企业个数		增值电信业务收入		增值电信从业人数	
	2016年（个）	比2015年（个）	2016年（万元）	比2015年增长（%）	2016年（人）	比2015年（人）
全　国	**30 547**	**4 159**	**66 506 142.1**	**22.2**	**885 167**	**35 049**
东　部	**22 208**	**3 762**	**62 074 094.5**	**21.7**	**712 798**	**16 494**
北　京	6 807	883	19 286 259.8	9.3	198 438	2 124
天　津	220	5	497 526.0	43.1	5 906	-434
河　北	703	-1	212 807.1	42.1	17 664	4 588
辽　宁	1 074	516	304 089.1	41.1	19 623	3 520
上　海	1 520	245	12 085 984.5	27.8	86 217	4 477
江　苏	1 386	-502	5 807 535.5	26.7	66 821	-2 935
浙　江	4 144	1 985	6 573 006.3	37.0	62 925	-8 203
福　建	772	-205	1 340 780.0	19.6	27 605	1 763
山　东	1 195	495	482 634.1	12.6	38 450	-307
广　东	4 137	255	15 314 200.1	26.1	183 299	9 676
海　南	250	86	169 272.1	51.1	5 850	2 225
中　部	**4 583**	**-204**	**2 167 193.1**	**34.0**	**92 345**	**5 003**
山　西	182	30	25 093.5	9.3	2 311	100
吉　林	412	94	98 070.5	89.0	10 210	3 159
黑龙江	793	-160	118 193.9	2.3	8 516	-4 062
安　徽	384	10	407 996.1	39.8	13 595	2 062
江　西	282	-435	230 080.9	21.4	6 238	-264
河　南	828	297	409 888.5	21.5	16 650	221
湖　北	605	-502	432 021.3	51.0	15 026	1 623
湖　南	1 097	462	445 848.3	38.6	19 799	2 164
西　部	**3 756**	**601**	**2 264 854.4**	**24.9**	**80 024**	**13 552**
内蒙古	451	247	62 711.7	43.2	5 449	1 975
广　西	282	14	122 189.1	31.6	10 586	5 804
重　庆	621	86	428 882.4	50.0	13 949	-149
四　川	1 237	267	1 136 630.4	11.6	19 884	1 975
贵　州	304	31	144 401.9	27.9	8 787	1 057
云　南	253	48	110 440.2	62.3	6 402	2 465
西　藏						
陕　西	241	-94	150 035.4	13.6	9 910	526
甘　肃	128	46	33 338.8	69.6	1 913	338
青　海	32	-2	2 277.6	-48.6	256	-75
宁　夏	33	-58	6 832.9	-9.3	412	-605
新　疆	174	16	67 113.9	141.1	2 476	241

专用通信网统计信息

2016年专用通信网电信业务量分省情况

、	固定电话用户（户）	其中：住宅电话用户（户）	宽带接入用户（户）
全 国	**9 581 908**	**3 088 371**	**18 488 064**
东 部	**986 231**	**507 258**	**425 286**
北 京	71 528	30 583	34 972
天 津	122 756	57 160	51 566
河 北	113 015	90 304	94 581
辽 宁	180 977	89 340	93 415
上 海			
江 苏	78 877	22 010	42
浙 江	45 762	5 888	12
福 建			
山 东	252 554	173 984	116 377
广 东	120 500	37 989	34 302
海 南	262		19
中 部	**8 436 194**	**2 494 578**	**17 940 463**
山 西			
吉 林	36 438	25 690	40 797
黑龙江	350 148	22 530	193 740
安 徽	63 629	22 334	33 628
江 西			
河 南	7985 979	2 424 024	17 672 298
湖 北			
湖 南			
西 部	**159 483**	**86 535**	**122 315**
内蒙古	23 608	6 105	9 573
广 西			
重 庆			
四 川			
贵 州			
云 南	20 511	12 786	59
西 藏			
陕 西			
甘 肃	81 808	47 830	68 918
青 海			
宁 夏	33 556	19 814	43 765
新 疆			

2016年专用通信网通信能力分省情况

	长途光缆线路长度（公里）	本地网中继光缆线路长度（公里）	接入网光缆线路长度（公里）	长途电话交换机容量（路端）	本地电话交换机容量（门）	宽带接入端口（个）
全　国	**193 692.3**	**430 913.8**	**1 398 832.8**	**293 847**	**4 012 097**	**44 405 946**
东　部	**70 524.3**	**68 657.5**	**23 769.4**	**49 950**	**1 865 838**	**462 216**
北　京		289.0	283.0		130 000	12
天　津		4 552.3	3 020.0	38 000	277 000	10 418
河　北	2 305.8	1 627.9	3 205.0	108	162 864	110 432
辽　宁	46 038.0	7 830.2	4 601.3	38	365 300	130 026
上　海						
江　苏	600.0	92.0	62.0	6 300	115 784	16
浙　江	5 928.0	48 757.0	9 348.0	180	373 590	55 806
福　建						
山　东	198.5	3 086.5	2 071.0	2 356	441 300	103 692
广　东	15 454.0	2 288.8	1 106.8	2 968		51 718
海　南		133.8	72.3			96
中　部	**69 718.0**	**353 775.1**	**1 374 508.9**	**239 401**	**1 753 101**	**43 807 356**
山　西						
吉　林	0.0	1 545.0	412.0	0	107 298	81 099
黑龙江	37 184.9	19 128.0	3.0	14 853	682 312	268 329
安　徽	0.0	0.0	1 101.9	36 508	0	70
江　西						
河　南	32 533.1	333 102.1	1 372 992.0	188 040	963 491	43 457 858
湖　北						
湖　南						
西　部	**53 450.0**	**8 481.2**	**554.6**	**4 496**	**393 158**	**136 374**
内蒙古	0.0	66.7	148.0	21	55 000	5
广　西						
重　庆						
四　川						
贵　州						
云　南	52 249.0	887.6	161.6	1 044	90 409	28
西　藏						
陕　西						
甘　肃	708.0	370.0	217.0	3 041	180 702	88 483
青　海						
宁　夏	493.0	7 156.9	28.0	390	67 047	47 858
新　疆						

2016年专用通信网投资及从业人员分省情况

	固定资产原值（万元）	固定资产净值（万元）	固定资产投资完成额（万元）	通信从业人员（人）
全　国	**146 122 044.5**	**32 906 587.9**	**2 029 818.7**	**74 352**
东　部	**1 325 572.4**	**553 531.4**	**79 569.8**	**7 939**
北　京			600.0	400
天　津	73 810.84	29 851.88	3 595.4	344
河　北	33 580.69	11 110.36	1 450.1	906
辽　宁	396 700.12	107 747.15	14 127.1	3 166
上　海				
江　苏	1 410	1 137	1 185	465
浙　江	726 286	355 051	32 580	638
福　建				
山　东	81 410.34	36 259.56	25 555.72	1 956
广　东				
海　南	12 374.43	12 374.43	476.44	64
中　部	**96 790 237.8**	**26 047 618.9**	**1 942 198.3**	**63 000**
山　西				
吉　林	7 964.9	3 445.7		449
黑龙江	80 839 585.6	19 266 886.5	8 285.9	2 173
安　徽	155 704	0	3 059.85	9 340
江　西				
河　南	15 786 983.33	6 777 286.67	1 930 852.54	51 038
湖　北				
湖　南				
西　部	**48 006 234.3**	**6 305 437.6**	**8 050.6**	**3 413**
内蒙古	13 982	1 184.13	34.45	1 068
广　西				
重　庆				
四　川				
贵　州				
云　南	47 813 760.0	6 242 576.6	183.0	394
西　藏				
陕　西				
甘　肃	79 526	27 601	6 535	1 196
青　海				
宁　夏	989 66.34	34 075.82	1 298.19	755
新　疆				

互联网应用统计信息

2012—2016年互联网应用主要指标发展情况

指 标 名 称	单位	2012年	2013年	2014年	2015年	2016年
互联网网民数	万人	56 400	61 758	64 875	68 826	73 125
其中：手机网民数	万人	41 997	50 006	55 678	61 981	69 531
手机网民所占比重	%	74.5	81.0	85.8	90.1	95.1
男性网民所占比重	%	55.8	56.0	56.4	53.6	52.4
女性网民所占比重	%	44.2	44.0	43.6	46.4	47.6
城市网民所占比重	%	72.4	71.4	72.5	71.6	72.6
农村网民所占比重	%	27.6	28.6	27.5	28.4	27.4
互网普及率	%	42.1	45.8	47.9	50.3	53.2
城市互联网普及率	%	57.4	60.3	62.8		69.1
农村互联网普及率	%	24.2	28.1	28.8		33.1
IPv4地址数	万个	33 053.5	33 030.8	33 199.0	33 652.0	33 810.3
域名数	万个	1 341.2	1 844.1	2 060.1	3 102.1	4 227.6
其中：CN域名数	万个	750.8	1 082.9	1 108.9	1 636.4	2 060.8
网站数	万个	268.1	320.2	335.0	422.9	482.4
网页总数	万个	12 274 682	15 004 076	18 991 865	21 229 622	23 599 758
静态网页	万个	6 037 935	8 969 675	11 274 475	13 144 783	17 608 329
动态网页	万个	6 236 747	6 034 402	7 717 390	8 084 839	5 991 429
网页长度（总字节数）	GB	4 902 328	7 133 363	8 879 006	14 129 575	12 912 603
互联网国际出口带宽	Mbit/s	1 899 792	3 406 824	4 118 663	5 392 116	6 640 291

2016年互联网应用主要指标分省情况

	域名数（个）	其中：CN域名数（个）	网站数（个）	网页数（万个）	网页长度（总字节数）（GB）
全　国	**42 275 702**	**20 601 491**	**4 823 918**	**23 599 758.4**	**12 912 602.5**
东　部	**28 408 636**	**12 654 110**	**3 200 373**	**19 915 918.0**	**11 185 492.1**
北　京	6 457 379	3 288 765	609 298	8 400 646.5	5 330 619.0
天　津	353 755	113 681	51 168	367 090.4	185 017.5
河　北	749 406	192 994	126 574	872 714.7	521 084.5
辽　宁	592 988	181 633	118 373	171 139.0	88 224.3
上　海	2 632 136	1 174 350	399 983	1 661 722.8	914 212.3
江　苏	1 732 428	547 496	254 074	1 341 772.7	627 944.8
浙　江	3 361 612	1 550 269	335 887	2 827 740.8	1 474 806.5
福　建	5 095 881	2 789 537	285 936	703 105.4	312 597.8
山　东	1 720 673	737 900	272 766	446 928.7	185 514.4
广　东	5 565 728	2 018 360	728 235	2 960 763.6	1 488 640.1
海　南	146 650	59 125	18 079	162 293.3	56 831.0
中　部	**5 379 871**	**2 307 274**	**600 762**	**2 759 511.8**	**1 349 119.7**
山　西	239 006	74 283	53 249	427 968.4	354 341.7
吉　林	204 574	65 184	27 437	140 826.9	64 312.1
黑龙江	236 937	78 083	40 408	208 860.4	109 911.2
安　徽	745 403	233 707	68 201	220 360.1	74 273.9
江　西	384 982	134 711	37 191	227 629.1	80 992.7
河　南	1 177 483	413 877	200 370	1 090 153.9	505 345.7
湖　北	1 019 556	532 941	101 126	229 188.8	84 941.9
湖　南	1 371 930	774 488	72 780	214 524.1	75 000.5
西　部	**3 776 882**	**1 347 276**	**435 472**	**924 328.6**	**377 962.1**
内蒙古	107 501	43 325	15 534	14 108.6	6 707.1
广　西	522 256	244 378	43 281	89 894.5	47 781.5
重　庆	528 323	197 161	51 424	122 479.5	69 532.0
四　川	1 380 915	423 384	196 377	287 497.3	113 625.5
贵　州	188 110	76 950	15 491	18 057.6	4 866.0
云　南	275 182	94 529	22 443	156 351.0	72 543.8
西　藏	10 475	6 433	1 228	491.5	243.1
陕　西	430 800	138 618	58 800	186 033.7	45 291.9
甘　肃	111 130	29 941	11 008	20 360.7	7 038.5
青　海	45 972	21 700	3 524	2 473.3	782.4
宁　夏	42 549	15 843	5 983	11 988.4	3 448.6
新　疆	133 669	55 014	10 379	14 592.4	6 101.8
其　他	4 710 313	4 292 831	586 752		

注：CN下域名总数不含.EDU.CN下网站。

2012—2016年互联网网民数分省情况

（单位：万人）

	2012年	2013年	2014年	2015年	2016年
全　国	**56 400**	**61 758**	**64 875**	**68 826**	**73 125**
东　部	**29 394**	**31 506**	**32 940**	**34 521**	**35 701**
北　京	1 458	1 556	1 593	1 647	1 690
天　津	793	866	904	956	999
河　北	3 008	3 389	3 603	3 731	3 956
辽　宁	2 199	2 453	2 580	2 731	2 741
上　海	1 606	1 683	1 716	1 773	1 791
江　苏	3 952	4 095	4 274	4 416	4 513
浙　江	3 221	3 330	3 458	3 596	3 632
福　建	2 280	2 402	2 471	2 648	2 678
山　东	3 866	4 329	4 634	4 789	5 207
广　东	6 627	6 992	7 286	7 768	8 024
海　南	384	411	421	466	470
中　部	**14 481**	**16 234**	**17 126**	**18 260**	**20 160**
山　西	1 589	1 755	1 838	1 975	2 035
吉　林	1 062	1 163	1 243	1 313	1 402
黑龙江	1 329	1 514	1 599	1 707	1 835
安　徽	1 869	2 150	2 225	2 395	2 721
江　西	1 267	1 468	1 543	1 759	2 035
河　南	2 856	3 283	3 474	3 703	4 110
湖　北	2 309	2 491	2 625	2 723	3 009
湖　南	2 200	2 410	2 579	2 685	3 013
西　部	**12 525**	**14 018**	**14 776**	**16 043**	**17 265**
内蒙古	965	1 093	1 142	1 259	1 311
广　西	1 586	1 774	1 848	2 033	2 213
重　庆	1 195	1 293	1 357	1 445	1 556
四　川	2 562	2 835	3 022	3 260	3 575
贵　州	991	1 146	1 222	1 346	1 524
云　南	1 321	1 528	1 643	1 761	1 892
西　藏	101	115	123	142	149
陕　西	1 551	1 689	1 745	1 886	1 989
甘　肃	795	894	951	1 005	1 101
青　海	238	274	289	318	320
宁　夏	258	283	295	326	339
新　疆	962	1 094	1 139	1 262	1 296

2012—2016年互联网普及率分省情况

（单位：%）

	2012年	2013年	2014年	2015年	2016年
全　国	**42.1**	**45.8**	**47.9**	**50.3**	**53.2**
北　京	**72.2**	**75.2**	**75.3**	**76.5**	**77.8**
天　津	58.5	61.3	61.4	63.0	64.6
河　北	41.5	46.5	49.1	50.5	53.3
辽　宁	50.2	55.9	58.8	62.2	62.6
上　海	68.4	70.7	71.1	73.1	74.1
江　苏	50.0	51.7	53.8	55.5	56.6
浙　江	59.0	60.8	62.9	65.3	65.6
福　建	61.3	64.1	65.5	69.6	69.7
山　东	40.1	44.7	47.6	48.9	52.9
广　东	63.1	66.0	68.5	72.4	74.0
海　南	43.7	46.4	47.0	51.6	51.6
山　西	44.2	48.6	50.6	54.2	55.5
吉　林	38.6	42.3	45.2	47.7	50.9
黑龙江	34.7	39.5	41.7	44.5	48.1
安　徽	31.3	35.9	36.9	39.4	44.3
江　西	28.5	32.6	34.1	38.7	44.6
河　南	30.4	34.9	36.9	39.2	43.4
湖　北	40.1	43.1	45.3	46.8	51.4
湖　南	33.3	36.3	38.6	39.9	44.4
内蒙古	38.9	43.9	45.7	50.3	52.2
广　西	34.2	37.9	39.2	42.8	46.1
重　庆	40.9	43.9	45.7	48.3	51.6
四　川	31.8	35.1	37.3	40.0	43.6
贵　州	28.6	32.9	34.9	38.4	43.2
云　南	28.5	32.8	35.1	37.4	39.9
西　藏	33.3	37.4	39.4	44.6	46.1
陕　西	41.5	45.0	46.4	50.0	52.4
甘　肃	31.0	34.7	36.8	38.8	42.4
青　海	41.9	47.8	50.0	54.5	54.5
宁　夏	40.3	43.7	45.1	49.3	50.7
新　疆	43.6	49.0	50.3	54.9	54.9

国际电信统计信息（国际电联统计数据）

2012—2016年全球电信业主要指标发展情况（一）

指 标 名 称	单位	2012年	2013年	2014年	2015年	2016年
（固定）电话主线运营数	百万线	1 178.4	1 138.1	1 090.3	1 049.2	1 012.6
其中：发达国家	百万线	526.0	510.1	497.5	483.7	470.9
发展中国家	百万线	652.4	628.0	592.8	565.5	541.7
其中：非洲	百万线	11.5	10.1	10.1	10.5	11.1
阿拉伯国家	百万线	34.4	32.6	29.5	29.8	30.3
亚太地区	百万线	528.1	501.5	475.9	448.8	424.6
独联体国家	百万线	72.3	69.4	66.2	62.8	59.7
欧洲	百万线	250.4	245.5	239.8	235.1	230.8
美洲	百万线	264.0	261.0	253.0	246.5	240.5
蜂窝移动电话用户数	百万户	6 232.0	6 666.4	7 005.6	7 215.6	7 376.9
其中：发达国家	百万户	1 447.0	1 481.0	1 535.7	1 577.3	1 599.5
发展中国家	百万户	4 784.9	5 185.4	5 469.9	5 638.3	5 777.4
其中：非洲	百万户	507.1	580.0	643.8	709.5	772.4
阿拉伯国家	百万户	378.5	404.5	413.4	420.5	426.3
亚太地区	百万户	3 204.9	3 468.8	3 681.3	3 794.6	3 871.9
独联体国家	百万户	367.6	386.3	389.8	399.9	405.3
欧洲	百万户	742.8	748.8	747.6	751.6	753.9
美洲	百万户	994.4	1 041.0	1 092.0	1 101.9	1 109.8
互联网网民数	百万人	2 458.8	2 660.2	2 931.1	3 207.1	3 487.8
其中：发达国家	百万人	897.6	922.7	951.9	979.9	1 023.1
发展中国家	百万人	1 561.2	1 737.5	1 979.2	2 227.1	2 464.8
其中：非洲	百万人	120.4	147.5	178.0	209.5	240.2
阿拉伯国家	百万人	105.2	117.9	133.6	148.5	161.3
亚太地区	百万人	1 110.7	1 229.7	1 397.5	1 557.3	1 723.7
独联体国家	百万人	139.1	153.5	163.0	172.8	188.2
欧洲	百万人	434.5	447.0	466.6	478.8	499.2
美洲	百万人	526.1	540.6	566.8	613.3	646.6
固定（有线）互联网宽带接入用户数	百万户	635.3	709.5	730.3	820.2	883.9
其中：发达国家	百万户	320.6	344.3	353.7	368.6	380.2
发展中国家	百万户	314.8	365.2	376.5	451.6	503.7
其中：非洲	百万户	1.9	2.9	3.5	5.1	6.4
阿拉伯国家	百万户	9.2	11.6	13.5	16.1	18.6
亚太地区	百万户	276.0	314.2	319.4	364.7	432.0
独联体国家	百万户	31.1	35.9	38.0	41.4	43.5
欧洲	百万户	159.4	172.4	176.7	183.1	189.5
美洲	百万户	151.2	164.5	170.6	181.0	188.4

注：数据来自ITU，根据最新发布数据对往年数据调整。

2012—2016年全球电信业主要指标发展情况（二）

指标名称	单位	2012年	2013年	2014年	2015年	2016年
每百人（固定）电话主线运营数	线/百人	16.66	15.90	15.07	14.34	13.68
其中：发达国家	线/百人	42.18	40.79	39.75	38.55	37.29
发展中国家	线/百人	11.19	10.63	9.91	9.33	8.82
其中：非洲	线/百人	1.34	1.14	1.12	1.13	1.16
阿拉伯国家	线/百人	9.58	8.89	7.91	7.82	7.83
亚太地区	线/百人	13.32	12.53	11.77	11.00	10.32
独联体国家	线/百人	25.67	24.61	23.68	22.44	21.12
欧洲	线/百人	40.33	39.39	38.34	37.48	36.57
美洲	线/百人	27.59	27.00	25.92	25.01	24.17
每百人蜂窝移动电话用户数	户/百人	88.08	93.14	96.82	98.61	99.66
其中：发达国家	户/百人	116.03	118.41	122.69	125.68	126.68
发展中国家	户/百人	82.10	87.79	91.40	93.01	94.11
其中：非洲	户/百人	58.94	65.64	70.97	76.20	80.83
阿拉伯国家	户/百人	105.40	110.44	110.79	110.50	109.94
亚太地区	户/百人	80.86	86.66	91.09	93.02	94.07
独联体国家	户/百人	130.48	136.98	139.31	142.82	143.34
欧洲	户/百人	119.61	120.15	119.55	119.81	119.47
美洲	户/百人	103.93	107.71	111.87	111.79	111.52
每百人互联网网民数	%	34.75	37.17	40.51	43.83	47.12
其中：发达国家	%	71.97	73.77	76.05	78.08	81.03
发展中国家	%	26.79	29.42	33.07	36.74	40.15
其中：非洲	%	13.99	16.69	19.62	22.50	25.13
阿拉伯国家	%	29.28	32.18	35.80	39.01	41.61
亚太地区	%	28.02	30.72	34.58	38.18	41.88
独联体国家	%	49.39	54.41	58.24	61.69	66.58
欧洲	%	69.97	71.73	74.62	76.32	79.11
美洲	%	54.99	55.94	58.07	62.22	64.98
每百人固定（有线）互联网宽带接入用户数	户/百人	8.98	9.91	10.09	11.21	11.94
其中：发达国家	户/百人	25.71	27.53	28.26	29.37	30.11
发展中国家	户/百人	5.40	6.18	6.29	7.45	8.20
其中：非洲	户/百人	0.22	0.33	0.39	0.54	0.67
阿拉伯国家	户/百人	2.57	3.17	3.63	4.23	4.78
亚太地区	户/百人	6.96	7.85	7.90	8.94	10.49
独联体国家	户/百人	11.03	12.72	13.59	14.78	15.38
欧洲	户/百人	25.67	27.66	28.26	29.18	30.03
美洲	户/百人	15.80	17.02	17.47	18.36	18.93

注：数据来自ITU，根据最新发布数据对往年数据调整。

2012—2016年主要国家固定电话主线运营数
2012—2016 main telephone lines in operation

（单位：万线）

国家和地区	2012年	2013年	2014年	2015年	2016年
中国	27 815.3	26 698.5	24 943.0	23 099.6	20 662.4
日本	6 422.5	6 401.9	6 355.7	6 370.6	6 402.5
韩国	3 009.9	3 033.3	2 948.1	2 888.3	2 803.6
印度尼西亚	3 798.3	3 072.3	2 622.5	1 037.8	1 037.3
菲律宾	349.3	314.9	309.3	322.4	383.6
泰国	637.7	605.6	569.0	530.9	470.6
新加坡	198.8	196.7	199.7	201.6	200.3
马来西亚	458.9	453.6	441.0	449.0	451.0
印度	3 094.1	2 903.3	2 700.0	2 552.0	2 440.4
巴基斯坦	586.2	637.1	489.8	353.8	306.8
沙特阿拉伯	480.2	494.0	362.2	374.7	363.7
伊朗	2 875.8	2 968.9	2 937.6	3 041.9	3 081.8
埃及	855.7	682.1	631.6	623.5	611.8
南非	484.7	387.6	364.8	413.1	356.3
德国	5 010.0	4 870.0	4 702.1	4 535.0	4 431.0
英国	3 319.7	3 338.4	3 323.8	3 321.1	3 351.1
法国	3 971.0	3 908.0	3 880.5	3 892.9	3 900.6
意大利	2 174.9	2 109.8	2 058.1	2 020.9	2 026.7
俄罗斯	4 216.8	4 047.3	3 821.3	3 555.3	3 227.7
荷兰	718.2	712.5	694.6	695.2	680.2
波兰	595.1	825.7	973.2	905.4	934.5
西班牙	1 957.5	1 938.4	1 937.8	1 959.9	1 955.7
瑞典	416.9	392.8	377.9	355.5	332.8
瑞士	472.2	459.3	437.5	414.0	402.9
土耳其	1 386.0	1 355.2	1 252.9	1 149.3	1 107.8
乌克兰	1 218.2	1 183.1	1 046.1	911.3	845.1
美国	13 859.5	13 323.3	12 849.5	12 484.8	12 153.0
加拿大	1 772.6	1 692.1	1 640.4	1 561.2	1 498.8
墨西哥	2 058.8	1 859.4	1 856.0	1 933.5	1 960.0
巴西	4 430.5	4 503.8	4 412.8	4 367.7	4 184.7
阿根廷	945.6	966.2	982.2	1 007.3	993.9
澳大利亚	1 047.1	1 035.0	919.0	850.0	818.0
新西兰	188.0	185.0	185.0	185.0	182.0

注：数据来自ITU，根据最新发布数据对往年数据调整。

2012—2016年主要国家每百人电话主线数
2012—2016 main telephone lines per 100 inhabitants

（单位：线/百人）

国家和地区	2012年	2013年	2014年	2015年	2016年
中国	20.20	19.27	17.90	16.48	14.67
日本	50.47	50.35	50.05	50.23	50.57
韩国	61.42	61.57	59.54	58.06	56.10
印度尼西亚	15.39	12.30	10.37	4.06	4.01
菲律宾	3.61	3.20	3.09	3.17	3.71
泰国	9.55	9.04	8.46	7.88	6.97
新加坡	37.48	36.35	36.19	35.88	35.04
马来西亚	15.69	15.26	14.61	14.65	14.50
印度	2.50	2.32	2.13	1.99	1.88
巴基斯坦	3.27	3.50	2.65	1.88	1.60
沙特阿拉伯	16.97	17.13	12.33	12.53	11.96
伊朗	37.63	38.33	37.44	38.27	38.30
埃及	10.60	8.31	7.57	7.36	7.11
南非	9.25	7.34	6.86	7.72	6.62
德国	60.51	58.87	56.89	54.93	53.74
英国	52.88	52.88	52.35	52.02	52.20
法国	62.11	60.79	60.03	59.91	59.72
意大利	35.72	34.59	33.70	33.05	33.11
俄罗斯	29.45	28.34	26.82	25.02	22.77
荷兰	42.97	42.52	41.34	41.27	40.28
波兰	15.57	21.61	25.46	23.69	24.45
西班牙	41.87	41.31	41.17	41.52	41.32
瑞典	43.83	41.04	39.23	36.67	34.10
瑞士	59.04	56.86	53.63	50.25	48.43
土耳其	18.73	18.09	16.52	14.99	14.30
乌克兰	26.76	26.15	24.64	21.62	19.76
美国	43.65	41.63	39.83	38.40	37.09
加拿大	50.88	48.10	46.18	43.52	41.38
墨西哥	17.04	15.20	14.99	15.44	15.48
巴西	22.30	22.48	21.84	21.45	20.39
阿根廷	23.01	23.31	23.50	23.90	23.38
澳大利亚	45.43	44.34	38.89	35.53	33.77
新西兰	42.15	41.06	40.65	40.25	39.22

注：数据来自ITU，根据最新发布数据对往年数据调整。

2012—2016年主要国家移动电话用户数
2012—2016 mobile cellular subscribers

（单位：万户）

国家和地区	2012年	2013年	2014年	2015年	2016年
中国	111 215.5	122 911.3	128 609.3	129 198.4	136 493.4
日本	14 112.9	14 788.8	15 514.0	16 047.8	16 426.5
韩国	5 362.4	5 468.1	5 729.0	5 893.5	6 129.6
印度尼西亚	28 196.4	31 322.7	32 558.3	33 894.8	38 557.3
菲律宾	10 197.8	10 282.4	11 132.6	11 783.8	11 300.0
泰国	8 501.2	9 384.9	9 709.6	10 294.2	11 660.6
新加坡	806.8	843.8	810.4	823.3	840.0
马来西亚	4 132.5	4 300.5	4 492.9	4 410.4	4 391.3
印度	86 472.1	88 630.4	94 400.9	100 105.6	112 780.9
巴基斯坦	12 015.1	12 773.7	13 576.2	12 590.0	13 648.9
沙特阿拉伯	5 300.0	5 310.4	5 273.5	5 279.6	4 793.3
伊朗	5 815.8	6 524.6	6 889.1	7 421.9	8 052.0
埃及	9 679.9	9 970.5	9 531.6	9 401.6	9 779.1
南非	9 839.4	7 686.5	7 928.1	8 799.9	7 665.3
德国	9 240.0	10 003.4	9 953.0	9 636.0	9 443.3
英国	7 832.9	7 867.4	7 846.1	7 925.1	7 852.9
法国	6 226.0	6 332.4	6 542.5	6 668.1	6 757.1
意大利	9 718.9	9 686.3	8 991.5	8 769.1	8 595.6
俄罗斯	20 806.5	21 830.0	22 103.0	22 728.8	23 139.4
荷兰	1 971.7	1 946.7	1 956.2	2 080.9	2 194.2
波兰	5 408.6	5 697.3	5 690.5	5 453.7	5 587.9
西班牙	5 066.5	5 015.9	5 080.6	5 106.8	5 194.3
瑞典	1 184.8	1 201.4	1 231.3	1 263.9	1 236.2
瑞士	1 056.1	1 104.9	1 115.0	1 124.3	1 128.3
土耳其	6 768.1	6 966.1	7 188.8	7 363.9	7 506.2
乌克兰	5 934.4	6 245.9	6 117.0	6 072.0	5 671.8
美国	30 483.8	31 069.8	35 550.0	38 230.7	41 668.4
加拿大	2 772.0	2 836.0	2 878.9	2 976.5	3 045.0
墨西哥	10 072.7	10 674.7	10 494.8	10 768.8	11 172.5
巴西	24 832.4	27 110.0	28 072.9	25 781.4	24 406.7
阿根廷	6 432.8	6 736.2	6 123.4	6 184.2	6 403.4
澳大利亚	2 433.8	2 494.0	2 506.0	2 577.0	2 655.0
新西兰	492.2	476.6	510.0	560.0	580.0

注：数据来自ITU，根据最新发布数据对往年数据调整。

2012—2016年主要国家每百人移动电话用户数
2012—2016 mobile cellular subscribers per 100 inhabitants

（单位：户/百人）

国家和地区	2012年	2013年	2014年	2015年	2016年
中国	80.76	88.71	92.27	92.18	96.88
日本	110.91	116.32	122.16	126.54	129.75
韩国	109.43	111.00	115.71	118.46	122.65
印度尼西亚	114.22	125.36	128.78	132.55	149.13
菲律宾	105.45	104.50	111.22	115.75	109.17
泰国	127.29	140.05	144.44	152.73	172.65
新加坡	152.13	155.92	146.89	146.53	146.92
马来西亚	141.33	144.72	148.83	143.89	141.17
印度	69.92	70.78	74.48	78.06	86.95
巴基斯坦	67.06	70.13	73.33	66.92	71.39
沙特阿拉伯	187.36	184.20	179.56	176.59	157.60
伊朗	76.10	84.25	87.79	93.38	100.07
埃及	119.92	121.51	114.31	110.99	113.70
南非	130.56	145.64	149.19	164.51	142.38
德国	111.59	120.92	120.42	116.71	114.53
英国	124.76	124.61	123.58	124.13	122.32
法国	97.38	98.50	101.21	102.61	103.45
意大利	159.63	158.82	147.23	143.42	140.43
俄罗斯	145.33	152.84	155.14	159.95	163.26
荷兰	117.97	116.16	116.42	123.54	129.95
波兰	141.55	149.08	148.89	142.69	146.21
西班牙	108.36	106.89	107.95	108.20	109.74
瑞典	124.57	125.53	127.84	130.38	126.67
瑞士	132.06	136.78	136.68	136.47	135.62
土耳其	91.46	92.96	94.79	96.02	96.87
乌克兰	130.34	138.06	144.08	144.02	132.64
美国	96.01	97.08	110.20	117.59	127.16
加拿大	79.57	80.61	81.04	82.98	84.06
墨西哥	83.35	87.26	84.77	85.99	88.23
巴西	125.00	135.31	138.95	126.59	118.92
阿根廷	156.56	162.53	146.48	146.70	150.67
澳大利亚	105.59	106.84	106.05	107.72	109.61
新西兰	110.36	105.78	112.05	121.83	124.98

注：数据来自ITU，根据最新发布数据对往年数据调整。

2012—2016年主要国家固定宽带接入用户数
2012—2016 fixed (wired)-broadband subscriptions

（单位：万户）

国家和地区	2012年	2013年	2014年	2015年	2016年
中国	17 518.3	18 890.9	20 048.3	27 704.6	32 259.7
日本	3 613.2	3 691.9	3 778.9	3 887.3	3 984.2
韩国	1 825.3	1 873.8	1 919.9	2 002.4	2 055.6
印度尼西亚	298.3	325.2	340.0	398.3	489.8
菲律宾	214.7	257.3	290.0	487.0	564.9
泰国	451.9	519.2	544.0	622.9	721.9
新加坡	143.3	149.3	147.4	148.6	145.5
马来西亚	292.1	293.9	306.1	306.4	271.9
印度	1 498.2	1 492.8	1 575.0	1 694.3	1 873.3
巴基斯坦	151.7	162.8	200.9	179.3	164.3
沙特阿拉伯	254.0	292.0	303.2	356.5	328.8
伊朗	380.4	516.1	742.6	863.4	931.9
埃及	228.9	267.6	306.8	382.6	446.9
南非	110.7	161.5	170.6	140.9	153.0
德国	2 795.7	2 864.2	2 957.3	3 070.7	3 137.7
英国	2 168.6	2 304.0	2 373.0	2 465.2	2 515.3
法国	2 398.0	2 494.0	2 596.9	2 686.7	2 766.4
意大利	1 376.3	1 401.3	1 437.4	1 490.0	1 556.3
俄罗斯	2 092.3	2 374.5	2 495.1	2 688.1	2 758.9
荷兰	665.4	679.2	685.1	702.9	711.9
波兰	688.8	703.1	723.4	726.6	734.6
西班牙	1 152.5	1 225.2	1 300.5	1 354.3	1 394.1
瑞典	307.3	314.8	328.1	349.6	354.1
瑞士	321.2	343.8	346.5	371.6	385.0
土耳其	786.9	889.3	886.6	950.5	1 050.0
乌克兰	364.5	399.7	394.6	497.9	512.5
美国	9 251.4	9 603.1	9 781.0	10 219.4	10 607.2
加拿大	1 169.0	1 209.4	1 256.8	1 303.0	1 350.0
墨西哥	1 307.7	1 274.8	1 303.3	1 475.8	1 605.0
巴西	1 912.0	2 136.1	2 358.9	2 494.4	2 662.7
阿根廷	514.9	625.1	650.9	685.6	719.9
澳大利亚	573.5	598.1	653.6	682.8	737.4
新西兰	127.2	131.6	141.0	145.1	150.4

注：数据来自ITU，根据最新发布数据对往年数据调整。

2012—2016年主要国家每百人固定宽带接入用户数
2012—2016 fixed (wired)-broadband subscriptions per 100 inhabitants

（单位：户/百人）

国家和地区	2012年	2013年	2014年	2015年	2016年
中国	12.72	13.63	14.38	19.77	22.90
日本	28.39	29.04	29.76	30.65	31.47
韩国	37.25	38.04	38.78	40.25	41.13
印度尼西亚	1.21	1.30	1.34	1.56	1.89
菲律宾	2.22	2.61	2.90	4.78	5.46
泰国	6.77	7.75	8.09	9.24	10.69
新加坡	27.02	27.60	26.72	26.45	25.45
马来西亚	9.99	9.89	10.14	10.00	8.74
印度	1.21	1.19	1.24	1.32	1.44
巴基斯坦	0.85	0.89	1.08	0.95	0.86
沙特阿拉伯	8.98	10.13	10.32	11.92	10.81
伊朗	4.98	6.66	9.46	10.86	11.58
埃及	2.84	3.26	3.68	4.52	5.20
南非	2.11	3.06	3.21	2.63	2.84
德国	33.76	34.62	35.78	37.19	38.05
英国	34.54	36.49	37.38	38.61	39.18
法国	37.51	38.79	40.17	41.34	42.35
意大利	22.61	22.98	23.54	24.37	25.43
俄罗斯	14.61	16.62	17.51	18.92	19.47
荷兰	39.81	40.53	40.77	41.73	42.16
波兰	18.03	18.40	18.93	19.01	19.22
西班牙	24.65	26.11	27.63	28.69	29.45
瑞典	32.31	32.89	34.07	36.07	36.28
瑞士	40.17	42.56	42.47	45.11	46.27
土耳其	10.63	11.87	11.69	12.39	13.55
乌克兰	8.01	8.83	9.29	11.81	11.99
美国	29.14	30.00	30.32	31.43	32.37
加拿大	33.56	34.38	35.38	36.32	37.27
墨西哥	10.82	10.42	10.53	11.78	12.67
巴西	9.62	10.66	11.68	12.25	12.97
阿根廷	12.53	15.08	15.57	16.26	16.94
澳大利亚	24.88	25.62	27.66	28.54	30.44
新西兰	28.52	29.21	30.98	31.57	32.40

注：数据来自ITU，根据最新发布数据对往年数据调整。

2012—2016年主要国家每百人互联网网民数
2012—2016 percentage of Individuals using the Internet

（单位：%）

国家和地区	2012年	2013年	2014年	2015年	2016年
中国	42.30	45.80	47.90	50.30	53.20
日本	79.50	88.22	89.11	91.06	92.00
韩国	84.07	84.77	87.56	89.65	92.72
印度尼西亚	14.52	14.94	17.14	21.98	25.37
菲律宾	36.24	48.10	49.60	53.70	55.50
泰国	26.46	28.94	34.89	39.32	47.50
新加坡	72.00	80.90	79.03	79.01	81.00
马来西亚	65.80	57.06	63.67	71.06	78.79
印度	12.58	15.10	21.00	26.00	29.55
巴基斯坦	9.96	10.90	12.00	14.00	15.51
沙特阿拉伯	54.00	60.50	64.71	69.62	73.75
伊朗	22.73	29.95	39.35	45.33	53.23
埃及	26.40	29.40	33.89	37.82	39.21
南非	41.00	46.50	49.00	51.92	54.00
德国	82.35	84.17	86.19	87.59	89.65
英国	87.48	89.84	91.61	92.00	94.78
法国	81.44	81.92	83.75	84.69	85.62
意大利	55.83	58.46	55.64	58.14	61.32
俄罗斯	63.80	67.97	70.52	73.41	76.41
荷兰	92.86	93.96	91.67	91.72	90.41
波兰	62.31	62.85	66.60	68.00	73.30
西班牙	69.81	71.64	76.19	78.69	80.56
瑞典	93.18	94.78	92.52	90.61	91.51
瑞士	85.20	86.34	87.40	87.48	89.41
土耳其	45.13	46.25	51.04	53.74	58.35
乌克兰	35.27	40.95	46.24	48.88	52.48
美国	74.70	71.40	73.00	74.55	76.18
加拿大	83.00	85.80	87.12	88.47	89.84
墨西哥	39.75	43.46	44.39	57.43	59.54
巴西	48.56	51.04	54.55	58.33	59.68
阿根廷	55.80	59.90	64.70	68.04	70.15
澳大利亚	79.00	83.45	84.00	84.56	88.24
新西兰	82.00	82.78	85.50	88.22	88.47

注：数据来自ITU，根据最新发布数据对往年数据调整。

第三部分　附　录

统计指标解释

一、公用通信网

电信业务总量

电信业务总量是以货币形式表示的电信企业为社会提供各类电信服务的总数量，是用于观察电信业务发展变化总趋势的综合性总量指标。计量单位：元。

电信业务总量是以各类业务的实物量分别乘以相应的不变单价，求出各类业务的货币量加总求得。

不变单价是一定时期内计算业务总量的同度量因素，是根据基年各类电信业务量与相对应的电信业务收入测算的平均单价。不变单价的作用是在一定时期内保持电信业务总量不受价格变动的影响，能够比较准确地综合反映电信业务的发展情况。电信主管部门根据国家统一规定先后制定过 7 次全国不变单价，2016 年电信业务总量根据最新制定的 2015 年电信业务不变单价计算。

固定电话用户

固定电话用户是指报告期末在电信企业营业网点办理开户登记手续并已接入固定电话网上的全部电话用户。包括普通电话用户、无线市话用户、公共电话用户、窄带综合业务数字网（N-ISDN）用户、集中用户交换机（CENTREX）用户、模拟中继线用户等。计量单位：户。

固定电话用户按行政区划分为城市电话用户和农村电话用户。

城市电话用户是指按行政区划属于中央直辖市、省辖市、地级市、县级市的市区、市郊区及县城区范围内的电话用户数。包括分布在农村地区但以县团级以上建制的独立工矿区、林区、驻军的电话用户。

农村电话用户是指按行政区划属于城市范围以外的乡（镇）、村电话用户。

住宅电话用户是指私人付费或安装在居民住宅并按照私人或住宅电话用户登记注册和收费的各类电话用户。

无线市话用户是指在本电信运营企业营业网点办理开户登记手续，利用无线接入话机，采用 PHS/PAS 制式，通过无线通信方式接入公众电话网、占用固定电话号码资源的电话用户，即通常所说的小灵通用户。

公用电话用户是指装设在街道、宾馆、机场、车站等公共场所以及电信营业厅等地，供人民群众共同使用，并按照公用电话登记注册和收费的电话用户。包括安装在街道等公共场所的智能网专用接入终端用户。

移动电话用户

移动电话用户是指报告期末在电信企业营业网点办理开户登记手续，通过移动电话交换机进入移动电话网，占用移动电话号码的各类电话用户。包括各类签约用户、智能网预付费用户、无线上网卡用户。计量单位：户。

3G 移动电话用户是指在计费系统拥有使用信息，占用 3G 网络资源的在网用户。

4G 移动电话用户是指在计费系统拥有使用信息，占用 4G 网络资源的在网用户。

互联网拨号用户

互联网拨号用户是指报告期末通过 PSTN、N-ISDN 等，采用拨号方式接入公众互联网的用户。包括已在电信企业营业网点（或代理商及与电信企业合作经营的 ISP、ICP）办理开户登记手续的、使用个人账号接入公众互联网的全部注册拨号用户；使用公用账号拨通上网特服号接入公众互联网的全部主叫电话号码用户；使用电信企业发行的各种上网储值卡、（银行与本电信企业签有协议的）银行卡等接入公众互联网的全部卡式用户。计量单位：户。

互联网宽带接入用户

互联网宽带接入用户是指报告期末在电信企业登记注册，通过 *x*DSL、FTT*x*+LAN、FTTH/O 以及其他宽带接入方式和普通专线接入公众互联网的用户。计量单位：户。

***x*DSL 用户**是指在电信企业登记注册通过 *x*DSL 方式接入公众互联网的用户。包括 *x*DSL 虚拟拨号用户和 *x*DSL 专线用户。

LAN 用户是指在电信企业登记注册，通过 FTT*x*+LAN 方式接入公众互联网的用户。包括 FTT*x*+LAN 业务终端方式用户、FTT*x*+LAN 业务专线方式用户。

FTTH/O 用户是指报告期末在电信企业登记注册，通过 FTTH 或 FTTO 方式接入公众互联网的用户。

城市宽带接入用户是指行政区划属于中央直辖市、省辖市、地级市、县级市的市区、市郊区及县城区范围内的宽带接入用户，还包括分布在农村地区的县团级以上建制的独立工矿区、林区、驻军的宽带接入用户。

农村宽带接入用户是指行政区划属于城市范围以外的乡（镇）、村宽带接入用户。

卫星移动通信系统用户

卫星移动通信系统用户是指报告期末在电信企业已办理注册登记手续，通过移动电话交换机进入卫星移动电话网，占用卫星移动电话号码的电话用户。计量单位：户。

固定电话通话量

本地电话通话时长是指电信企业固定电话用户作主叫，拨打本地网内的所有去话通话时长。包括拨打本地网内本电信企业或其他电信企业的固定或移动电话用户，经本电信企业或其他电信企业固定或移动本地电路接续的全部去话通话时长。包括本地网内区间电话通话时长、本地网内区内电话通话时长和本地网内拨号上网通话时长。计量单位：分钟。

固定长途电话通话时长是指电信企业固定电话用户作主叫，拨打本地网以外的所有去话通话时长。包括国内长途电话通话时长、国际电话去话通话时长和港澳台电话去话通话时长，包括固定 IP 电话通话时长。计量单位：分钟。

“分钟”按计费通话时长（6 秒为一个计费单元）累计后折合为分钟数统计。

移动电话通话量

移动电话通话量是指移动电话用户在移动电话网上发生的所有通话量。包括移动电话用户在非漫游和漫游出访状态下发生的本地、国内长途、国际及港澳台的主、被叫通话量。计量单位：分钟。

“分钟”按计费通话时长（本地电话 1 分钟为一个计费单元；国内长途、国际及港澳台电话 6 秒为一个计费单元）累计后折合为分钟数统计。

移动电话去话通话时长是指电信企业移动电话用户作主叫，在非漫游、漫游出访状态下拨打其他电话用户的所有去话通话时长。漫游来访的异地移动电话用户去话通话时长由计收话费的电信企业统计。根据漫游状态的不同分为移动非漫游去话通话时长、移动国内漫游去话通话时长、移动国际漫游去话通话时长、移动港澳台漫游去话通话时长。

移动电话来话通话时长是指电信企业移动电话用户在非漫游、漫游出访状态下接听其他电话用户的所有来话通话时长。

移动短信业务量

移动短信业务量是指移动电话用户通过移动通信网络短信平台使用短信业务的通信量。计量单位：条。

点对点短信量是指电信企业移动电话用户经过短消息中心发送成功的点对点短信条数。包括本电信企业移动电话用户成功发送给本电信企业或其他电信企业移动电话用户和无线市话用户的短信息业务量。

移动彩信业务量

移动彩信业务量是指电信企业移动电话用户通过移动通信网络彩信平台使用移动彩信业务的通信量。计量单位：条。

点对点彩信量是指电信企业移动电话用户经过彩信网关发送成功的点对点彩信条数。包括电信企业移动电话用户成功发送给本电信企业或其他电信企业移动电话用户的彩信业务量。

固定电话互联互通通话时长

固定电话互联互通通话时长是指从本电信企业固定电话网内发起的经网间关口局疏通的去往其他电信企业固定或移动电话网的电话通话时长。计量单位：分钟。

移动电话互联互通通话时长

移动电话互联互通通话时长是指从本电信企业移动电话网内发起的经网间关口局疏通的去往其他电信企业固定或移动电话网的通话时长。计量单位：分钟。

移动短信互联互通业务量

移动短信互联互通业务量是指本电信企业固定或移动电话用户发起，通过短信互通网关发送到其他电信企业固定或移动电话用户的各类短信通信量。计量单位：条。

长途光缆

长途光缆是指由一定数量的光纤按照一定方式组成缆心，外包有护套，用以实现光信号传输的一种用于长途通信的通信线路，包括架空、直埋、管道、水底、海底的光缆。分别按长途光缆线路长度、长途光缆纤芯长度统计。

长途光缆线路长度是指长途光缆线路的实际长度，架空的光缆按实际杆路长度统计，埋设地下、水底、海底的光缆按沟长统计。计量单位：公里。

长途光缆纤芯长度是指长途光缆纤芯数与长途光缆长度的乘积。计量单位：芯公里。

本地网中继光缆

本地网中继光缆是指本地网内各业务节点（如局用交换机、远端模块、数据通信节点机等）之间的光缆，包括本地电话网内本地电话交换机至长途电话交换机之间、各本地电话交换机之间及各业务节点之间的架空、直埋、管道、水底等光缆。分别按本地网中继光缆线路长度、本地网中继光缆纤芯长度统计。

本地网中继光缆线路长度是指本地网内各业务节点之间从起点至终点所经由的光缆线路实际长度。架空光缆按实际杆路长度统计，埋设地下、水底的光缆按埋设光缆的沟长统计。计量单位：公里。

本地网中继光缆纤芯长度是指本地网光缆纤芯数与光缆长度的乘积。计量单位：芯公里。

接入网光缆

接入网光缆是指本地网内各业务节点（如局用交换机、远端模块、数据通信节点机等）至用户节点（光终端设备）之间的光缆。分别按接入网光缆线路长度、接入网光缆纤芯长度统计。

接入网光缆线路长度是指本地网内各业务节点至用户节点之间的光缆杆路或沟长的实际长度。计量单位：公里。

接入网光缆纤芯长度是指接入网光缆纤芯数与光缆长度的乘积。计量单位：芯公里。

长途电话交换机容量

长途电话交换机容量是指电信企业用于接入长途电话网的电话交换机的设备额定容量。计量单位：路端。

局用交换机容量

局用交换机容量是指安装在电信企业内用于接续本地固定电话的电话交换机容量，包括接入网设备容量（安装在电信运营企业用于连接语音用户的远端节点的设备容量）。计量单位：门。

移动电话交换机容量

移动电话交换机容量是指移动电话交换机根据一定话务模型和交换机处理能力计算出来的最大同时服务用户的数量。按报告期末已割接入网正式投入使用的设备实际容量统计。计量单位：户。

移动电话基站

移动电话基站是指为小区服务的无线收发信设备，处理基站与移动台之间的无线通信，在移动交换机与移动台之间起中继作用，监视无线传输质量的全套设备。计量单位：个。

3G 基站数是指报告期末本电信企业 3G 移动通信网络上实际使用的 Node-B 数量。

移动电话话音信道数

移动电话话音信道数是指基站发射和接收移动电话信号的无线传输通道数。按报告期末已割接入网投入使用的设备实际信道数统计。计量单位：个。

移动短消息中心容量

移动短消息中心容量是指本电信企业短消息中心一小时内处理短信息的最大条数。计量单位：条。

互联网宽带接入端口

互联网宽带接入端口是指用于接入互联网用户的各类实际安装运行的接入端口的数量，包括 *x*DSL 用户接入端口、LAN 接入端口、FTTH/O 端口及其他类型接入端口等，不包括窄带拨号接入端口。计量单位：个。

电信业务收入

电信业务收入是指电信企业经营基础电信业务和增值电信业务所取得的资费收入，以及电信企业之间网间互联电信业务的结算收入。计量单位：元。

电信业务成本

电信业务成本是指电信企业在通信生产过程中实际发生的与通信生产直接相关的各项费用支出。包括直接从事通信生产人员的工资、职工福利费、折旧费、修理费、低值易耗品摊销、业务费、电路及网元租赁费等，不包括管理人员和营销人员工资。计量单位：元。

电信利润总额

电信利润总额是指电信企业在生产经营过程中，通过销售过程将商品卖给购买方实现收入，收入扣除当初的投入成本以及其他一系列费用，再加减非经营性质的收支及投资收益，即为企业的利润总额。计量单位：元。

统计方法：利润总额＝营业利润＋投资收益（减投资损失）＋补贴收入＋营业外收入－营业外支出。

增加值

增加值是指电信行业在核算期内从事生产经营或劳务的最终成果，即电信行业在核算期内为国家和社会新创造的价值总额。电信行业增加值采用“收入法”计算。计量单位：元。

资产总额

资产总额是指过去的交易或事项形成并由电信企业拥有或控制的所有资源，该资源预期会给企业带来经济利益，按其流动性分为流动资产和非流动资产。计量单位：元。

固定资产原值

固定资产原值是指电信企业在建造、购置、安装、改建、扩建、技术改造某项固定资产时所支出的全部货币总额。它一般包括买价、包装费、运杂费和安装费等。计量单位：元。

固定资产净值

固定资产净值是指固定资产原值扣除历年已提折旧额后的净额。计量单位：元。

固定资产投资完成额

固定资产投资完成额是指以货币形式表现的在一定时期内建造和购置固定资产的工作量以及有关的费用总称。包括用于电信通信枢纽以及电信房屋、设备及线路等建设的投资。主要如下。

固定通信投资是指专门用于固定通信网络建设的投资。包括无线市话网投资，不包括数据通信网投资。

移动通信投资是指专门用于移动通信网络建设的投资。

互联网及数据通信投资是指用于互联网和数据业务网络的投资。包括 IP 数据网投资和基础数据网投资，包括核心路由器、边缘路由器、服务路由器（SR）和 BAS 的投资和其他投资。

创新及增值平台投资是指用于承载网、业务网和增值平台等方面的投资。

业务支撑系统投资是指用于信令网、智能网、同步网、BOSS、MIS、OA 等网络的设备和软件投资。

传输投资是指专门用于传输网建设的投资。如管道、光缆、传输系统及其他投资，包括传输设备、光缆线路、微波投资。

局房及营业场所投资是指用于生产用房、办公经营用房和营业厅的投资。

电信其他投资是指用于管理、共用等不属于上述方面的其他投资。

移动电话漫游国家和地区

移动电话漫游国家和地区是指在移动电话用户出国（境）时，可以用原有的手机和 SIM 卡，并且沿用在中国的电话号码，在当地继续接听来电并随时随地打出电话的国家和地区，即统计期末所有与本企业签署漫游协议，提供漫游服务的国家和地区。计量单位：个。

固定电话普及率

固定电话普及率是指报告期行政区域总人口中，平均每百人拥有的固定电话用户数（不包括专用通信网电话和接入用户交换机的电话）。计量单位：部 / 百人。

计算公式：

$$固定电话普及率=\frac{固定电话话机总数（部）}{行政区域总人口数（人）}\times 100\%$$

注：人口数取自国家统计局统计资料。

城市固定电话普及率

城市固定电话普及率是指报告期城市行政区域总人口中，平均每百人拥有的固定电话用户数（不包括专用通信网电话和接入用户交换机的电话）。计量单位：部 / 百人。

计算公式：

$$城市固定电话普及率=\frac{城市固定电话话机总数（部）}{城市辖区内人口总数（人）}\times 100\%$$

注：人口数取自公安部公布的人口资料。

移动电话普及率

移动电话普及率是指报告期行政区域总人口中，平均每百人拥有的移动电话数。计量单位：部 / 百人。

计算公式：

$$移动电话普及率 = \frac{移动电话用户总数（部）}{行政区域总人口数（人）} \times 100\%$$

注：人口数取自国家统计局统计资料。

二、增值电信业务

增值电信企业

增值电信企业是指在中国大陆境内经营全国或区域性增值电信业务的服务商。计量单位：个。

国有控股企业是指在企业全部资本中，国家资产投资或持股比例超过 50%，且以国有控股企业性质注册增值电信业务经营许可的企业，包括国有独资企业。

外商投资企业是指外国投资者同中国投资者在中国境内依法以中外合资经营形式，共同投资设立的企业，且以外商投资企业性质注册增值电信业务经营许可的企业。

民营控股企业是指除国有控股、外商投资增值电信企业以外，以民营控股企业性质注册增值电信业务经营许可的企业。

港、澳、台投资企业是指企业工商登记注册类型为港、澳、台商投资的增值电信企业。包括与港澳台商合资经营、合作经营，港澳台商独资经营以及港澳台商投资股份有限公司的企业。

因特网数据中心业务（IDC）企业是指利用相应的机房设施，以外包出租的方式为用户的服务器等因特网或其他网络的相关设备提供放置、代理维护、系统配置及管理服务，以及提供数据库系统或服务器等设备的出租及其存储空间的出租、通信线路和出口带宽的代理租用和其他应用服务的服务商。

存储转发类业务企业是指利用存储转发机制为用户提供信息发送业务的服务商。存储转发类业务包括语音信箱、X.400 电子邮件、传真存储转发等业务。

呼叫中心业务企业是指受企事业单位委托，利用与公用电话网或因特网连接的呼叫中心系统和数据库技术，经过信息采集、加工、存储等建立信息库，通过固定网、移动网或因特网等公众通信网络向用户提供有关该企事业单位的业务咨询、信息咨询和数据查询等服务的服务商。呼叫中心业务还包括呼叫中心系统和话务员座席的出租服务。

因特网接入服务业务（ISP）企业是指利用接入服务器和相应的软硬件资源建立业务节点，并利用公用电信基础设施将业务节点与因特网骨干网相连接，为各类用户提供接入因特网服务的服务商。因特网接入服务业务包括为因特网信息服务业务（ICP）经营者等利用因特网从事信息内容提供、网上交易、在线应用等提供接入因特网的服务，以及为普通上网用户等需要上网获得相关服务的用户提供接入因特网的服务。

信息服务业务企业是指通过信息采集、开发、处理和信息平台的建设，通过固定网、移动网或因特网等公众通信网络直接向终端用户提供语音信息服务（声讯服务）或在线信息和数据检索等信息服务的业务服务商。信息服务的类型主要包括内容服务、娱乐/游戏、商业信息和定位信息等服务。面向的用户可以是固定通信网络用户、移动通信网络用户、因特网用户或其他数据传送网络的用户。

（1）统计范围：根据《电信业务分类目录》，增值电信业务企业包括在线数据处理与交易处理业务企业、国内多方通信服务业务企业、国内因特网虚拟专用网业务企业、因特网数据中心业务企业等第一类电信增值业务企业；存储转发类业务企业、呼叫中心业务企业、因特网接入服务业务企业、信息服务业务企业等第二类增值电信业务企业；以及无线寻呼业务企业、国内甚小口径终端地球站（VSAT）通信业务企业等比照增值电信业务管理的基础电信业务企业。

（2）注意事项：a. 增值电信企业包括在工业和信息化部电信管理局领取跨地区经营许可证的增值电信企业和在省（区、市）通信管理局领取本省（区、市）内经营许可证的增值电信企业，不包括同时经营增值电信业务的三家基础电信企业；b. 在统计增值电信企业总数时，对于一个企业拥有多项增值电信业务经营许可的情况，只计算为一个企业，不重复计算，增值电信企业总数应小于或等于各分类业务的企业数量之和；c. 各分类业务的企业数的统计，按拥有该分类业务经营许可的情况计算，对于拥有同一个业务分类中的多项业务经营许可的情况，只计算为一个企业，不重复计算。

增值电信业务收入

增值电信业务收入是指增值电信企业经营各项增值电信业务所获得的业务收入总和。计量单位：元。

注意事项：不包括增值电信企业从事非增值电信业务所获得的收入。

因特网数据中心业务（IDC）收入是指增值电信企业经营因特网数据中心业务所获得的业务收入。计量单位：万元。

呼叫中心业务收入是指增值电信企业经营呼叫中心业务所获得的业务收入。

存储转发类业务收入是指增值电信企业经营存储转发类业务所获得的业务收入。

因特网接入服务业务（ISP）收入是指增值电信企业经营因特网接入服务所获得的业务收入。

信息服务业务收入是指增值电信企业经营信息服务业务所获得的业务收入。包括固定网信息服务业务收入、移动网信息服务业务收入和因特网信息服务业务收入。

其中，**SMS 短信业务收入**是指增值电信企业经营 SMS 短信业务所获得的业务收入。

其中，**WAP 业务收入**是指增值电信企业经营 WAP 业务所获得的业务收入。

其中，**个性化回铃音业务收入**是指增值电信企业经营个性化回铃音业务所获得的业务收入。

计量单位：万元。

其中，**网络广告业务收入**是指增值电信企业经营网络广告业务所获得的业务收入。

其中，**网络游戏业务收入**是指增值电信企业经营网络游戏业务所获得的业务收入。

其中，**搜索引擎业务收入**是指增值电信企业对因特网上的信息资源进行搜集整理，为用户提供因特网上信息检索服务所获得的收入。包括搜索引擎广告收入、网址导航收入、提供搜索引擎技术服务所获得的收入等。

其中，**网络视频业务收入**是指增值电信企业在运营的视频网站上，向互联网用户提供在线视频服务所取得的收入。包括点播、下载、包月等各项业务收费所得收入。

增值电信企业从业人数

增值电信企业从业人数是指增值电信企业中直接从事增值电信业务的员工数。计量单位：人。

注意事项：不包括增值电信企业中从事非增值电信业务的员工。

三、专用通信网

本地电话用户

本地电话用户是指在报告期末接入区域专用电话网上的电话用户。

住宅电话用户是指安装在居民住宅并按照私人或住宅电话用户管理的各类电话用户。

注意：a. 普通电话按正机数统计；b. 住宅电话用户不包括安装在居民住宅但属于经营性的电话用户。

互联网拨号用户

互联网拨号用户是指在报告期末通过本专用通信网接入国内、国际 Internet，享用 Internet 上的丰富资源和各种服务的用户。

统计范围：包括报告期末在本专用网上连接的所有用户。

宽带接入用户

宽带接入用户是指在报告期末通过 *x*DSL、FTTX+LAN、WLAN 等方式接入本专用宽带网上的用户。

统计范围：包括报告期末在本专用网上连接的所有用户。

长途光缆线路

长途光缆线路是指由一定数量的光纤按照一定方式组成的缆心，外包有护套，用以实现光信号传输的一种用于长途通信的通信线路，包括架空、直埋、管道、水底的光缆。

长途光缆线路长度是指长途光缆线路的实际长度。架空的光缆按实际杆路长度统计，埋设地下、水底的光缆按沟长统计。

本地线路

本地网中继光缆线路长度是指区域网（本地网）内各业务节点之间起点至终点所经由的光缆线路实际长度。

接入网光缆线路长度是指区域网（本地网）内各业务节点至用户节点之间的光缆杆路或沟长的实际长度。

统计范围：a. 区域网（本地网）中继光缆包括专用电话网内本地电话交换机至长途电话交换机之间、各本地电话交换机之间及各业务节点之间的架空、直埋、管道、水底等光缆；b. 接入网光缆包括本地网内各业务节点（如局用交换机、远端模块、数据通信节点机等）至用户节点（光终端设备）之间的光缆，分为有线接入和无线接入两种。

本地电话交换机容量

本地电话交换机容量是指安装在本专用网上用于接续本地固定电话的电话交换机容量。

统计范围：a. 包括人工或自动交换机（含远端模块）以及接入网局用交换机的全部容量；b. 包括虽没有建立固定资产账户但已经交付业务部门使用的局用交换机，不包括工程虽已竣工但尚未交付使用业务部门使用的局用交换机；c. 不包括仅作汇接用，不向用户开放的交换机容量；d. 分期投产的设备，按实际交付使用的用户设备容量统计，拆去或加装用户设备的交换机，按实际设备用户容量统计；e. 与长途电话交换机合用的交换机，产权明确的，按产权归属统计，产权不明确的，按主要用途统计。

注意：a. 程控交换机按用户板容量统计；b. 人工电话交换机按空塞或号牌统计；c. 机械式自动交换机容量按用户机键统计。

固定资产原值

固定资产原值是指专用网在建造、购置、安装、改建、扩建、技术改造某项固定资产时所支出的全部货币总额。它一般包括买价、包装费、运杂费和安装费等。

固定资产净值

固定资产净值是指固定资产原值扣除历年已提折旧额后的净额。

通信从业人员

通信从业人员是指在报告期末专用网内从事通信的在岗职工人数。

固定资产完成投资额

固定资产投资是指为了建造、购置或更新改造固定资产而进行的经济活动。

固定资产投资完成额是以货币形式表现的在一定时期内建造和购置固定资产的工作量以及有关的费用总称。它是固定资产投资统计的主要指标，是反映固定资产投资规模、结构和发展速度的综合指标，又是观察工程进度和考核投资效果的重要依据。

四、国际电联统计指标

电话主线运营数

电话主线运营数是指将用户终端设备与公众交换网进行连接的并在电话交换设备上拥有专门端口的（固定）电话线。该术语与通信文件中常用的主站或直接交换线（DEL）为同义词术语。电话主线可能不同于接入线或用户线。该指标中涵盖综合业务数字网（ISDN）通道的数量。固定无线用户也应包括其中。

蜂窝移动电话用户数

蜂窝移动电话用户数是指使用蜂窝技术向公众交换电话网（PSTN）提供接入的公众移动电话业务的便携式电话签约付费用户，其中可以包括模拟和数字蜂窝系统。这些用户还包括IMT-2000（第三代，3G）用户。公众移动数据业务或无线寻呼业务的用户不应包括其中。

互联网网民数

互联网网民数是指通过定期调查进行估算的互联网上网人数。通常而言，调查会说明某一特定年龄组人口的百分比（如 15 ～ 74 岁）。应提供该年龄组的互联网网民总数，而非由人口总数乘以该年龄组互联网网民的百分比。在没有调查数据的情况下，可以根据用户数量推算出一个估算数字。

中华人民共和国
2016年国民经济和社会发展统计公报[1]

中华人民共和国国家统计局

2017年2月28日

2016年，面对复杂多变的国际环境和国内繁重艰巨的改革发展稳定任务，在以习近平同志为核心的党中央坚强领导下，各地区各部门全面贯彻党的十八大和十八届三中、四中、五中、六中全会精神，认真落实党中央、国务院决策部署，统筹推进“五位一体”总体布局和协调推进“四个全面”战略布局，坚持稳中求进工作总基调，坚持新发展理念，以推进供给侧结构性改革为主线，适度扩大总需求，坚定推进改革，妥善应对风险挑战，引导形成良好社会预期，经济社会保持平稳健康发展，实现了“十三五”良好开局。

一、综合

初步核算，2016年全年国内生产总值[2]744 127亿元，比2015年增长6.7%。其中，第一产业增加值63 671亿元，增长3.3%；第二产业增加值296 236亿元，增长6.1%；第三产业增加值384 221亿元，增长7.8%（如图1所示）。第一产业增加值占国内生产总值的比重为8.6%，第二产业增加值比重为39.8%，第三产业增加值比重为51.6%，比2015年提高1.4个百分点（如图2所示）。2016年全年人均国内生产总值53 980元，比2015年增长6.1%。全年国民总收入[3]742 352亿元，比2015年增长6.9%。

2016年年末全国大陆总人口138 271万人，比2015年年末增加809万人，其中城镇常住人口79 298万人，占总人口比重（常住人口城镇化率）为57.35%，比2015年年末提高1.25个百分点。户籍人口城镇化率为41.2%，比2015年年末提高1.3个百分点。2016年出生人口1 786万人，出生率为12.95‰；死亡人口977万人，死亡率为7.09‰；自然增长率为5.86‰。全国人户分离的人口[4]2.92 亿人，其中流动人口[5]2.45 亿人。2016 年年末人口数及其构成见表 1。

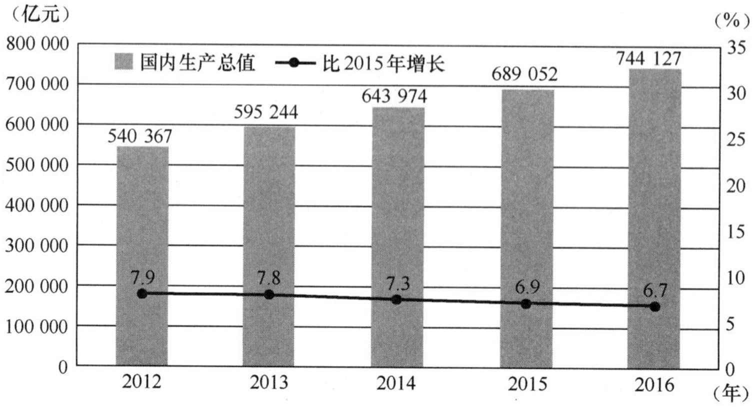

图 1　2012—2016 年国内生产总值及其增长速度

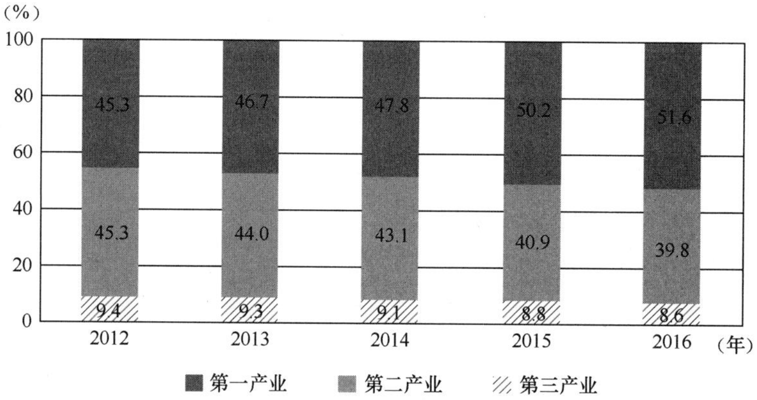

图 2　2012—2016 年三次产业增加值占国内生产总值比重

表 1　2016 年年末人口数及其构成

指　标	年末数（万人）	比重（%）
全国总人口	138 271	100.0
其中：城镇	79 298	57.35
乡村	58 973	42.65
其中：男性	70 815	51.20
女性	67 456	48.80
其中：0～15岁（含不满16周岁）[6]	24 438	17.70
16～59岁（含不满60周岁）	90 747	65.60
60周岁及以上	23 086	16.70
其中：65周岁及以上	15 003	10.80

2016 年年末全国就业人员 77 603 万人，其中城镇就业人员 41 428 万人。全年城镇新增就业 1 314 万人（如图 3 所示）。2016 年年末城镇登记失业率为 4.02%。全国农民工[7]总量 28 171 万人，比 2015 年增长 1.5%。其中，外出农民工 16 934 万人，增长 0.3%；本地农民工 11 237 万人，增长 3.4%。

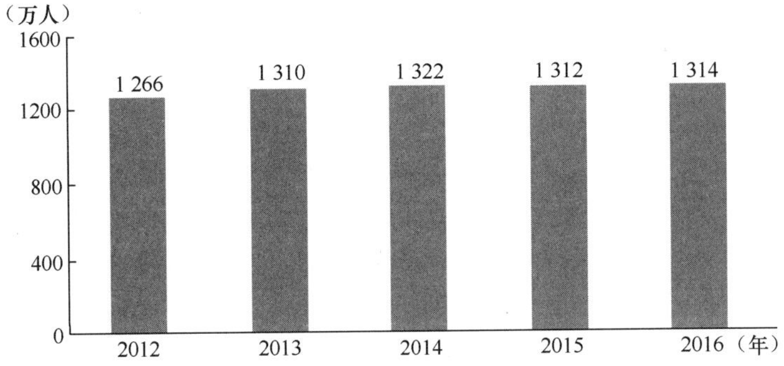

图 3　2012—2016 年城镇新增就业人数

2016 年全年全员劳动生产率[8]为 94 825 元 / 人，比 2015 年提高 6.4%（如图 4 所示）。

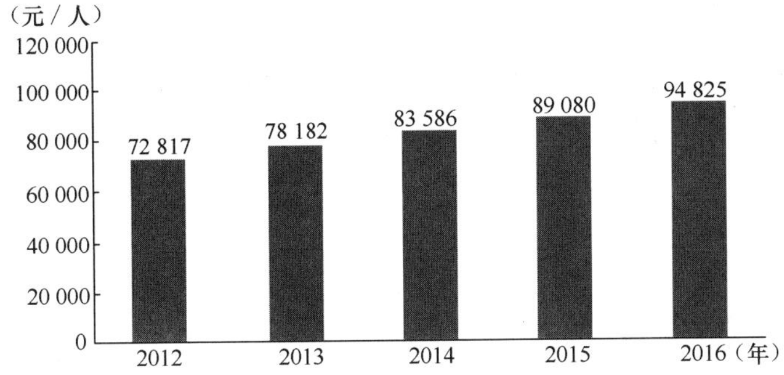

图 4　2012—2016 年全员劳动生产率

2016 年全年居民消费价格比 2015 年上涨 2.0%，见表 2。工业生产者出厂价格下降 1.4%。工业生产者购进价格下降 2.0%。固定资产投资价格下降 0.6%。农产品生产者价格[9]上涨 3.4%。

2016 年居民消费价格月度涨幅如图 5 所示。

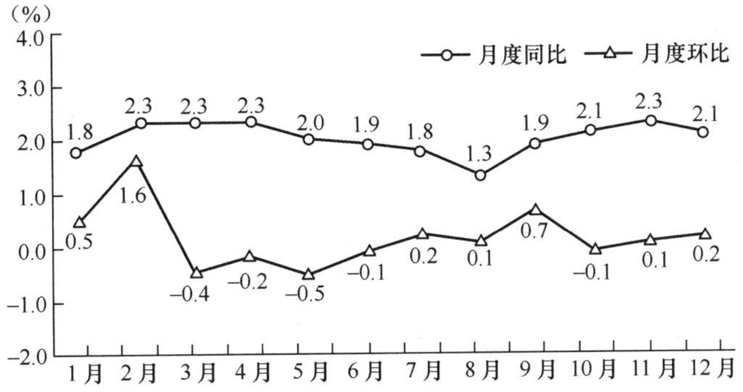

图 5　2016 年居民消费价格月度涨跌幅度

表 2　2016 年居民消费价格比 2015 年涨跌幅度

单位：%

指　标	全　国	城　市	农　村
居民消费价格	2.0	2.1	1.9
其中：食品烟酒	3.8	3.7	4.0
衣　着	1.4	1.5	1.3
居　住[10]	1.6	1.9	0.6
生活用品及服务	0.5	0.5	0.2
交通和通信	-1.3	-1.4	-1.1
教育文化和娱乐	1.6	1.5	1.9
医疗保健	3.8	4.4	2.5
其他用品和服务	2.8	2.9	2.2

2016 年 12 月 70 个大中城市新建商品住宅销售价格月同比上涨的城市个数为 65 个，下降的为 5 个；12 月环比上涨的城市个数为 46 个，比 2016 年年内高点减少 19 个，持平的为 4 个，下降的为 20 个（如图 6 所示）。

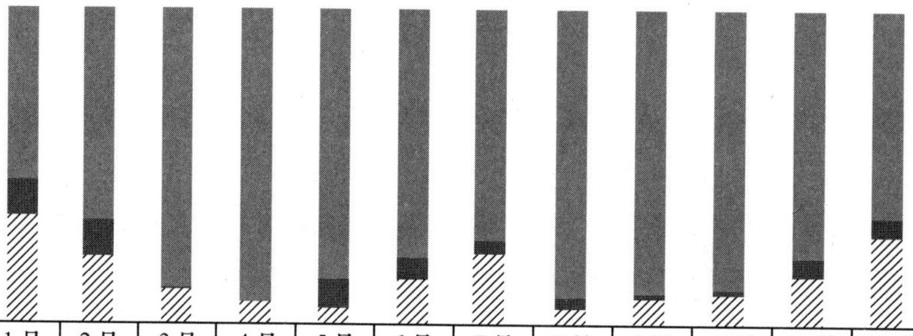

	1月	2月	3月	4月	5月	6月	7月	8月	9月	10月	11月	12月
上涨	38	47	62	65	60	55	51	64	63	62	55	46
持平	8	8	0	0	6	5	3	2	1	1	4	4
下降	24	15	8	5	4	10	16	4	6	7	11	20

图 6　2016 年新建商品住宅月度环比价格上涨、持平、下降城市个数变化情况

2016 年全年全国一般公共预算收入 159 552 亿元，比 2015 年同口径[11]增加 6 828 亿元，增长 4.5%，其中税收收入 130 354 亿元，增加 5 432 亿元，增长 4.3%，如图 7 所示。

2016 年年末国家外汇储备 30 105 亿美元（如图 8 所示），比 2015 年年末减少 3 198 亿美元。2016 年全年人民币平均汇率为 1 美元兑 6.642 3 元人民币，比 2015 年贬值 6.2%。

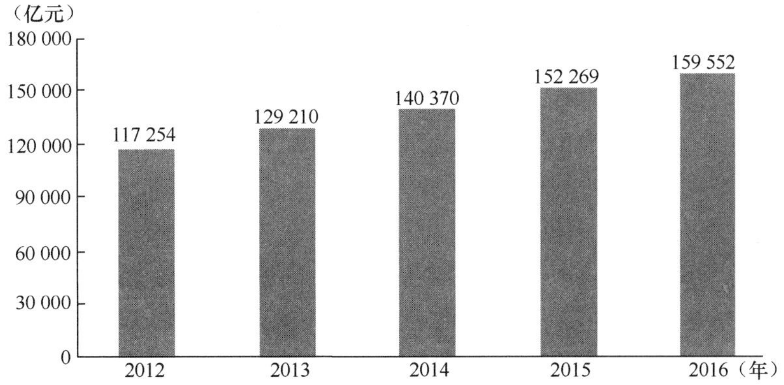

图 7　2012—2016 年全国一般公共预算收入

注：图中 2012 年至 2015 年数据为全国一般公共预算收入决算数，2016 年为执行数。

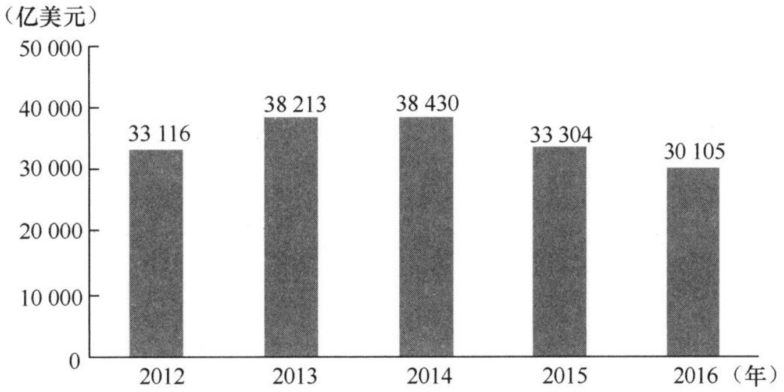

图 8　2012—2016 年年末国家外汇储备

二、农业

2016 年全年粮食种植面积 11 303 万公顷，比 2015 年减少 31 万公顷。其中，小麦种植面积 2 419 万公顷，增加 5 万公顷；稻谷种植面积 3 016 万公顷，减少 5 万公顷；玉米种植面积 3 676 万公顷，减少 136 万公顷；棉花种植面积 338 万公顷，减少 42 万公顷；油料种植面积 1 412 万公顷，增加 8 万公顷。糖料种植面积 168 万公顷，减少 6 万公顷。

2016 年全年粮食产量 61 624 万吨（如图 9 所示），比 2015 年减少 520 万吨，减产 0.8%。其中，夏粮产量 13 920 万吨，减产 1.2%；早稻产量 3 278 万吨，减产 2.7%；秋粮产量 44 426 万吨，减产 0.6%。2016 年全年谷物产量 56 517 万吨，比 2015 年减产 1.2%。其中，稻谷产量 20 693 万吨，减产 0.6%；小麦产量 12 885 万吨，减产 1.0%；玉米产量 21 955 万吨，减产 2.3%。

2016 年全年棉花产量 534 万吨，比 2015 年减产 4.6%。油料产量 3 613 万吨，增产 2.2%。糖料产量 12 299 万吨，减产 1.6%。茶叶产量 241 万吨，增产 7.4%。

2016 年全年肉类总产量 8 540 万吨，比 2015 年下降 1.0%。其中，猪肉产量 5 299 万吨，下降 3.4%；牛肉产量 717 万吨，增长 2.4%；羊肉产量 459 万吨，增长 4.2%；禽肉产量 1 888 万吨，增长 3.4%。禽蛋产量 3 095 万吨，增长 3.2%。牛奶产量 3 602 万吨，下降 4.1%。2016 年年末生猪存栏 43 504 万头，下降 3.6%；生猪出栏 68 502 万头，下降 3.3%。

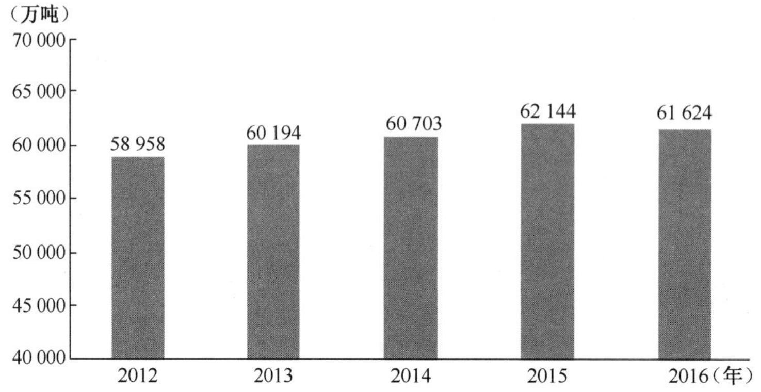

图 9　2012—2016 年粮食产量

2016 年全年水产品产量 6 900 万吨，比 2015 年增长 3.0%。其中，养殖水产品产量 5 156 万吨，增长 4.4%；捕捞水产品产量 1 744 万吨，下降 1.0%。

2016 年全年木材产量 6 683 万立方米，比 2015 年下降 7.0%。

2016 年全年新增耕地灌溉面积 118 万公顷，新增节水灌溉面积 211 万公顷。

三、工业和建筑业

2016 年全年全部工业增加值 247 860 亿元（如图 10 所示），比 2015 年增长 6.0%。规模以上工业增加值增长 6.0%。在规模以上工业中，分经济类型看，国有控股企业增长 2.0%；集体企业下降 1.3%，股份制企业增长 6.9%，外商及港澳台商投资企业增长 4.5%；私营企业增长 7.5%。分门类看，采矿业下降 1.0%，制造业增长 6.8%，电力、热力、燃气及水生产和供应业增长 5.5%。

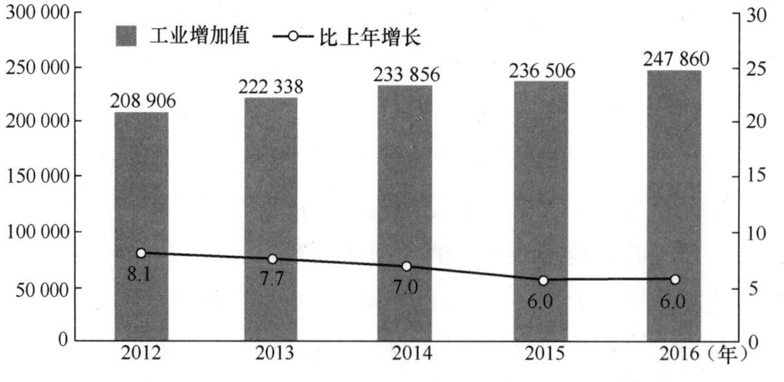

图 10　2012—2016 年全部工业增加值及其增长速度

2016 年全年规模以上工业中，农副食品加工业增加值比 2015 年增长 6.1%，纺织业增长 5.5%，化学原料和化学制品制造业增长 7.7%，非金属矿物制品业增长 6.5%，黑色金属冶炼和压延加工业下降 1.7%，通用设备制造业增长 5.9%，专用设备制造业增长 6.7%，汽车制造业增长 15.5%，电气机械和器材制造业增长 8.5%，计算机、通信和其他电子设备制造业增长 10.0%，电力、热力生产和供应业增长4.8%。工业战略性新兴产业[12]增加值增长 10.5%。高技术制造业[13]增加值增长 10.8%，占规模以上工业增加值的比重为 12.4%。装备制造业[14]增加值增长 9.5%，占规模以上工业增加值的比重为 32.9%。六大高耗能行业[15]增加值增长 5.2%，占规模以上工业增加值的比重为 28.1%。2016 年主要工业产品产量及其增长速度见表 3。

表 3　2016 年主要工业产品产量及其增长速度

产品名称	单　位	产　量	比2015年增长（%）
纱	万吨	3 732.6	5.5
布	亿米	906.8	1.6
化学纤维	万吨	4 943.7	2.3
成品糖	万吨	1 443.3	−2.1
卷　烟	亿支	23 825.8	−8.0
彩色电视机	万台	15 769.6	8.9
其中：液晶电视机	万台	15 713.6	9.2
其中：智能电视	万台	9 310.1	11.1
家用电冰箱	万台	8 481.6	6.1
房间空气调节器	万台	14 342.4	1.0
一次能源生产总量	亿吨标准煤	34.6	−4.2
原　煤	亿吨	34.1	−9.0
原　油	万吨	19 968.5	−6.9
天然气	亿立方米	1 368.7	1.7
发电量	亿千瓦小时	61 424.9	5.6
其中：火电[16]	亿千瓦小时	44 370.7	3.6
水电	亿千瓦小时	11 933.7	5.6
核电	亿千瓦小时	2 132.9	24.9
粗　钢	万吨	80 836.6	0.6
钢　材[17]	万吨	113 801.2	1.3
十种有色金属	万吨	5 310.3	3.0
其中：精炼铜（电解铜）	万吨	843.6	6.0
原铝（电解铝）	万吨	3 187.3	1.5

（续表）

产品名称	单 位	产 量	比2015年增长（%）
水 泥	亿吨	24.1	2.3
硫 酸（折100%）	万吨	8 889.1	-1.0
烧 碱（折100%）	万吨	3 283.9	8.7
乙 烯	万吨	1 781.1	3.9
化 肥（折100%）	万吨	7 128.6	-4.1
发电机组（发电设备）	万千瓦	13 218.4	6.3
汽 车	万辆	2 811.9	14.8
其中：基本型乘用车（轿车）	万辆	1 211.1	4.1
运动型多用途乘用车（SUV）	万辆	914.4	51.8
其中：新能源汽车	万辆	45.9	40.0
大中型拖拉机	万台	63.0	-8.5
集成电路	亿块	1 318.0	21.2
程控交换机	万线	1 457.7	-22.5
移动通信手持机	万台	205 819.3	13.6
其中：智能手机	万台	153 764.1	9.9
微型计算机设备	万台	29 008.5	-7.7
工业机器人	台（套）	72 426.0	30.4

2016 年年末全国发电装机容量 164 575 万千瓦，比 2015 年年末增长 8.2%。其中[18]，火电装机容量 105 388 万千瓦，增长 5.3%；水电装机容量 33 211 万千瓦，增长 3.9%；核电装机容量 3 364 万千瓦，增长 23.8%；并网风电装机容量 14 864 万千瓦，增长 13.2%；并网太阳能发电装机容量 7 742 万千瓦，增长 81.6%。

2016 年全年规模以上工业企业实现利润 68 803 亿元，比 2015 年增长 8.5%。分经济类型看，国有控股企业实现利润 11 751 亿元，比 2015 年增长 6.7%；集体企业实现利润 477 亿元，比 2015 年下降 4.2%，股份制企业实现利润 47 197 亿元，比 2015 年增长 8.3%，外商及港澳台商投资企业实现利润 17 352 亿元，比 2015 年增长 12.1%；私营企业实现利润 24 325 亿元，比 2015 年增长 4.8%。分门类看，采矿业实现利润 1 825 亿元，比 2015 年下降 27.5%；制造业实现利润 62 398 亿元，比 2015 年增长 12.3%；电力、热力、燃气及水生产和供应业 4 580 亿元，实现利润下降 14.3%。2016 年规模以上工业企业每百元主营业务收入中成本为 85.52 元，比 2015 年下降 0.1 元。2016 年年末规模以上工业企业资产负债率为 55.8%，比 2015 年年末下降 0.4 个百分点。

2016 年全年全社会建筑业增加值 49 522 亿元（如图 11 所示），比 2015 年增长 6.6%。全国具有资质等级的总承包和专业承包建筑业企业实现利润 6 745 亿元，比 2015 年增长 4.6%。其中，国有控股企业实现利润 1 879 亿元，比 2015 年增长 6.8%。

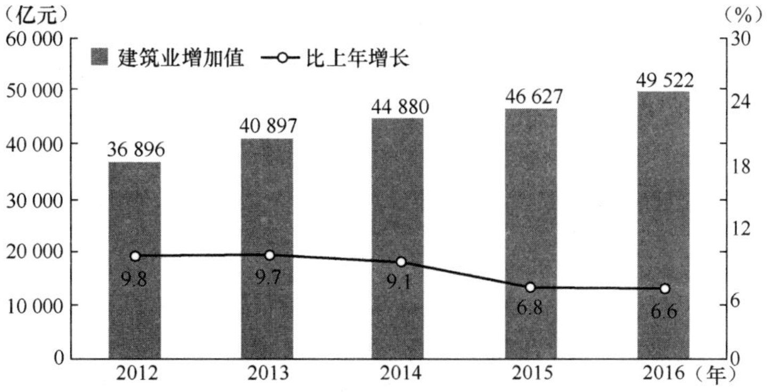

图 11　2012—2016 年建筑业增加值及其增长速度

四、固定资产投资

2016 年全年全社会固定资产投资 606 466 亿元（如图 12 所示），比 2015 年增长 7.9%，扣除价格因素，实际增长 8.6%。其中，固定资产投资（不含农户）596 501 亿元，比 2015 年增长 8.1%。分区域看[19]，东部地区投资 249 665 亿元，比 2015 年增长 9.1%；中部地区投资 156 762 亿元，比 2015 年增长 12.0%；西部地区投资 154 054 亿元，比 2015 年增长 12.2%；东北地区投资 30 642 亿元，比 2015 年下降 23.5%。

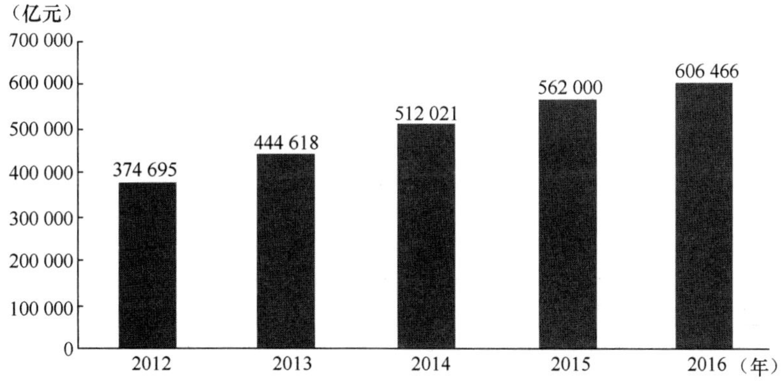

图 12　2012—2016 年全社会固定资产投资

在固定资产投资（不含农户）中，第一产业投资 18 838 亿元，比 2015 年增长 21.1%；第二产业投资 231 826 亿元，增长 3.5%；第三产业投资 345 837 亿元，增长 10.9%。基础设施投资[20]118 878 亿元，增长 17.4%，占固定资产投资（不含农户）的比重为 19.9%。民间固定资产投资[21]365 219 亿元，增长 3.2%，占固定资产投资（不含农户）的比重为 61.2%。高技术产业投资[22]37 747 亿元，增长 15.8%，占固定资产投资（不含农户）的比重为 6.3%。六大高耗能行业投资 66 376 亿元，增长 3.1%，占固定资产投资（不含农户）的比重为 11.1%。农林牧渔业、水利、环境保护等短板领域投资快速增长。2016 年按领域分固定资产投资（不含农户）及其占比如图 13 所示。2016 年分行业固定资产投资（不含农户）及其增长速度见表 4。2016 年固定资产投资新增主要生产与运营能力，见表 5。

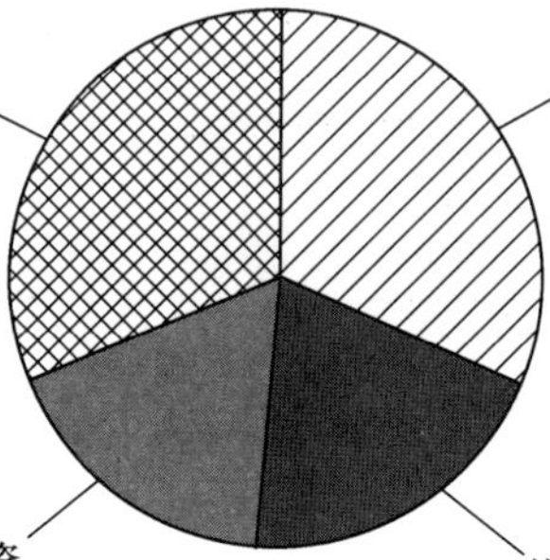

图 13　2016 年按领域分固定资产投资（不含农户）及其占比

表 4　2016 年分行业固定资产投资（不含农户）及其增长速度

行　业	投资额（亿元）	比2015年增长（%）
总计	596 501	8.1
农、林、牧、渔业	22 774	19.5
采矿业	10 320	−20.4
制造业	187 836	4.2
电力、热力、燃气及水生产和供应业	29 736	11.3
建筑业	4 577	-6.5
批发和零售业	17 939	-4.0
交通运输、仓储和邮政业	53 628	9.5
住宿和餐饮业	5 947	-8.6
信息传输、软件和信息技术服务业	6 319	14.5
金融业	1 310	-4.2
房地产业[23]	135 284	6.8
租赁和商务服务业	12 316	30.5
科学研究和技术服务业	5 568	17.2
水利、环境和公共设施管理业	68 647	23.3
居民服务、修理和其他服务业	2 677	1.8

（续表）

行 业	投资额（亿元）	比2015年增长（%）
教育	9 324	20.7
卫生和社会工作	6 282	21.4
文化、体育和娱乐业	7 830	16.4
公共管理、社会保障和社会组织	8 188	4.3

表 5　2016 年固定资产投资新增主要生产与运营能力

指 标	单 位	绝对数
新增220千伏及以上变电设备	万千伏安	24 336
新建铁路投产里程	千米	3 281
其中：高速铁路[24]	千米	1 903
新增、新建铁路复线投产里程	千米	3 612
电气化铁路投产里程	千米	5 899
新改建公路里程	千米	324 898
其中：高速公路	千米	6 745
港口万吨级码头泊位新增吞吐能力	万吨	32 436
新增民用运输机场	个	8
新增光缆线路长度	万千米	554

2016 年全年房地产开发投资 102 581 亿元，见表 6，比 2015 年增长 6.9%。其中，住宅投资 68 704 亿元，增长 6.4%；办公楼投资 6 533 亿元，增长 5.2%；商业营业用房投资 15 838 亿元，增长 8.4%。2016 年年末商品房待售面积 69 539 万平方米，比 2015 年年末减少 2 314 万平方米。2016 年年末商品住宅待售面积 40 257 万平方米，比 2015 年年末减少 4 991 万平方米。

2016 年全年全国城镇棚户区住房改造开工 606 万套，棚户区改造和公租房基本建成 658 万套。全国农村地区建档立卡贫困户危房改造 158 万户[25]。

表 6　2016 年房地产开发和销售主要指标及其增长速度

指 标	单 位	绝对数	比2015年增长（%）
投资额	亿元	102 581	6.9
其中：住宅	亿元	68 704	6.4
其中：90平方米及以下	亿元	24 772	0.5
房屋施工面积	万平方米	758 975	3.2
其中：住宅	万平方米	521 310	1.9
房屋新开工面积	万平方米	166 928	8.1

（续表）

指　标	单　位	绝对数	比2015年增长（%）
其中：住宅	万平方米	115 911	8.7
房屋竣工面积	万平方米	106 128	6.1
其中：住宅	万平方米	77 185	4.6
商品房销售面积	万平方米	157 349	22.5
其中：住宅	万平方米	137 540	22.4
本年到位资金	亿元	144 214	15.2
其中：国内贷款	亿元	21 512	6.4
个人按揭贷款	亿元	24 403	46.5

五、国内贸易

2016 年全年社会消费品零售总额 332 316 亿元（如图 14 所示），比 2015 年增长 10.4%，扣除价格因素，实际增长 9.6%。按经营地统计，城镇消费品零售额 285 814 亿元，比 2015 年增长 10.4%；乡村消费品零售额 46 503 亿元，比 2015 年增长 10.9%。按消费类型统计，商品零售额 296 518 亿元，比 2015 年增长 10.4%；餐饮收入额 35 799 亿元，比 2015 年增长 10.8%。

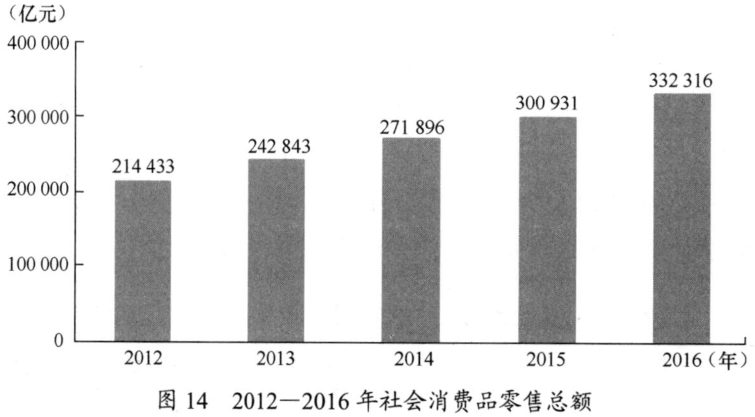

图 14　2012—2016 年社会消费品零售总额

在限额以上企业商品零售额中，粮油、食品、饮料、烟酒类零售额比 2015 年增长 10.5%，服装、鞋帽、针纺织品类增长 7.0%，化妆品类增长 8.3%，金银珠宝类与 2015 年持平，日用品类增长 11.4%，家用电器和音像器材类增长 8.7%，中西药品类增长 12.0%，文化办公用品类增长 11.2%，家具类增长 12.7%，通信器材类增长 11.9%，建筑及装潢材料类增长 14.0%，汽车类增长 10.1%，石油及制品类增长 1.2%。

2016 年全年网上零售额[26]51 556 亿元，比 2015 年增长 26.2%。其中网上商品零售额 41 944 亿元，增长 25.6%，占社会消费品零售总额的比重为 12.6%。在网上商品零售额中，吃类商品增长 28.5%，穿类商品增长 18.1%，用类商品增长 28.8%。

六、对外经济[27]

2016 年全年货物进出口总额 243 386 亿元（如图 15 所示），比 2015 年下降 0.9%。其中，出口 138 455 亿元，下降 1.9%；进口 104 932 亿元，比 2015 年增长 0.6%。货物进出口差额（出口减进口）33 523 亿元，比 2015 年减少 3 308 亿元。“一带一路”[28]沿线国家进出口总额 62 517 亿元，比 2015 年增长 0.5%。其中，出口 38 319 亿元，比 2015 年增长 0.5%；进口 24 198 亿元，比 2015 年增长 0.4%。2012—2016 年货物进出口总额及其增长速度见表 7 ～表 10。

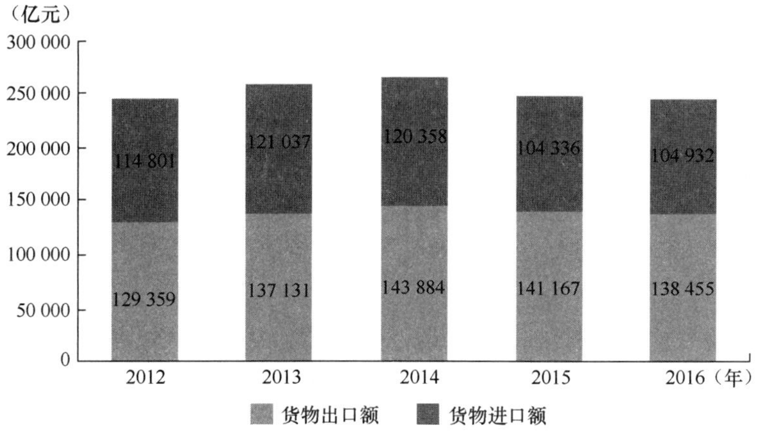

图 15　2012—2016 年货物进出口总额

表 7　2016 年货物进出口总额及其增长速度

指　标	金额（亿元）	比2015年增长（%）
货物进出口总额	243 386	-0.9
货物出口额	138 455	-1.9
其中：一般贸易	74 601	-1.1
加工贸易	47 237	-4.6
其中：机电产品	79 820	-1.9
高新技术产品	39 876	-2.1
货物进口额	104 932	0.6
其中：一般贸易	59 398	3.7

（续表）

指　标	金额（亿元）	比2015年增长（%）
加工贸易	26 223	−5.5
其中：机电产品	50 985	1.9
高新技术产品	34 618	1.8
货物进出口差额（出口减进口）	33 523	—

表8　2016年主要商品出口数量、金额及其增长速度

商品名称	单位	数量	比2015年增长（%）	金额（亿元）	比2015年增长（%）
煤（包括褐煤）	万吨	879	64.6	46	48.0
钢材	万吨	10 849	−3.5	3 587	−7.8
纺织纱线、织物及制品	—	—	—	6 925	1.9
服装及衣着附件	—	—	—	10 413	−3.7
鞋类	万吨	422	−5.6	3 113	−6.2
家具及其零件	—	—	—	3 151	−3.8
自动数据处理设备及其部件	万台	159 257	−7.1	9 068	−4.1
手持或车载无线电话	万台	127 192	−5.3	7 643	−0.9
集装箱	万个	199	−26.7	279	−41.2
液晶显示板	万个	190 569	−16.9	1 700	−11.6
汽车	万辆	79	9.4	709	1.8

表9　2016年主要商品进口数量、金额及其增长速度

商品名称	单位	数量	比2015年增长（%）	金额（亿元）	比2015年增长（%）
谷物及谷物粉	万吨	2 199	−32.8	375	−35.5
大豆	万吨	8 391	2.7	2 247	4.1
食用植物油	万吨	553	−18.3	276	−11.5
铁矿砂及其精矿	万吨	102 412	7.5	3 809	7.0
氧化铝	万吨	303	−35.0	58	−43.1
煤（包括褐煤）	万吨	25 551	25.2	938	25.1
原油	万吨	38 101	13.6	7 698	−7.5
成品油	万吨	2 784	−6.5	735	−16.6
初级形状的塑料	万吨	2 570	−1.5	2 731	−2.2
纸浆	万吨	2 106	6.2	808	2.1

（续表）

商品名称	单位	数量	比2015年增长（%）	金额（亿元）	比2015年增长（%）
钢材	万吨	1 321	3.4	869	-2.3
未锻轧铜及铜材	万吨	495	2.9	1 741	-3.3
汽车	万辆	107	-2.4	2 942	6.1

表 10　2016 年对主要国家和地区货物进出口额及其增长速度

国家和地区	出口额（亿元）	比2015年增长（%）	占我国全部出口比重（%）	进口额（亿元）	比2015年增长（%）	占我国全部进口比重（%）
欧盟	22 369	1.3	16.2	13 747	5.9	13.1
美国	25 415	0.0	18.4	8 887	-3.2	8.5
东盟	16 894	-1.9	12.2	12 978	7.4	12.4
中国香港	19 009	-7.6	13.7	1 107	39.2	1.1
日本	8 529	1.3	6.2	9 626	8.4	9.2
韩国	6 185	-1.7	4.5	10 496	-3.2	10.0
中国台湾	2 665	-4.3	1.9	9 203	3.4	8.8
印度	3 850	6.6	2.8	777	-6.4	0.7
俄罗斯	2 466	14.2	1.8	2 128	3.1	2.0

2016 年全年服务进出口[29]总额 53 484 亿元，比 2015 年增长 14.2%。其中，服务出口 18 193 亿元，比 2015 年增长 2.3%；服务进口 35 291 亿元，比 2015 年增长 21.5%。服务进出口逆差 17 097 亿元。

2016 年全年吸收外商直接投资（不含银行、证券、保险）新设立企业 27 900 家，比 2015 年增长 5.0%，见表 11。实际使用外商直接投资金额 8 132 亿元（折 1 260 亿美元），比 2015 年增长 4.1%。其中“一带一路”沿线国家对华直接投资新设立企业 2 905 家，比 2015 年增长 34.1%；对华直接投资金额 458 亿元（折 71 亿美元）。

表 11　2016 年外商直接投资（不含银行、证券、保险）及其增长速度

行　业	企业数（家）	比2015年增长（%）	实际使用金额（亿元）	比2015年增长（%）
总计	27 900	5.0	8 132.2	4.1
其中：农、林、牧、渔业	558	-8.4	123.2	30.0
制造业	4 013	-11.0	2 303.0	-6.1

（续表）

行　业	企业数（家）	比2015年增长（%）	实际使用金额（亿元）	比2015年增长（%）
电力、燃气及水生产和供应业	311	18.0	139.8	0.3
交通运输、仓储和邮政业	425	−5.4	329.2	26.7
信息传输、计算机服务和软件业	1 463	11.6	540.4	128.0
批发和零售业	9 399	2.7	1 011.1	36.0
房地产业	378	−2.3	1 264.4	−29.4
租赁和商务服务业	4 631	3.7	1 045.9	67.8
居民服务和其他服务业	245	13.0	33.0	−25.8

2016 年全年对外直接投资额（不含银行、证券、保险）11 299 亿元，按美元计价为 1 701 亿美元，比 2015 年增长 44.1%。其中，对“一带一路”沿线国家直接投资额 145 亿美元，见表 12。

表 12　2016 年对外直接投资额（不含银行、证券、保险）及其增长速度

行　业	对外直接投资金额（亿美元）	比2015年增长（%）
总计	1 701.1	44.1
其中：农、林、牧、渔业	29.7	45.0
采矿业	86.7	−20.1
制造业	310.6	116.7
电力、热力、燃气及水生产和供应业	25.3	−9.2
建筑业	53.1	18.0
批发和零售业	275.6	72.0
交通运输、仓储和邮政业	36.2	17.1
信息传输、软件和信息技术服务业	203.6	252.2
房地产业	106.4	17.4
租赁和商务服务业	422.7	1.4

2016 年全年对外承包工程业务完成营业额 10 589 亿元，按美元计价为 1 594 亿美元，比 2015 年增长 3.5%。其中，对“一带一路”沿线国家完成营业额 760 亿美元，比 2015 年增长 9.7%，占对外承包工程业务完成营业额比重为 47.7%。对外劳务合作派出各类劳务人员 49 万人，比 2015 年下降 6.8%。

七、交通、邮电和旅游

2016 年全年货物运输总量 440 亿吨，比 2015 年增长 5.7%，见表 13。货物运输周转量 185 295 亿吨公里，比 2015 年增长 4.0%。全年规模以上港口完成货物吞吐量 118.3 亿吨，比 2015 年增长 3.2%，其中外贸货物吞吐量 37.6 亿吨，比 2015 年增长 4.1%。规模以上港口集装箱吞吐量 21 798 万标准箱，比 2015 年增长 3.6%。

表 13　2016 年各种运输方式完成货物运输量及其增长速度

指　标	单　位	绝对数	比2015年增长（%）
货物运输总量	亿吨	440.4	5.7
铁路	亿吨	33.3	−0.8
公路	亿吨	336.3	6.8
水运	亿吨	63.6	3.7
民航	万吨	666.9	6.0
管道	亿吨	7.0	5.3
货物运输周转量	亿吨千米	185 294.9	4.0
铁路	亿吨千米	23 792.3	0.2
公路	亿吨千米	61 211.0	5.6
水运	亿吨千米	95 399.9	4.0
民航	亿吨千米	221.1	6.3
管道	亿吨千米	4 670.6	5.7

2016 年全年旅客运输总量 192 亿人次，表 14 所示比 2015 年下降 1.2%。旅客运输周转量 31 306 亿人千米，比 2015 年增长 4.1%。

表 14　2016 年各种运输方式完成旅客运输量及其增长速度

指　标	单　位	绝对数	比2015年增长（%）
旅客运输总量	亿人次	192.0	−1.2
铁路	亿人次	28.1	11.0
公路	亿人次	156.3	−3.5
水运	亿人次	2.7	0.1
民航	亿人次	4.9	11.8
旅客运输周转量	亿人千米	31 305.7	4.1

（续表）

指　标	单　位	绝对数	比2015年增长（%）
铁路	亿人千米	12 579.3	5.2
公路	亿人千米	10 294.8	−4.2
水运	亿人千米	72.0	−1.4
民航	亿人千米	8 359.5	14.8

2016 年年末全国民用汽车保有量 19 440 万辆（包括三轮汽车和低速货车 881 万辆），比 2015 年年末增长 12.8%，其中私人汽车保有量 16 559 万辆，比 2015 年增长 15.0%。民用轿车保有量 10 876 万辆，比 2015 年增长 14.4%，其中私人轿车 10 152 万辆，比 2015 年增长 15.5%。

2016 年全年完成邮电业务总量 [30]43 344 亿元，比 2015 年增长 52.7%。其中，邮政行业业务总量 7 397 亿元，比 2015 年增长 45.7%；电信业务总量 35 948 亿元，比 2015 年增长 54.2%。邮政业全年完成邮政函件业务 36.2 亿件，包裹业务 0.3 亿件，快递业务量 312.8 亿件（如图 16 所示）；快递业务收入 3 974 亿元。电信业全年新增移动电话交换机容量 [31]7 318 万户，达到 218 384 万户。2016 年年末全国电话用户总数 152 856 万户，其中移动电话用户 132 193 万户。移动电话普及率上升至 96.2 部 / 百人。固定互联网宽带接入用户 [32]29 721 万户（如图 17 所示），比 2015 年增加 3 774 万户，其中固定互联网光纤宽带接入用户 [33]22 766 万户，比 2015 年增加 7941 万户；移动宽带用户 [34]94 075 万户（如图 17 所示），比 2015 年增加 23 464 万户。移动互联网接入流量 93.6 亿 GB，比 2015 年增长 123.7%。互联网上网人数 7.31 亿人，比 2015 年增加 4 299 万人，其中手机上网人数 [35]6.95 亿人，比 2015 年增加 7 550 万人。互联网普及率达到 53.2%，其中农村地区互联网普及率达到 33.1%。软件和信息技术服务业 [36] 完成软件业务收入 48 511 亿元，比 2015 年增长 14.9%。

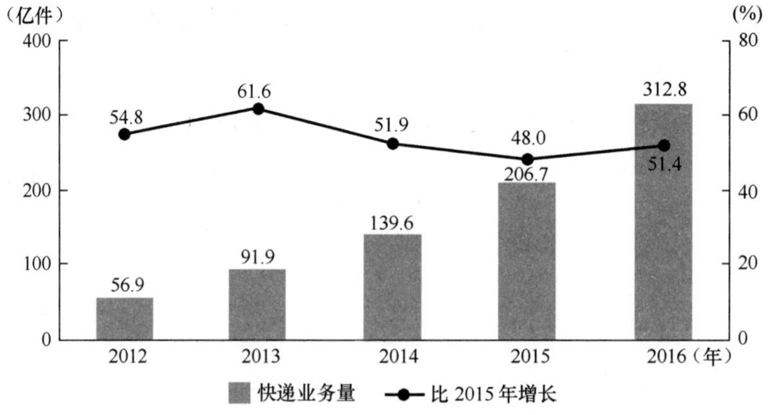

图 16　2012—2016 年快递业务量及其增长速度

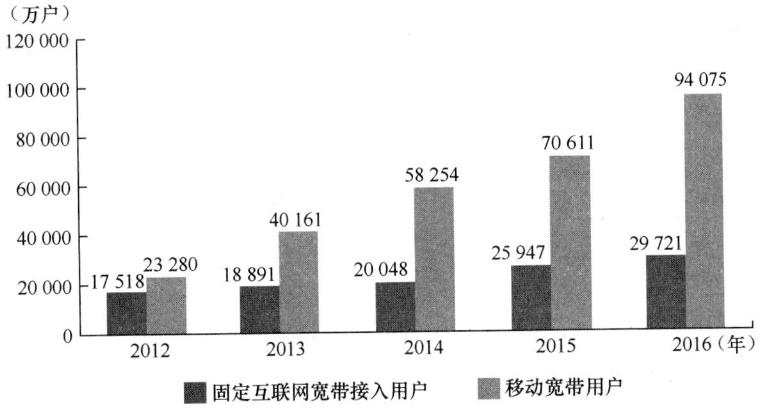

图 17 2012—2016 年年末固定互联网宽带接入用户和移动宽带用户数

2016 年全年国内游客 44 亿人次，比 2015 年增长 11.2%，国内旅游收入 39 390 亿元，比 2015 年增长 15.2%。入境游客 13 844 万人次，比 2015 年增长 3.5%。其中，外国人 2 813 万人次，比 2015 年增长 8.3%；香港、澳门和台湾同胞 11 031 万人次，比 2015 年增长 2.3%。在入境游客中，过夜游客 5 927 万人次，比 2015 年增长 4.2%。国际旅游收入 1 200 亿美元，比 2015 年增长 5.6%。国内居民出境 13 513 万人次，比 2015 年增长 5.7%。其中因私出境 12 850 万人次，比 2015 年增长 5.6%；赴港澳台出境 8 395 万人次，比 2015 年下降 2.2%。

八、金融

2016 年年末广义货币供应量（M_2）余额 155.0 万亿元，比 2015 年年末增长 11.3%；狭义货币供应量（M_1）余额 48.7 万亿元，比 2015 年年末增长 21.4%；流通中货币（M_0）余额 6.8 万亿元，比 2015 年年末增长 8.1%。

2016 年全年社会融资规模增量[37]17.8 万亿元，比 2015 年多 2.4 万亿元。2016 年年末全部金融机构本外币各项存款余额 155.5 万亿元，见表 15，比 2016 年年初增加 15.7 万亿元，其中人民币各项存款余额 150.6 万亿元，增加 14.9 万亿元。全部金融机构本外币各项贷款余额 112.1 万亿元，增加 12.7 万亿元，其中人民币各项贷款余额 106.6 万亿元，增加 12.6 万亿元。

表 15 2016 年年末全部金融机构本外币存贷款余额及其增长速度

指 标	年末数（亿元）	比2015年年末增长（%）
各项存款	1 555 247	11.3
其中：境内住户存款	606 522	9.9
其中：人民币	597 751	9.5
境内非金融企业存款	530 895	16.6

（续表）

指　标	年末数（亿元）	比2015年年末增长（%）
各项贷款	1 120 552	12.8
其中：境内短期贷款	380 020	3.6
境内中长期贷款	635 052	17.8

2016 年年末主要农村金融机构（农村信用社、农村合作银行、农村商业银行）人民币贷款余额 134 219 亿元，比 2016 年年初增加 13 895 亿元。金融机构境内住户人民币消费贷款余额 250 472 亿元，比 2016 年年初增加 60 998 亿元。其中，短期消费贷款余额 49 313 亿元，比 2016 年年初增加 8 347 亿元；中长期消费贷款余额 201 159 亿元，比 2016 年年初增加 52 651 亿元。

2016 年全年上市公司通过境内市场累计筹资 23 342 亿元，比 2015 年增加 5 088 亿元。其中，首次公开发行 A 股 248 只，筹资 1 634 亿元；A 股现金再融资（包括公开增发、定向增发[38]、配股、优先股）13 387 亿元，比 2015 年增加 4 618 亿元；上市公司通过沪深交易所发行公司债、可转债筹资 8 321 亿元，比 2015 年增加 414 亿元。2016 年全年全国中小企业股份转让系统[39]新增挂牌公司 5 034 家，筹资 1 391 亿元，比 2015 年增长 14.4%。

2016 年全年发行公司信用类债券[40]8.22 万亿元，比 2015 年增加 1.50 万亿元。

2016 年全年保险公司原保险保费收入[41]30 959 亿元，比 2015 年增长 27.5%。其中，寿险业务原保险保费收入 17 442 亿元，健康险和意外伤害险业务原保险保费收入 4 792 亿元，财产险业务原保险保费收入 8 725 亿元。支付各类赔款及给付 10 513 亿元。其中，寿险业务给付 4 603 亿元，健康险和意外伤害险赔款及给付 1 184 亿元，财产险业务赔款 4 726 亿元。

九、人民生活和社会保障

2016 年全年全国居民人均可支配收入[42]23 821 元，比 2015 年增长 8.4%，扣除价格因素，实际增长 6.3%（如图 18 所示）；全国居民人均可支配收入中位数[43]20 883 元，比 2015 年增长 8.3%。按常住地分，城镇居民人均可支配收入 33 616 元，比 2015 年增长 7.8%，扣除价格因素，实际增长 5.6%；城镇居民人均可支配收入中位数 31 554 元，比 2015 年增长 8.3%。农村居民人均可支配收入 12 363 元，比 2015 年增长 8.2%，扣除价格因素，实际增长 6.2%；农村居民人均可支配收入中位数 11 149 元，比 2015 年增长 8.3%。按全国居民五等份收入分组[44]，低收入组人均可支配收入 5 529 元，中等偏下收入组人均可支配收入 12 899 元，中等收入组人均可支配收入 20 924 元，中等偏上收入组人均可支配收入 31 990 元，高收入组人均可支配收入 59 259 元。贫困地区[45]农村居民人均可支配收入 8 452 元，比 2015 年增长 10.4%，扣除价格因素，实际增长 8.4%。全国农民工人均月收入 3 275 元，比 2015 年增长 6.6%。

2016 年全国居民人均消费支出 17 111 元，比 2015 年增长 8.9%，扣除价格因素，实际增长

6.8%。按常住地分，城镇居民人均消费支出 23 079 元，比 2015 年增长 7.9%，扣除价格因素，实际增长 5.7%；农村居民人均消费支出 10 130 元，比 2015 年增长 9.8%，扣除价格因素，实际增长 7.8%。恩格尔系数为 30.1%，比 2015 年下降 0.5 个百分点，其中城镇为 29.3%，农村为 32.2%。2016 年全国居民人均消费支出及其构成如图 19 所示。

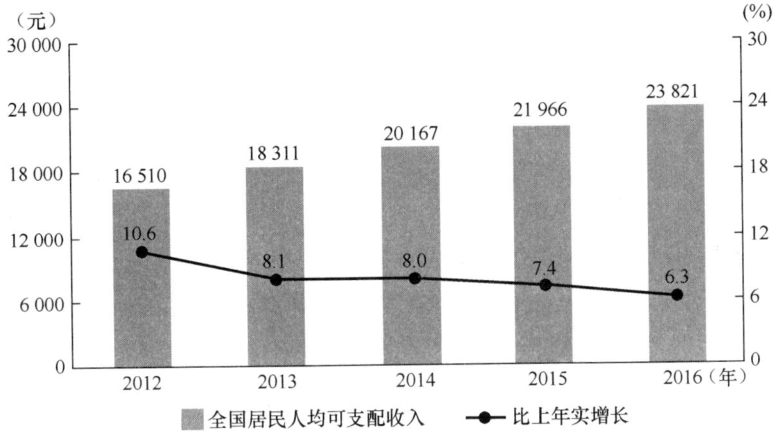

图 18　2012—2016 年全国居民人均可支配收入及其增长速度

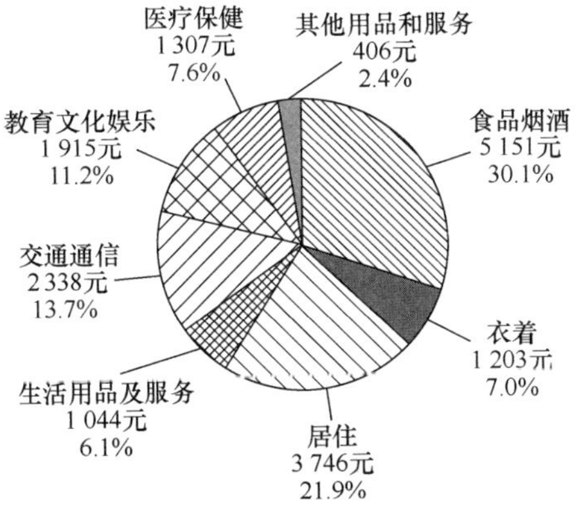

图 19　2016 年全国居民人均消费支出及其构成

2016 年年末全国参加城镇职工基本养老保险人数 37 862 万人，比 2015 年年末增加 2 501 万人。参加城乡居民基本养老保险人数 50 847 万人，比 2015 年年末增加 375 万人。参加城镇基本医疗保险人数 74 839 万人，比 2015 年年末增加 8 257 万人。其中，参加职工基本医疗保险人数 29 524 万人，比 2015 年年末增加 631 万人；参加城镇居民基本医疗保险人数 45 315 万人，比 2015 年年末增加 7 626 万人。参加失业保险人数 18 089 万人，比 2015 年年末增加 763 万人。2016 年年末全国领取失业保险金人数 230 万人。参加工伤保险人数 21 887 万人，比 2015 年年末增加 455 万人，其中参加工伤保险的农民工 7 510 万人，比 2015 年年末增加 21 万人。参加生育保险人数 18 443 万人，比 2015 年年末增加 672 万人。2016 年年末全国共有 1 479.9 万人享受城市居民最低生活保障，4 576.5 万人享受农村居民最低生活保障，496.9 万人享受农村特困人员[46]救助供养。2016 年全年资助 5 620.6 万人参加基本医疗保险，医疗救助 3 099.8 万人次。国家抚恤、补助各类优抚对象 877.2 万人。按照每人每年 2 300 元（2010 年不变价）的农村贫困标准计算，2016 年农村贫困人口 4 335 万人，比 2015 年减少 1 240 万人[47]。

十、教育、科学技术和文化体育

2016 年全年研究生教育招生 66.7 万人，在学研究生 198.1 万人，毕业生 56.4 万人。普通本专科招生 748.6 万人，在校生 2 695.8 万人，毕业生 704.2 万人。中等职业教育[48]招生 593.3 万人，在校生 1 599.1 万人，毕业生 533.7 万人。普通高中招生 802.9 万人，在校生 2 366.6 万人，毕业生 792.4 万人（如图 20 所示）。初中招生 1 487.2 万人，在校生 4 329.4 万人，毕业生 1 423.9 万人。普通小学招生 1 752.5 万人，在校生 9 913.0 万人，毕业生 1 507.4 万人。特殊教育招生 9.2 万人，在校生 49.2 万人，毕业生 5.9 万人。学前教育在园幼儿 4 413.9 万人。九年义务教育巩固率为 93.4%，高中阶段毛入学率为 87.5%。

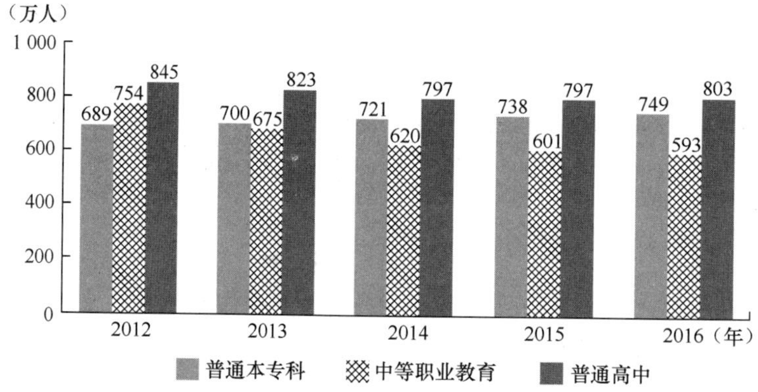

图 20　2012—2016 年普通本专科、中等职业教育及普通高中招生人数

2016 年全年研究与试验发展（R&D）经费支出 15 500 亿元，比 2015 年增长 9.4%（如图 21 所示），与国内生产总值之比为 2.08%，其中基础研究经费 798 亿元。2016 年全年国家重点研发计划共安排 42 个重点专项 1 163 个科技项目，国家科技重大专项共安排 224 个课题，国家自然科学基金共资助 41 184 个项目。截至 2016 年年底，累计建设国家重点实验室 488 个，国家工程研究中心 131 个，国家工程实验室 194 个，国家企业技术中心 1 276 家。国家科技成果转化引导基金累计设立 9 支子基金，资金总规模 173.5 亿元。2016 年全年受理境内外专利申请 346.5 万件，见表 16，授予专利权 175.4 万件。截至 2016 年年底，有效专利 628.5 万件，其中境内有效发明专利 110.3 万件，每万人口发明专利拥有量 8.0 件。2016 年全年共签订技术合同 32.0 万项，技术合同成交金额 11 407 亿元，比 2015 年增长 16.0%。

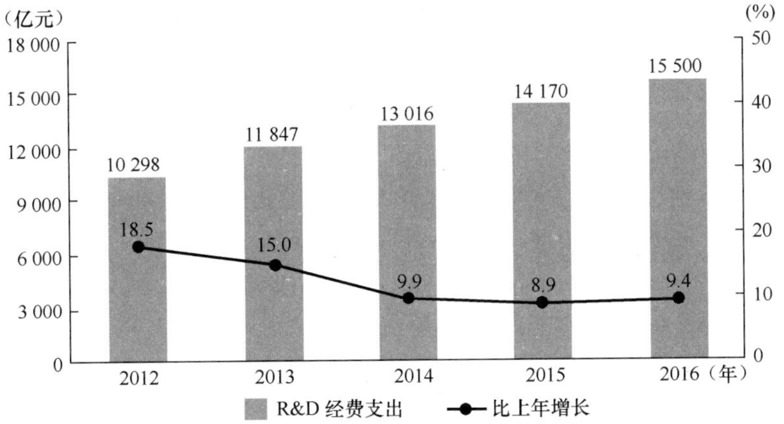

图 21　2012—2016 年研究与试验发展（R&D）经费支出及其增长速度

表 16　2016 年专利申请受理、授权和有效专利情况

指　标	专利数（万件）	比2015年增长（%）
专利申请受理数	346.5	23.8
其中：境内专利申请受理	328.1	25.4
其中：发明专利申请受理	133.9	21.5
其中：境内发明专利	119.3	24.7
专利申请授权数	175.4	2.1
其中：境内专利授权	161.2	2.1
其中：发明专利授权	40.4	12.5
其中：境内发明专利	29.5	15.0
年末有效专利数	628.5	14.7
其中：境内有效专利	540.6	15.7
其中：有效发明专利	177.2	20.4
其中：境内有效发明专利	110.3	26.6

2016 年全年完成 22 次宇航发射。长征五号、长征七号新一代运载火箭成功首飞；天宫二号空间实验室、神舟十一号载人飞船成功发射，航天员在轨驻留 30 天并安全返回；新一代静止轨道气象卫星风云四号、合成孔径雷达卫星高分三号、3 颗北斗导航卫星等成功发射。

2016 年年末全国共有产品检测实验室 34 487 个，其中国家检测中心 681 个。全国现有产品质量、体系认证机构 312 个，已累计完成对 152 525 个企业的产品认证。全国共有法定计量技术机构 3 933 个，全年强制检定计量器具 7 878 万台（件）。全年制定、修订国家标准 1 763 项，其中新制定 1 255 项。

2016 年年末全国文化系统共有艺术表演团体 2 046 个，博物馆 3 060 个。全国共有公共图书馆 3 172 个，总流通[49]64 781 万人次；文化馆 3 338 个。有线电视实际用户 2.23 亿户，其中有线数字电视实际用户 1.97 亿户。2016 年年末广播节目综合人口覆盖率为 98.4%，电视节目综合人口覆盖率为 98.9%。2016 年全年生产电视剧 330 部 14 768 集，电视动画片 119 895 分钟。2016 年全年生产故事影片 772 部，科教、纪录、动画和特种影片[50]172 部。出版各类报纸 394 亿份，各类期刊 27 亿册，图书 86 亿册（张），人均图书拥有量[51]6.27 册（张）。2016 年年末全国共有档案馆 4 193 个，已开放各类档案 13 388 万卷（件）。

2016 年全年我国运动员在 23 个运动大项中获得 107 个世界冠军，共创 9 项世界纪录。在里约奥运会上，我国运动员共获得 26 枚金牌，奖牌总数 70 枚，位列奥运会金牌榜第三位，奖牌榜第二位。2016 年全年我国残疾人运动员在 17 项国际赛事中获得 237 个世界冠军。在里约残奥会上，我国运动员共获得 107 枚金牌，蝉联金牌榜和奖牌榜第一位。

十一、卫生和社会服务

2016 年年末全国共有医疗卫生机构 99.3 万个，其中医院 2.9 万个，在医院中有公立医院 1.3 万个，民营医院 1.6 万个；基层医疗卫生机构 93.1 万个，其中乡镇卫生院 3.7 万个，社区卫生服务中心（站）3.5 万个，门诊部（所）21.7 万个，村卫生室 64.2 万个；专业公共卫生机构 2.9 万个，其中疾病预防控制中心 3 484 个，卫生监督所（中心）3 138 个。2016 年年末卫生技术人员 844 万人（如图 22 所示），其中执业医师和执业助理医师 317 万人，注册护士 350 万人。医疗卫生机构床位 747 万张，其中医院 575 万张，乡镇卫生院 123 万张。2016 年全年总诊疗人次[52]78.0 亿人次，出院人数[53]2.2 亿人。

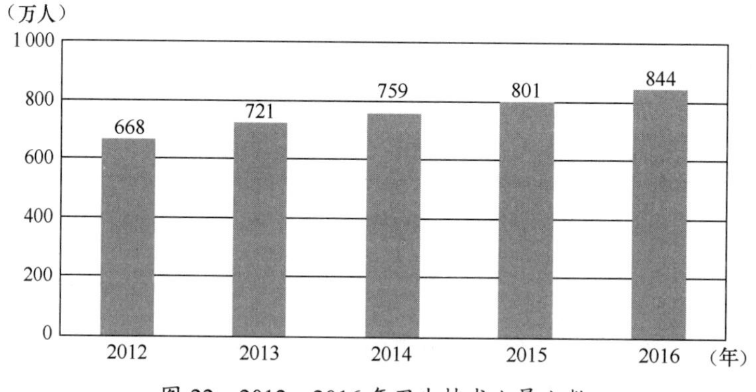

图 22　2012—2016 年卫生技术人员人数

2016 年年末全国共有各类提供住宿的社会服务机构 3.1 万个，其中养老服务机构 2.8 万个，儿童服务机构 713 个。社会服务床位[54]716.6 万张，其中养老服务床位 680.0 万张，儿童服务床位 10.0 万张。2016 年年末共有社区服务中心 2.4 万个，社区服务站 13.0 万个。

十二、资源、环境和安全生产

2016年全年全国国有建设用地供应总量[55]52万公顷，比2015年下降2.9%。其中，工矿仓储用地12万公顷，比2015年下降3.2%；房地产用地[56]11万公顷，比2015年下降10.3%；基础设施等用地29万公顷，比2015年增长0.2%。

2016年全年水资源总量30 150亿立方米。2016年全年平均降水量730毫米。2016年年末全国监测的614座大型水库蓄水总量3 409亿立方米，比2015年年末蓄水量略有减少。2016年全年总用水量6 150亿立方米，比2015年增长0.8%。其中，生活用水增长2.7%，工业用水减少0.4%，农业用水增长0.7%，生态补水增长1.9%。万元国内生产总值用水量[57]84立方米，比2015年下降5.6%。万元工业增加值用水量53立方米，比2015年下降6.0%。人均用水量446立方米，比2015年增长0.2%。

2016年全年完成造林面积679万公顷，其中人工造林面积381万公顷，占全部造林面积的56.1%。森林抚育面积837万公顷。截至2016年年底，自然保护区达到2 750个，其中国家级自然保护区446个。新增水土流失治理面积5.4万平方千米，新增实施水土流失地区封育保护面积1.6万平方千米。

初步核算，2016年全年能源消费总量43.6亿吨标准煤，比2015年增长1.4%。煤炭消费量下降4.7%，原油消费量增长5.5%，天然气消费量增长8.0%，电力消费量增长5.0%。煤炭消费量占能源消费总量的62.0%，比2015年下降2.0个百分点；水电、风电、核电、天然气等清洁能源消费量占能源消费总量的19.7%(如图24所示)，比2015年上升1.7个百分点。全国万元国内生产总值能耗下降5.0%(如图23所示)。工业企业吨粗铜综合能耗下降9.45%，吨钢综合能耗下降0.08%，单位烧碱综合能耗下降2.08%，吨水泥综合能耗下降1.81%，每千瓦时火力发电标准煤耗下降0.97%。

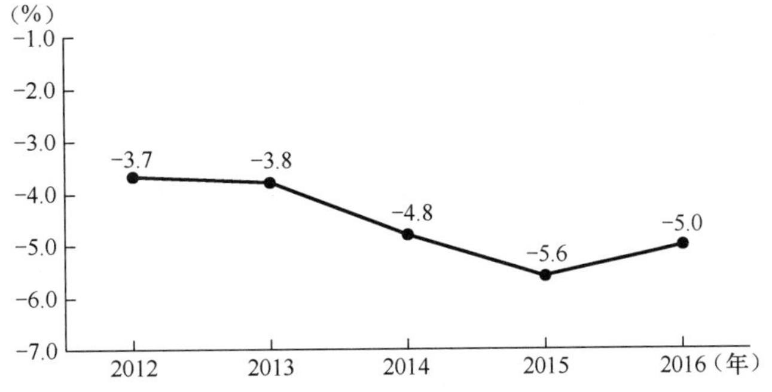

图23　2012—2016年万元国内生产总值能耗降低率

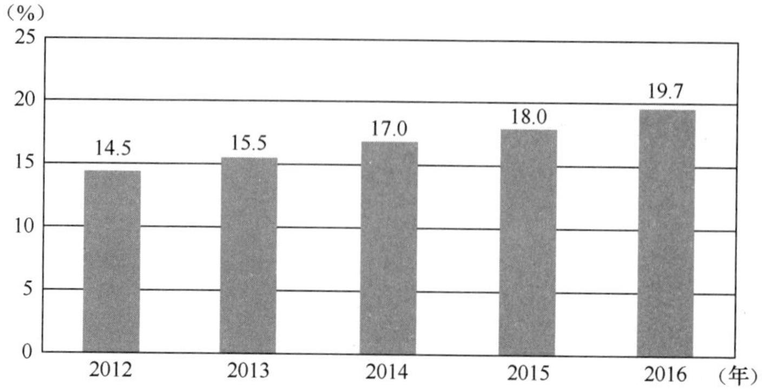

图 24　2012—2016 年清洁能源消费量占能源消费总量的比重

近岸海域 417 个海水水质监测点中，达到国家一、二类海水水质标准的监测点占 73.4%，三类海水占 10.3%，四类、劣四类海水占 16.3%。

在监测的 338 个城市中，城市空气质量达标的城市占 24.9%，未达标的城市占 75.1%。细颗粒物（PM2.5）未达标地级及以上城市年平均浓度 52 微克 / 立方米，比 2015 年下降 8.8%。

在监测的 322 个城市中，城市区域声环境质量好的城市占 5.0%，较好的占 68.3%，一般的占 26.1%，较差的占 0.6%。

2016 年全年平均气温为 10.49℃，比 2015 年下降 0.13℃。共有 8 个台风登陆。

2016 年年末城市污水处理厂日处理能力 14 823 万立方米，比 2015 年年末增长 5.6%；城市污水处理率为 92.4%，比 2015 年年末提高 0.5 个百分点。城市生活垃圾无害化处理率为 95.0% 比 2015 年年末提高 0.9 个百分点。城市集中供热面积 70.7 亿平方米，比 2015 年年末增长 5.2%。城市建成区绿地面积 197.1 万公顷，比 2015 年年末增长 3.3%；建成区绿地率为 36.44%，比 2015 年年末提高 0.08 个百分点；人均公园绿地面积 13.45 平方米，比 2015 年年末增加 0.10 平方米。

2016 年全年农作物受灾面积 2 622 万公顷，其中绝收 290 万公顷。2016 年因洪涝和地质灾害造成直接经济损失 3 134 亿元，因旱灾造成直接经济损失 418 亿元，因低温冷冻和雪灾造成直接经济损失 179 亿元，因海洋灾害造成直接经济损失 50 亿元。2016 年全年大陆地区共发生 5.0 级以上地震 18 次，成灾 16 次，造成直接经济损失 67 亿元。2016 年全年共发生森林火灾 2 034 起，森林火灾受害森林面积 0.6 万公顷。

2016 年全年各类生产安全事故[58]共死亡 43 062 人。亿元国内生产总值生产安全事故死亡人数 0.058 人，按可比口径比 2015 年下降 10.8%；工矿商贸企业就业人员 10 万人，生产安全事故死亡人数 1.702 人，按可比口径比 2015 年下降 2.3%；道路交通事故万车死亡人数 2.1 人，与 2015 年持平；煤矿百万吨死亡人数 0.156 人，比 2015 年下降 3.7%。

注释：

[1] 本公报中数据均为初步统计数。各项统计数据均未包括香港特别行政区、澳门特别行政区和台湾省。部分数据因四舍五入的原因，存在着与分项合计不等的情况。

[2] 国内生产总值、各产业增加值和人均国内生产总值绝对数按现价计算，增长速度按不变价格计算。

[3] 国民总收入，原称国民生产总值，是指一个国家或地区所有常住单位在一定时期内所获得的初次分配收入总额。它等于国内生产总值加上来自国外的净要素收入。

[4] 人户分离的人口是指居住地与户口登记地所在的乡镇街道不一致且离开户口登记地半年及以上的人口。

[5] 流动人口是指人户分离人口中扣除市辖区内人户分离的人口。市辖区内人户分离的人口是指一个直辖市或地级市所辖区内和区与区之间，居住地和户口登记地不在同一乡镇街道的人口。

[6] 2016 年年末，0—14 岁（含不满 15 周岁）人口为 23 008 万人，15—59 岁（含不满 60 周岁）人口为 92 177 万人。

[7] 年度农民工数量包括年内在本乡镇以外从业 6 个月及以上的外出农民工和在本乡镇内从事非农产业 6 个月及以上的本地农民工两部分。

[8] 全员劳动生产率为国内生产总值（以 2015 年价格计算）与全部就业人员的比率。

[9] 农产品生产者价格是指农产品生产者直接出售其产品时的价格。

[10] 居住类价格包括租赁房房租、住房保养维修及管理、水电燃料等价格。

[11] 为推进财政资金统筹使用，2016 年起将政府住房基金等 5 个项目从政府性基金预算转列一般公共预算，将从国有资本经营预算调入一般公共预算的资金由直接列为一般公共预算收入调整列为财政调入资金。因此，2015 年基数中考虑了上述因素影响，并以此为基础计算同口径增减额和增减幅。

[12] 工业战略性新兴产业包括节能环保产业、新一代信息技术产业、生物产业、高端设备制造产业、新能源产业、新材料产业、新能源汽车产业等七大产业。

[13] 高技术制造业包括医药制造业，航空、航天器及设备制造业，电子及通信设备制造业，计算机及办公设备制造业，医疗仪器设备及仪器仪表制造业，信息化学品制造业。

[14] 装备制造业包括金属制品业，通用设备制造业，专用设备制造业，汽车制造业，铁路、船舶、航空航天和其他运输设备制造业，电气机械和器材制造业，计算机、通信和其他电子设备制造业，仪器仪表制造业。

[15] 六大高耗能行业包括石油加工、炼焦和核燃料加工业，化学原料和化学制品制造业，非金属矿物制品业，黑色金属冶炼和压延加工业，有色金属冶炼和压延加工业，电力、热力生产和供应业。

[16] 火电包括燃煤发电量，燃油发电量，燃气发电量，余热、余压、余气发电量，垃圾焚烧发电量，生物质发电量。

[17] 钢材产量数据中含企业之间重复加工钢材约 35 443 万吨。

[18] 少量发电装机容量（如地热等）公报中未列出。

[19] 固定资产投资按东部、中部、西部和东北地区计算的合计数据小于全国数据，是因为

有部分跨地区的投资未计算在地区数据中。其中，东部地区是指北京、天津、河北、上海、江苏、浙江、福建、山东、广东和海南 10 省（市）；中部地区是指山西、安徽、江西、河南、湖北和湖南 6 省；西部地区是指内蒙古、广西、重庆、四川、贵州、云南、西藏、陕西、甘肃、青海、宁夏和新疆 12 省（区、市）；东北地区是指辽宁、吉林和黑龙江 3 省。

[20] 基础设施投资是指建造或购置为社会生产和生活提供基础性、大众性服务的工程和设施的支出。公报中的基础设施投资包括交通运输、邮政业，电信、广播电视和卫星传输服务业，互联网和相关服务业，水利、环境和公共设施管理业投资。

[21] 民间固定资产投资是指具有集体、私营、个人性质的内资企事业单位以及由其控股（包括绝对控股和相对控股）的企业单位建造或购置固定资产的投资。

[22] 高技术产业投资包括医药制造、航空航天器及设备制造等六大类高技术制造业投资和信息服务、电子商务服务等九大类高技术服务业投资。

[23] 房地产业投资除房地产开发投资外，还包括建设单位自建房屋以及物业管理、中介服务和其他房地产投资。

[24] 高速铁路是指最高营运速度达到 200 千米 / 小时及以上的铁路。

[25] 数据来源为各省（区、市）汇总上报截至 2016 年 12 月底建档立卡贫困户农村危房改造实际开工数。

[26] 网上零售额是指通过公共网络交易平台（包括自建网站和第三方平台）实现的商品和服务零售额。其中，网上零售额包括的服务，以及少部分用于生产经营或被转卖的商品不统计在社会消费品零售总额中。

[27] 货物贸易、服务贸易、吸收外资采用人民币计价。对外投资和对外承包工程由于技术原因仍主要沿用美元计价。

[28]“一带一路”是指“丝绸之路经济带”和“21 世纪海上丝绸之路”。

[29] 服务进出口按照《国际收支手册（第六版）》标准统计，不含政府服务，增速按可比口径计算。

[30] 邮电业务总量按 2010 年价格计算。

[31] 移动电话交换机容量是指移动电话交换机根据一定话务模型和交换机处理能力计算出来的最大同时服务用户的数量。

[32] 固定互联网宽带接入用户是指报告期末在电信企业登记注册，通过 *x*DSL、FTTx+LAN、FTTH/O 以及其他宽带接入方式和普通专线接入公众互联网的用户。

[33] 固定互联网光纤宽带接入用户是指报告期末在电信企业登记注册，通过 FTTH 或 FTTO 方式接入公众互联网的用户。

[34] 移动宽带用户是指报告期末在计费系统拥有使用信息，占用 3G 或 4G 网络资源的在网用户。

[35] 手机上网人数是指过去半年通过手机接入并使用互联网的 6 周岁及以上中国居民数量。

[36] 软件和信息技术服务业包括软件开发、信息系统集成服务、信息技术咨询服务、数据

处理和存储服务、集成电路设计服务和其他信息技术服务等行业。

[37] 社会融资规模增量是指一定时期内实体经济从金融体系获得的资金总额。

[38] 定向增发不含资产认购部分。

[39] 全国中小企业股份转让系统又称“新三板”，是 2012 年经国务院批准设立的全国性证券交易场所。

[40] 公司信用类债券包括非金融企业债务融资工具、企业债券以及公司债、可转债等。

[41] 原保险保费收入是指保险企业确认的原保险合同保费收入。

[42] 全国居民收入增速快于分城乡居民收入增速的原因是：在城镇化过程中，一部分在农村收入较高的人口进入城镇地区，但在城镇属于较低收入人群，他们的迁移对城乡居民收入均有拉低作用。但无论在城镇还是农村，其收入增长效应都会体现在全体居民收入增长中。

[43] 人均收入中位数是指将所有调查户按人均收入水平从低到高（或从高到低）的顺序排列，处于最中间位置调查户的人均收入。

[44] 全国居民五等份收入分组是指将所有调查户按人均收入水平从低到高的顺序排列，平均分为五个等份，处于最高 20% 的收入群体为高收入组，依此类推依次为中等偏上收入组、中等收入组、中等偏下收入组、低收入组。

[45] 贫困地区包括集中连片特困地区和片区外的国家扶贫开发工作重点县，共 832 个县，其中国家扶贫开发工作重点县共计 592 个。

[46] 农村特困人员是指无劳动能力，无生活来源，无法定赡养、抚养、扶养义务人或者其法定义务人无履行义务能力的农村老年人、残疾人以及未满 16 周岁的未成年人。

[47] 减贫人口等于当年贫困人口减去 2015 年贫困人口，也相当于当年脱贫人口减去当年返贫人口。

[48] 中等职业教育包括普通中专、成人中专、职业高中和技工学校。

[49] 总流通人次是指本年度内到图书馆场馆接受图书馆服务的总人次，包括借阅书刊、咨询问题以及参加各类读者活动等。

[50] 特种影片是指那些采用与常规影院放映在技术、设备、节目方面不同的电影展示方式，如巨幕电影、立体电影、立体特效（4D）电影、动感电影、球幕电影等。

[51] 人均图书拥有量是指在一年内全国平均每人能拥有的当年出版图书册数。

[52] 总诊疗人次指所有诊疗工作的总人次数，包括门诊、急诊、出诊、预约诊疗、单项健康检查、健康咨询指导（不含健康讲座）人次。

[53] 出院人数指报告期内所有住院后出院的人数，包括医嘱离院、医嘱转其他医疗机构、非医嘱离院、死亡及其他人数，不含家庭病床撤床人数。

[54] 社会服务床位数除收养性机构外，还包括救助类机构、社区类机构以及军休所、军供站等机构的床位。

[55] 国有建设用地供应总量是指报告期内市、县人民政府根据年度土地供应计划依法以出让、划拨、租赁等方式将土地使用权提供给单位或个人使用的国有建设用地总量。

[56] 房地产用地是指商服用地和住宅用地的总和。

[57] 万元国内生产总值用水量、万元工业增加值用水量和万元国内生产总值能耗按2015年价格计算。

[58] 2016年起，安全监管总局对生产安全事故统计制度进行改革，由于排除了非生产经营领域的事故，事故统计口径发生变化，数据同比按照可比口径计算。

资料来源：

本公报中户籍人口城镇化率、民用汽车、交通事故数据来自公安部；城镇新增就业、登记失业率、社会保障、技工学校数据来自人力资源社会保障部；财政数据来自财政部；外汇储备、汇率、货币金融、公司信用类债券数据来自人民银行；水产品产量数据来自农业部；木材产量、林业、森林火灾数据来自林业局；灌溉面积、水资源数据来自水利部；发电装机容量、新增220千伏及以上变电设备数据来自中电联；新建铁路投产里程、增新建铁路复线投产里程、电气化铁路投产里程、铁路运输数据来自铁路总公司；新改建公路里程、港口万吨级码头泊位新增吞吐能力、公路运输、水运、港口货物吞吐量数据来自交通运输部；新增民用运输机场、民航数据来自民航局；新增光缆线路长度、电话交换机容量、电话用户、宽带用户、移动互联网接入流量、上网人数、互联网普及率、软件业务收入等数据来自工业和信息化部；农村地区互联网普及率数据来自中国互联网络信息中心；棚户区住房改造、农村地区建档立卡贫困户危房改造、城市污水处理、城市垃圾处理、城市集中供热面积、建成区绿地数据来自住房城乡建设部；货物进出口数据来自海关总署；服务进出口、外商直接投资、对外直接投资、对外承包工程、对外劳务合作等数据来自商务部；管道数据来自中石油、中石化、中海油；邮政业务数据来自邮政局；旅游数据来自旅游局、公安部；上市公司数据来自证监会；保险业数据来自保监会；城乡低保、农村特困人员救助供养、社会服务、农作物受灾面积、洪涝地质灾害造成直接经济损失、旱灾造成直接经济损失、低温冷冻和雪灾造成直接经济损失来自民政部；教育数据来自教育部；重点研发计划、科技重大专项、国家重点实验室、科技成果转化引导基金、技术合同等数据来自科技部；自然科学基金项目数据来自自然基金委；国家工程研究中心、企业技术中心等数据来自发展改革委；专利数据来自知识产权局；宇航发射数据来自国防科工局；质量检验、国家标准制定修订等数据来自质检总局；艺术表演团体、博物馆、公共图书馆、文化馆数据来自文化部；广播电视、电影、报纸、期刊、图书数据来自新闻出版广电总局；档案数据来自档案局；体育数据来自体育总局；残疾人运动员数据来自中国残联；卫生数据来自卫生计生委；国有建设用地供应数据来自国土资源部；自然保护区、环境监测数据来自环境保护部；平均气温、登陆台风数据来自气象局；海洋灾害造成直接经济损失数据来自海洋局；地震次数、地震灾害直接经济损失数据来自地震局；安全生产数据来自安全监管总局；其他数据均来自国家统计局。